"十三五"国家重点出版物出版规划项目

现代设施规划与物流分析

第 2 版

戢守峰 主编

机械工业出版社

本书系统地论述了物流与物流系统分析,前期工作与纲领、产品、工艺过程的设计,设施选址决策,工厂与服务设施物流分析,生产与服务设施的布置与设计,物料搬运系统设计,自动化立体仓库的布置与设计,以及设施布置的模型、算法与应用。书中给出了大量的实例、模型与算法,为读者提供了研讨现代设施规划与物流分析理论和方法,解决企业设施规划与物流分析中深层次问题的范例。

本书在内容上有较大突破和创新,不仅传播了知识,而且注重提高学生的素质,注重对学生操作能力与创新能力的培养。

本书既可作为高等院校工业工程、物流工程、物流管理等专业的教材,也适合致力于设施规划与物流运作研究与实践的人员自学研读。

图书在版编目（CIP）数据

现代设施规划与物流分析/戚守峰主编. —2版. —北京：机械工业出版社, 2019.6（2025.7重印）

"十三五"国家重点出版物出版规划项目

ISBN 978-7-111-62596-4

Ⅰ.①现… Ⅱ.①戚… Ⅲ.①物流-设备管理-高等学校-教材②物流分析-高等学校-教材 Ⅳ.①F25

中国版本图书馆 CIP 数据核字（2019）第 079090 号

机械工业出版社（北京市百万庄大街22号　邮政编码100037）
策划编辑：曹俊玲　责任编辑：曹俊玲　何　洋
责任校对：郑　婕　封面设计：张　静
责任印制：常天培
河北虎彩印刷有限公司印刷
2025年7月第2版第6次印刷
184mm×260mm・18.75印张・459千字
标准书号：ISBN 978-7-111-62596-4
定价：48.00元

电话服务　　　　　　　网络服务
客服电话：010-88361066　机　工　官　网：www.cmpbook.com
　　　　　010-88379833　机　工　官　博：weibo.com/cmp1952
　　　　　010-68326294　金　书　网：www.golden-book.com
封底无防伪标均为盗版　机工教育服务网：www.cmpedu.com

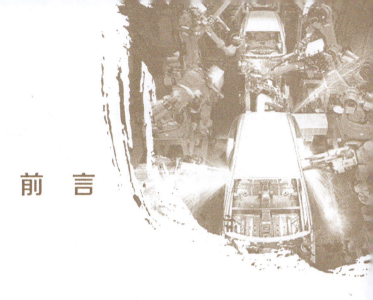

前　言

现代设施规划与物流分析的应用范围已由传统工厂布置与物料搬运扩展至非制造业设施的规划与布置。设施规划的好坏不仅决定了生产与服务系统的效能，而且直接影响一个企业经营管理的成败。因此，现代设施规划与物流分析一直是国内外学术界高度关注的课题，具有十分重要的理论指导意义和实际应用价值。

本书旨在使读者掌握与新建、改建或改造项目的各类生产与服务设施相关的设施规划与物流分析的理论与方法。基于此，本书系统地论述了物流与物流系统分析，前期工作与纲领、产品、工艺过程的设计，设施选址决策，工厂与服务设施物流分析，生产与服务设施的布置与设计，物料搬运系统设计，自动化立体仓库的布置与设计，以及设施布置的模型、算法与应用。本书的重点在于引导读者应用这些理论、方法与工具研究和处理企业设施规划与物流分析中存在的实际问题，因此书中给出了大量的实例、模型与算法，这些将为读者提供研讨现代设施规划与物流分析理论和方法，解决企业设施规划与物流分析中深层次问题的范例。

本书在编写过程中汲取了国内外最新文献和编写者的研究成果，内容主要是以近年来国内外先进的现代设施规划与物流分析实践和国家自然科学基金资助项目"基于多层次CPFR的三级库存协调与优化方法研究"（项目批准号：70872019）、"碳限制与行为约束下多源选址—路径—库存集成模型研究"（项目批准号：715172031）为基础，以实用有效的实例、模型与求解方法和数值分析为指导，系统全面地解读现代设施规划与物流分析的方法和工具。

本书在内容上有较大突破和创新，不仅传播了知识，而且注重提高学生的素质，注重对学生操作能力与创新能力的培养。此外，本书力求理论体系完整，内容精练、深入浅出，适合我国高等院校的教学，同时也适合致力于设施规划与物流运作研究与实践的人员自学研读。相信本书能帮助读者正确地运用现代设施规划与物流分析的基本原理和分析方法，解决不同经济环境、不同行业与不同类型企业的设施规划与物流分析问题。

本书由五位长期在高校从事现代设施规划与物流分析教学与实践工作的教师共同编写，具体编写分工如下：第1章、第2章、第4章、第6章、第8章和第10章由戢守峰（东北大学）撰写，第3章由唐金环（沈阳航空航天大学）撰写，第5章由朱宝琳（东北大学）撰写，第7章由金玉然（辽宁科技大学）撰写，第9章由张吉善（东北大学）撰写。另外，全书的算例分析和案例由戢守峰编写。全书由戢守峰统纂、修改、审定，根据本书编写的总体思路和风格，对各章均做了较大的修改，请各位参编人员谅解。东北大学的博士和硕士研究生罗荣娟、赵鹏云、薛瑶婷、关嘉诚、刘红玉、刘璐璐、刘迎军、刘晓萌和张艳霞等承担了本书的公式编辑与校正工作，在此表示感谢。

在本书编写和项目研究过程中，借鉴了国内外诸多研究成果，国家自然科学基金委员会对项目给予了资助，在此一并表示衷心的感谢。

由于现代设施规划与物流分析是一个复杂而富有挑战性的研究领域，尚需不断地探索研究，限于编者的学术水平，难免有错误和不尽如人意之处，敬请广大读者不吝指正。

戢守峰

目　录

前言
第1章　导论 ··· 1
 1.1　设施规划 ··· 1
 1.2　物流分析 ··· 4
 1.3　设施布置中的关键问题 ··· 12
 1.4　设施布置的类型、模型与算法以及前沿动态 ································· 16
 复习思考题 ··· 21

第2章　物流与物流系统分析 ·· 22
 2.1　现代物流的经济学价值 ··· 22
 2.2　物流工程学的方法论 ··· 26
 2.3　物流系统分析 ··· 30
 2.4　物流系统实例 ··· 39
 复习思考题 ··· 40

第3章　前期工作与纲领、产品、工艺过程的设计 ······································· 41
 3.1　前期工作的任务与作用 ··· 41
 3.2　设施规划的决策与信息和数据的收集 ·· 42
 3.3　纲领、产品、工艺过程的设计 ··· 48
 复习思考题 ··· 55

第4章　设施选址决策 ··· 56
 4.1　设施选址概述 ··· 56
 4.2　选址决策 ·· 59
 4.3　设施选址的方法 ·· 62
 4.4　服务设施的选址 ·· 74
 复习思考题 ··· 76

第5章　工厂与服务设施物流分析 ··· 77
 5.1　物流分析在布置设计中的关键问题 ··· 77

5.2 当量物流量计算的新方法 … 82
5.3 工厂与服务设施物流分析的方法 … 86
5.4 基于当量物流量的设备系统平面布置设计 … 92
复习思考题 … 96

第6章 生产设施的布置与设计 … 97
6.1 设施布置与设计概述 … 97
6.2 典型的布置形式 … 100
6.3 生产系统布置设计 … 103
6.4 物流分析 … 110
6.5 方案的评价与选择 … 137
复习思考题 … 142

第7章 服务设施的布置与设计 … 143
7.1 服务设施的布置与设计概述 … 143
7.2 办公室的布置与设计 … 146
7.3 零售店的布置与设计 … 148
7.4 医院的布置与设计 … 157
7.5 仓库的布置与设计 … 165
复习思考题 … 170

第8章 物料搬运系统设计 … 172
8.1 物料搬运系统的分析方法 … 172
8.2 物料搬运系统的分析与设计 … 182
8.3 系统布置设计与物料搬运系统分析的融合 … 200
8.4 物料搬运与企业经济效益 … 201
8.5 某机械厂搬运系统设计的应用实例 … 206
复习思考题 … 217

第9章 自动化立体仓库的布置与设计 … 218
9.1 自动化立体仓库概述 … 218
9.2 自动化立体仓库的规划与设计 … 222
9.3 自动化立体仓库的布置模式 … 230
9.4 某企业自动化立体仓库规划与设计方案 … 234
复习思考题 … 251

第10章 设施布置的模型、算法与应用 … 252
10.1 设施布置模型的基本概念 … 252

10.2	设施布置与设计的图论方法	259
10.3	二次分配问题（QAP）的模型与算法	263
10.4	遗传算法在设施布置中的应用	269
复习思考题		287

参考文献 ··· 288

曲突徙薪：古时候有一个客人去拜访友人，见那家人的厨房里烟囱做得很直，一烧饭就直冒火焰，而灶门旁边还堆了许多柴草。这个客人看到这种情况，就劝主人把烟囱改成弯曲状（曲突），把柴草搬得离灶远一些（徙薪），不然容易引起火灾。但主人不听劝告。不久，这家果然失火了，幸亏邻居们赶来把火扑灭了。

——司马光《资治通鉴》

第 1 章
导　　论

设施规划与物流分析是为新建、扩建或改建的生产系统或服务系统，综合考虑相关因素，进行分析、构思、规划、论证、设计，做出全面安排，使资源得到合理配置，使系统能够有效运行，以达到预期目标。本章主要探讨设施规划与物流分析、设施布置类型和工业设施布置的传统方法和设施规划与物流分析的发展等内容。

[学习目的]

1. 理解设施规划与物流分析的内涵、涉及范围。
2. 了解设施规划的布置方法及物流分析的方法。
3. 充分认识生产管理模式对设施布置的影响。

1.1　设施规划

1.1.1　设施规划的含义及目标

1. 设施

"设施"一词源于拉丁语"facilis"，其意是容易。因此，一个设施意味着其必须是容易自由运作的。设施通常被广泛地认为是一种有形的固定资产。在"设施"内，人、物料、机器为了实现一个规定的目标集合在一起，最典型的就是制造一种实实在在的产品或提供某种服务。由于各种内部或外部的原因，当为了实现成本最低、顾客满意度最高和使用最少的资源来制造产品或提供服务等几个目标时，必须对"设施"进行恰当的规划、设计和管理。

2002 年，美国生产与库存控制学会（APICS）将设施定义为："设施是物理工厂、配送中心、服务中心和其他的设备。"2001 年美国出版的《梅纳德工业工程手册》（Maynard's Industrial Engineering Handbook）第 5 版对设施的定义非常简洁："设施是运作（作业）能力的物理表达。"

一个好的布置能优化资源的利用，同时满足其他的评价标准，如质量控制和许多其他因素。因为这些因素使设施布置很复杂。总之，对一个工业设施或制造业的工厂而言，设施就是指所占用的土地、各种建筑物、各种生产和辅助设备、各类公用设施等，其投入为原材料、各种辅助材料及配件、中间产品，而产出投放市场的是各种产品。对于非制造业的服务设施而言，设施包括各种建筑物、服务设备及场所等，投入服务产品和服务人员，使顾客得到满意的服务。

2. 设施规划

设施规划是为新建、改建或扩建的制造系统或服务系统，综合考虑各种因素，做出分析、规划和设计，使资源合理配置，系统建成后能有效运作，达到各种预期的目标。规划往往是指对事物或系统宏观的考虑和描述，而设计则是指细致和缜密的安排，但实际上很难划清二者的界限。

包括企业内部的物流系统设计在内的设施规划（设计）应达到以下目标：

（1）**产品单位成本最低**。这仍是制造或服务系统具有强大竞争力的主要指标，需要在设施规划设计的每一阶段高度关注。

（2）**优化质量使顾客满意**。质量成本也是竞争中的关键，需要将质量和成本进行平衡，也需要在设施规划设计的每一步中高度关注。

（3）**有效利用人力、设备、空间和能源**。这是一条有效降低成本的途径。设施布置中有关服务设施的位置，如休息室、衣帽间、餐厅、工具室等，均会影响员工的工作效率。良好的工作地布置能充分利用空间，也易于节省能源。

（4）**为员工提供方便、安全、舒适的环境**。如果设施布置不方便员工工作，则表明管理层不关心群众。因此，饮水处、停车场、员工入厂处、小卖部以及厕所必须使所有员工都方便。设施布置中的每项决策和物料搬运设计必须考虑安全因素，工具和产品的重量、过道和走廊的宽窄、工作地的设计等都可能影响员工的安全。工业安全统计表明，80%的工伤发生在搬运物料时的发运站和收货站，所以管理层必须在每项搬运工作中为减少工伤而努力。

（5）**保证生产开工日期**。项目是否成功在很大程度上取决于能否将产品及时送到市场，及时提供服务，特别是对季节性、节日性的产品和服务，如新年、春节和国庆节等，都是一年一次的大好机会，错过这些节日就等于错过整年。

（6）**其他目标**。取决于管理层提出的要求，如要求零库存、要求实施准时制（JIT）生产等。

1.1.2　设施规划的意义与作用

社会的进步、时代的发展，改变了人们的生活，同时也使人们产生了更多的需求，多品种、中小批量已日益成为时代主流的需求形式。电子技术、信息技术、管理学、系统论等学科领域理论与技术的发展，也大大地推动了制造业的进步，产生了许多具有时代特征的先进制造技术和制造模式，极大地改善了生产能力，提高了生产率和产品质量，降低了生产成本。但是，随着生产制造能力的迅猛提高，企业物流特别是生产物流的落后已经与制造能力的提高越发不相称，矛盾日益加深，成为企业进一步提高生产力的瓶颈。由此可见，生产物流是生产系统中至关重要的一环，而生产物流的合理性与生产系统的设计有着直接的重要关系，特别是生产系统中的设施布置，它包括工厂总平面布置、车间内部作业单位平面布置及生产线设备布置等。同时，由于包括自动化立体仓库在内的先进物流设备已经成为现代化生产系统中必不可少的组成部分，扮演着越来越重要的角色，其内部设施布置的情况将直接影响到企业的库存管理、物料搬运效率与成本等诸多方面，因此，自动化立体仓库的布置也是生产系统设施布置中一项重要的新内容。

传统的设施规划与设计以企业生产系统的空间静态结构（布局）为研究对象，从企业的动态结构——物流状况分析出发，探讨企业平面布置设计目标、设计原则，着重研究设计方法与设计程序（步骤），使企业的人力、财力、物力和物流、人流、信息流得到最合理、最经济、最有效的配置和安排，从根本上提高企业的生产效率，达到以最少投入获得最大效益的目的。随着研究的深入及系统工程、运筹学、计算机技术的发展应用，形成了一些先进的设计方法，其中最具代表性的是理查德·缪瑟（Richard Muther）创立的系统布置设计（Systematic Layout Planning，SLP）方法，使设施规划与设计由定性阶段发展到定量阶段，并且推广应用到包括物流设施在内的各种生产系统与服务系统中。

随着企业对物流及设施的重要性日趋关注，人们逐步探索设施规划与设计的相关理论与技术的应用，并在多个领域取得了成功。

1.1.3 设施规划的工作范围和工作组织

设施规划涉及的范围非常广泛，与许多专业相关，与多种学科相互交叉。各种设施规划广泛关联土建、机械、电气、通信等各工程专业。就工业工程学科的范围而言，其主要任务是厂（场）址选择和部分设施设计。设施设计通常包含布置设计、物料搬运系统设计、建筑设计、公用工程设计和信息系统设计五大部分（见图1-1）。其中，工业工程师应该负责的除厂（场）址选择外，还有布置设计、物料搬运系统设计以及部分信息系统设计等。

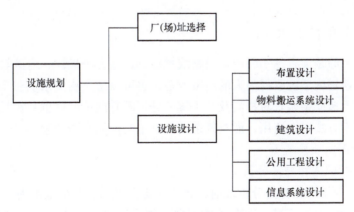

图1-1 设施规划的研究内容

世界各国设施规划的工作组织因国情不同而有所差异，但都是在长期的市场竞争机制下发展形成的，与各国的工程建设管理体制密切相关。设施规划经常是工程设计的一部分，但工程设计不是一项独立的活动，而是工程咨询活动的一个组成部分，常与工程项目管理或工程总承包联系在一起，因此很少有只承担工程设计的机构，尤其是只承担其中部分设计工作的机构。具有工程设计业务的机构类型多种多样，如有属于大企业的，有隶属于政府部门的或独立设置的，也有私人独资的、股份制的；有综合性的，也有专业性的。这些组织机构就经营管理特点而言，有工程咨询公司、工程公司和设计事务所三种基本类型。

（1）**工程咨询公司**。工程咨询公司是能为工程全过程提供工程咨询服务的顾问性机构，既能为业主在项目建设前进行调查研究、分析论证，提出各种可行方案供业主选择，又能为以后的工程设计、项目管理、施工监理直到竣工验收，甚至为交工后的员工培训、管理咨询等提供广泛的服务。

工程咨询公司以客观、公正的态度为业主提供工程项目服务，收取服务费用。由此它必须独立于施工承包商和设备供应商，独立进行业务活动，不承担总承包。世界银行及其借贷者常聘用工程咨询公司提供三种服务，即投资前的可行性研究、详细工程设计和施工监理。

（2）**工程公司**。工程公司是拥有资金、各种人力资源、施工设备并且富有工程建设经验的公司，可以为业主按"交钥匙"的方式进行总承包，即从立项开始，对包括可行性研究、工程设计、设备和材料采购、项目管理、试车指导、人员培训等在内的各项工作进行总承包，也可对其中某项工作进行单项承包。

工程公司的作用就是在特定的合同条件下，为业主提供建设项目的全套服务，使业主不必聘请工程建设专家并消耗有关资源。这是世界各国通用的一种方式。

（3）**设计事务所**。设计事务所是由注册建筑师和工程师组成，从事工程设计和工程监理的专业性机构。其中较多的是建筑师事务所，也有从事土木、结构、暖通、空调、电气、给排水等专业的设计事务所，一般其规模都比较小。

1.2 物流分析

1.2.1 物流分析的基本方法

物流分析的目的是使各种物料的运输路线最短、运输方法最佳、运输效率最高，而物流成本最低，从而使物流系统取得最大的经济效益，也可以防止物流系统在原先设计时由于主观武断或经验不足造成错误。对物流及其系统的分析既有理论依据也有实践经验，对简单的问题有多种运筹学方法可以应用，而对复杂的问题主要依靠实践经验。

1. 原始数据汇总及物流图

（1）收集原始数据和物料分类

1）收集原始数据。在物流分析之前，必须收集所研究的系统范围内完备的有关原始数据，以备分析之用。但这不是一个简单的问题，因为物料是形式各异、种类繁多且很杂乱的。通常，物流分析的最终目标是使物流成本最低，而物流成本又与物料种类、数量、移动距离、服务和时间密切相关。图1-2反映了物流成本与各种原始数据的密切关系以及相互影响。图中，P为物料种类；Q为物料数量；R为物流移动路程；S为物流服务；T为物料运送的时间要求；C为物流成本。

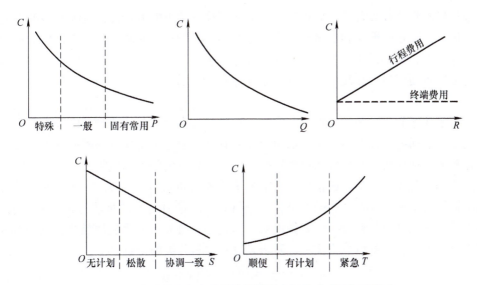

图 1-2　物流成本与各种原始数据的密切关系以及相互影响

2）物料种类及分类。物料的种类、性质和数量决定了物料装运的程序和方法。弄清物料特点十分重要，这也是首先要收集的原始数据。在物流分析之前，必须弄清楚对物料分类的目的。

① 将多种物料归为有限几类，使物流系统分析简化。

② 最终要解决多种物料的装运问题，只有分类后才能按类解决。

对一般物料分类时，首先按基本形态分类，即固态、液态和气态。显然，基本形态不同的物料，其包装和搬运方法也是截然不同的。采用包装单元是为了便于利用搬运效率高的托盘或集装箱进行搬运。在实际工作中，物料是按可运件的物理特征进行分类的，通常根据外形尺寸、重量、形状、损坏可能性、状态、数量、时限性等几种主要因素进行区分（见表 1-1）。

表 1-1　物料特征表填写示例

物料名称	包装单元	单元的物理特性				形状	损坏可能性	状态	其他特性			类别代号
		尺寸/cm 直径或			重量/kg				数量	时限性	特殊要求	
		长	宽	高								
进厂物料												
钢带	卷	直径60		25	2.7~5.4	盘状	—	—	少	—	—	d
空纸袋	捆	70	48	60	22	矩形	易撕破	—	少	—	—	d
油料豆	袋	80	40	20	44	矩形	—	—	中等	—	—	c
鱼油	桶	直径46		80	148	圆柱形	—	有油性	多	—	—	b
乳酸	坛	直径60~65			40	圆柱	易破碎	—	很少	—	—	d
备件	箱	各种			各种	各种	部分有	—	很少	急	—	d
出厂物料												
肥料20号	桶	直径46		80	138	圆柱形	—	—	很多	—	—	b
肥料22号	桶	直径46		80	132	圆柱形	—	—	很多	—	—	b
混合料10号	袋	80	40		20	43	矩形	—	要防潮	多	—	c

在填写好物料特征表后进行分析时,要抓住有决定性影响的特征,主要是将最小运输包装单元、尺寸、重量、形状和数量作为有决定性影响的特征。通常而言,常将数量很少和少的物料归为一类,而将最小运输包装单元、尺寸、重量和形状相似者分别归类。为了不使物料分类过多,不便以后的物流分析,一般企业应将物料分类数控制在 10 类左右,最多不宜超过 15 类。

应当特别注意的是,在确定物料分类时,物料的最小运输包装单元是十分重要的,因为起决定性影响的那些特征都与最小运输包装单元有关。通过对物料特征表的分析,找出具有决定性影响的特征作为合并相似物料的根据,进一步划分出每类相似物料后,便可规定一定的符号或代码来代表每个类,通常用英文字母来代表,如 a、b、c 等。表 1-2 中的最后一列就是典型例子,字母相同者即为同类物料。物料分类的最后一步便是填写物料分类结果表。此表很重要,不仅是对物料分类结果做说明,而且是物料分析的重要原始文件(见表 1-2)。这张表可以作为重要的物料分析文件,防止日后对物料分类的误解。

表 1-2 物料分类结果表填写示例

物料类别		分类依据		典型例子
摘要	类别代号	物理特征(尺寸、重量、形状、易损性、状态)	其他特征(数量、时限性、特殊要求)	
空桶	a	新的或空的金属桶,直径 46cm,高 80cm	供货者交货时间及频率有很大的变化,是中等的季节变化	标准金属桶
实桶	b	装有油或化学物品的金属桶,重量 135kg,直径 46cm,高 80cm	数量相当大的稳定物流:约 10 种不同物品	鱼油由供货单位装桶进厂
袋	c	多层塑料纸袋的矿物、果仁、化学药品等,平均尺寸	数量相当大的稳定物流:约 10 种不同物品	混合制成品
其他物品	d	盒子、纸箱、捆、麻包装的外购物品,有各种尺寸和形状,重量 0.5~23kg	每种物品的数量少,时间要求却很高(如维修件),有些物品需严格管理(如防失窃)	浓缩维生素用纸箱装,酒精用桶装,钢带成卷

(2) **物流量、物流路线和当量物流量**

1) 物流量和物流路线。通常有两种主要方法用来记录物流量和物流路线的原始资料。

第一种方法是每次只观察一类物料,跟踪整个物流过程来收集资料,称为流程分析法,用来编制流程图表。这种方法必须对每类物料分别进行一次分析。

第二种方法称为起止点分析法,用以编制物料进出表。此方法又可分为两种:①每次分析一条物流路线,收集此路线上各类物料的有关资料;②对一个区域进行观察,收集进出此区域的所有物料的有关资料。

实际工作中往往将以上两种方法并用才能达到要求。因为往往有的物料品种较少而数量很大,而有的数量很少但品种较多。因此,对大流量物料宜采用费时较多而结果准确的流程分析法,对小流量物料则可采用简易的起止点分析法(见图 1-3)。

流程分析法就是用物料流动的过程来描绘物流。如从制造企业内部物流来看,物流过程

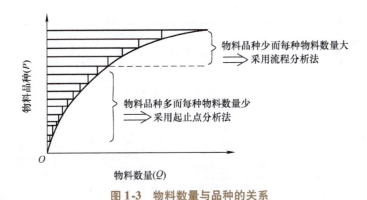

图 1-3 物料数量与品种的关系

与生产过程（或工艺过程）是一致的，不同的只是在生产过程中加上有关物流的操作内容，就变成了物流过程。有关物料操作，美国机械工程师协会（ASME）制定了一套标准符号，如表 1-3 所示。

表 1-3 ASME 物料操作标准符号

符 号	名 称	说 明
○	操作	表示工艺过程中主要的步骤，操作中要对物料做物理或化学变化
□	检查	表示对物料品质或数量的检查
⇨	运输	表示物料由一处移向另一处
D	停留	表示在事件顺序中的等待，如工序间的在制品积压
▽	存储	表示受控制的存储，如保持生产连续性的库存

对一种或一类物料的整个流程，有下列两种记录和表示方法：

① 当没有部件装配操作时，可用上述符号和表格表示，其形式如表 1-4 所示。此类标准作业符号预先印在表格上，按物料流程将符号涂黑。

表 1-4 物料流程表示例

序号	最小单元	每次装载单元数	作业符号			作业说明	装载数量/kg	每天数量	距离/m	备 注
1	钢板		▼	⇨	○	置于地面上	—			
2	钢板	12	▽	➡	○	用手推车送往下料间	780	5	280	
3	钢板	1	▽	⇨	●	按尺寸下料	—			有边角余料
4	毛坯	1	▽	➡	○	输送机送往成形压力机	2	1380	20	
5	毛坯	1	▽	⇨	●	成形				
6	成形件	400	▽	➡	○	用托盘与叉车送往中间仓库	800	3.5	320	提升高度低于手动叉车

（续）

序号	最小单元	每次装载单元数	作业符号			作业说明	装载数量/kg	每天数量	距离/m	备注
7	成形件	400	▼	⇨	○	连同托盘存放在地面上	—			
8	成形件	400	▽	➡	○	用托盘与叉车送往磨边机	800	3.5	80	提升高度低于手动叉车
9	成形件	1	▽	⇨	●	磨所有的边				
10	防护器	260	▽	➡	○	用叉车和箱式托盘送往包装间	520	5.3	370	包装材料提前供应
11	防护器	260	▽	⇨	●	装入纸箱	—			每一箱式托盘可放防护器260套
12	纸箱	140	▽	➡	○	用叉车与托盘送往成品库	630	5	210	

② 当有部件装配等操作时，可绘制物料流程图（见图1-4）。

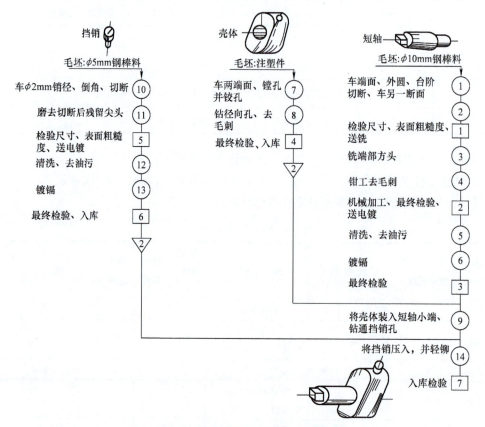

图1-4 有装配操作的物料流程图示例

起止点分析法（编制物料进出表）也有两种方法，具体如下：

① 搬运路线表（见表1-5）。每次只记录一条路线，将此路线上搬运的全部物料都汇总记录在搬运路线表中。搬运路线表只适用于路线很少的场合。

表1-5 物料搬运路线表示例

物料类别		物料路线起止和路况			物料活动	
名称	类别代号	起点	路况	终点	物流量（单位时间的数量）	物流要求（数量、管理、时限性要求）
钢板	a	用桥式起重机堆放	穿过露天场地	在剪床旁堆放，面积有限	平均每天60张，即每天8.4t	必须与下料计划进度一致
托盘货物	b	物料在托盘上起运，有些托盘在托盘架上	在生产厂房内，由电梯至三楼，厂房外有雨雪，冬天穿过四道门	在预焊接生产线，极为拥挤	平均每天18托盘	必须与油漆计划进度协调
小件	e	从料架和料箱中取下，放在存放区	从生产厂房底层通过，交通拥挤，夏季穿过两道门	送至设在预焊接生产线与小型压机区域的小件存放料架上	平均每天720kg，约30个品种	共计120种零件，部分每天需要，部分每周需要
空盒	j	堆放在原材料库的地上		送往"无装配件"集合点	平均每天18盒	每天运送一次

② 物料进出表。搬运路线较多的场合，建议以区域为单位，考虑一个区域内的物料搬运活动。

2) 搬运活动一览表。不论是流程分析法还是起止点分析法，收集物流路线和物流量的原始数据，都需要将全部物料的所有搬运活动的主要数据都汇总在一张表上，此表称为搬运活动一览表。

3) 物流量的准确性和当量物流量。物流系统中由于几何形状、物料搬运难易程度等相差甚远，一方面，简单地用重量作为物流量单位不合理，另一方面，要想得到精确的物流量也不大可能；又因为计划和生产对物料品种数量的需求也是经常变化的，故苛求物流量的绝对准确没有必要，何况不同物料的数量通常也是不可比的，如1t钢和1t泡沫塑料，虽重量相等，但体积相差极大。因此，在设施规划与物流分析中，若能找到一个标准，将各种物料经过折算都转换成标准的倍数或系数，即折算成统一量，会使分析和计算大为简化。这个折算成的统一量就称为当量物流量。当量物流量是指充分考虑系统中影响物料可运性的各种因素，通过折算和修正，把各种不同特性的物料折算成系统中可进行叠加的统一的量。

2. 物流连线图

在企业物流中，将各条物流路线全部画在一张图上的画法目前还没有标准。通常用简单几何图形，如圆形或菱形等表示工作单位（各种车间、仓库、车站等），工作单位之间用线连接起来表示各条物流路线，然后再用连线多少、线的颜色、线外旁注等表示物流量、物流起止点、流向等。即使这样也不能将此物流的特性和参数全都表达清楚，只能大体说明问题。这种类型的图都称为物流连线图。

图 1-5 为一种物流连线图的画法,用以说明物料搬运系统。每一生产单位用圆形表示,圆形之间的箭头表示物流路径和流向,连线边上方框中的数字表示制造零件种数,圆形内三角形中的数字表示加工路线结束时在所示加工单位中的制造零件种数。此图能说明物料搬运系统中是否存在物流混乱的情况。

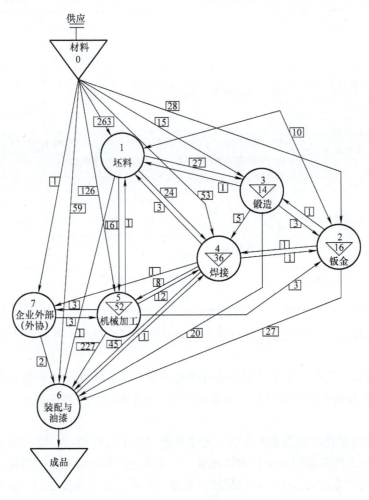

图 1-5 物流连线图示例

1.2.2 分析原则与方法

1. 物流分析的原则与作用

物流分析是设施布置的关键也是前提,通过物流分析可以使设施布置或工厂布局合理化。物流分析要考虑产品从原材料到成品所经过企业或工厂的路径,并做到两个"最小"和两个"避免",即物流分析中判断正误或合理的两个原则:经过距离最小、物流成本最小;避免迂回、避免十字交叉。

物流分析能帮助人们正确地排列和布置机器设备、工作站及其他部门,同时也改进了生产过程,若使众多的产品按相似性流动,就能改善物流。在企业内,员工的活动同样也是一种流动——人流,故也需要考虑其活动路径。如员工来上班,先停放汽车,再进入单位入口，打卡，去更衣室，然后去工作场所。因此，应按这样的流动布置服务设施，以方便员工。正确合理的设施布置不仅能提高生产效率和工作效率，也是节约物流成本从而降低产品或服务成本的重大措施。

2. 设施布置的基本方法

设施布置的基本方法主要有以下三种：

(1) **作业相关图法**。作业相关图法是由穆德提出的，它是根据企业各个部门之间的活动关系密切程度布置其相互位置。首先将关系密切程度划分为 A、E、I、O、U 五个等级（见表1-6）；然后根据这种资料，一一确定待布置部门的相互关系，再根据其相互关系的重要程度，按重要等级高的部门相邻布置的原则，安排出最合理的布置方案。

表1-6 物流强度等级比例划分表

物流强度等级	符 号	物流路线比例（%）	承担的物流量比例（%）
超高物流强度	A	10	40
特高物流强度	E	20	30
较大物流强度	I	30	20
一般物流强度	O	40	10
可忽略搬运	U	0	0

(2) **从至表法**（From-to Diagramming）。从至表的左边为"从"（From）边，从上到下按生产顺序（用生产设备表示）排列；上边为"至"（To）边，从左到右按生产顺序（用生产设备表示）排列；然后，将前述五个零件按权重标在相应的方格中（见表1-7）。此表实际上表示了从某一工作地到另一工作地的总物流量及其分布。

表1-7 从至表

至\从	Z	B	C	D	E	F	G	X	合计
Z		1	18	7.5		1	30		57.5
B			1	1+30	7.5			18	57.5
C		1			1+18				20
D		18+7.5			30+1		1		57.5
E				18+1				31+7.5	57.5
F							1		1
G		30	1					1	32
X									
合计		57.5	20	57.5	57.5	1	32	57	283 / 283

从至表法是一种常用的生产和服务设施布置方法。利用从至表列出机器或设施之间的相对位置,以对角线元素为基准计算工作地之间的相对距离,从而找出整个生产单元物料总运量最小的布置方案。就非制造业的医院而言,采用从至表法的基本分析步骤如下:

1)选择典型病例,制定典型病例的行走路线,即就诊流程图。
2)根据医院现有的布置方案,确定病人在部门之间的移动次数。
3)用从至表法确定最满意的布置方案。

(3) **物料运量图法**。物料运量图法是按照生产过程中物料的流向及生产单位之间的运输量,布置企业的车间及各种设施的相对位置。就医院而言,采用物料运量图法的基本分析步骤为:

1)根据医院原有的布置方案,将病人在部门之间的移动用直线表示(一条直线表示一人次的流量),直线密集的地方即为瓶颈所在。
2)采用物料运量图法,本着使密集直线群附近的部门相互靠近的原则,确定最优方案。

1.3 设施布置中的关键问题

1.3.1 设施布置的难点

为了使系统综合成本最小化并维持系统的服务水平,设计与运作一条供应链极具挑战性。事实上,即使运作单一设施(Single Facility),要在降低成本的同时维持服务水平常常也很困难,而要考虑到整个系统,难度会以指数级增加。寻找系统最优策略的过程被称为全局优化(Global Optimization)。

不确定性存在于每一条供应链中。顾客的需求永远不可能被准确预测,途中的时间也不可能准确确定,因为机器设备和车辆随时可能出现故障。供应链的设计需要尽可能地消除供应链中的不确定性,同时能有效应对其余的不确定性。

1.3.2 设施的传统布置类型

工厂的总体布局与所属的不同工业部门密切相关,特别是离散型制造(如各种类型的机器制造)和流程型制造(如石油化工、冶金等行业),其总体布局大相径庭。但是,不论是离散型还是流程型,工厂总体布局都是由生产过程决定的,具有行业和生产工艺的特点,特别是流程型制造工厂更是如此。

1. 工厂总平面图

设计工厂总平面图的目标是根据企业经营的目标,在已确定的空间场所内,通过对人员、物料、机器和辅助设施等生产要素的合理安排,找到一个高效、经济、安全并使职工满意的从厂房、车间到各种辅助设施的布置方案,从而生产出在市场上有竞争力、成本较低并能获利的产品。一个良好的总平面布置图,不仅能使工厂易于管理、职工工作方便舒适,同时能使物流成本减少10%~30%,从而大大降低总成本。

工厂总平面图布置的主要原则为:①必须符合城市规划、环保、卫生、消防等各项规定,同时能与原有的交通运输系统相连接;②我国人多地少,必须节约用地,已颁布了土地法，工厂使用土地都有指标，因此布置应紧凑；③应该与建厂地点周边的自然条件相适应；④符合生产和工艺流程，使物流路线短捷；⑤按照生产、辅助、公用设施、行政管理等不同功能的部门进行分区，以便于管理。

以上主要原则同样也适合各种非制造设施的总平面图布置，如用于服务性行业。必须指出，由于生产模式的演变，当代生产模式已与工业化早期的生产模式大有不同，大而全的、部门繁多的大规模工厂日渐减少，代之以生产灵活机动的中小型工厂。

2. 车间或工场的机器或设备布置

除了总平面布置外，车间或工场的布置也是工厂布置中另一个重要的问题。车间或工场的布置也就是其中机器或设备的布置，是直接影响产品的生产率、质量、成本、安全以及生产管理有效性的重大问题。制造业根据多年的经验，普遍应用以下四种典型的机器或设备布置方式：

（1）**按产品原则布置**。这种布置方式，设备完全按照其产品及零部件的生产工艺过程来排列，所以在制造业内主要用于较少品种产品的大批量生产。这种布置最大限度地缩短了物料搬运的距离，使生产容易按照计划来控制。但是，这种布置方式，一旦某一部分出了问题，就会影响全局。

（2）**按工艺原则布置**。这种布置方式适合产品品种很多，但每一种数量较少，且工艺过程又都是同一类的生产，因此在制造业内广泛用于单件小批量生产方式。这种方式的设备布置特点是所谓的"机群式"布置，即将同一类设备布置在一起，如车床组、钻床组、电镀组等。

（3）**按成组生产原则布置**。按成组技术的相似性原则，将中小批量的产品及零部件根据其工艺分成不同的工艺簇，然后按照不同的工艺簇来布置设备，这种布置方式称为成组单元或制造单元（Manufacturing Cell）。制造单元的布置方式，由于产品成组提高了设备利用率，总体上缩短了物流路线，但也加大了生产管理的难度。

（4）**固定式布置**。固定式布置（Fixed-Position Layout）也称项目布置，主要是工程项目和大型产品生产所采用的一种布置方式。它的加工对象位置、生产工人和设备都随加工产品所在的某一位置而转移，如飞机的制造、房屋的建设等。

1.3.3 设施布置的传统设计方法

虽然现在已有系统化和计算机辅助设施布置方法，这些方法能使设施布置系统化、科学化，同时提高了设施布置的工作效率，加快了设施布置的工作速度，但也绝不能轻视和摒弃设施布置的经典设计方法，即传统的经验设计法。所谓工业设施布置的经验设计法，是指利用百年来在设计、建造和经营各种行业的工厂中所积累起来的经验、教训、数据和资料，在设计同类型或相似的工业设施时作为参考。目前在我国，这一方法仍被设计院广泛采用，即使在发达的工业化国家也仍占有一席之地，但随着科学技术的飞速发展、管理科学的进步以及新技术、新方法的不断出现，对传统的数据和资料必须加以分析，才能有效利用。因此，比较现实的做法是将经验设计法、系统化和计算机辅助设施布置方法相互结合起来，从而又快又好地设计出各种工业设施的布置方案，也可用于非工业设施的布置设计。

1. 寻找同类或相似工厂作为样板

经过100多年的工业化，当今世界上已有种类繁多、行业齐全的各种工厂，即使科技进步和技术创新促使崭新的工业和工厂出现，它们仍能从原有的工业中得到借鉴。以核电站设计为例，它与普通火力发电厂的最大区别在于以核反应堆代替原有的锅炉，而由蒸汽透平机加发电机构成的发电机组与原来的机组并无根本性差别。经验设计法就是模仿设计法，即在现有的工厂中找到一个与要设计的工厂相似或同类型的工厂作为设计参照物或样板。因此，对新工厂的设计，从总平面布置到车间设备布置，都能从样板中得到参考。

2. 根据目标设计数个方案

虽然能找到一个类似的工厂，但由于内部和外部因素的不同，新设计的工厂和原有的工厂不可能完全雷同。因为生产纲领、工艺流程、工厂组成和各部分功能不同，以及城市规划、环境、自然条件和交通运输不同，从而可以设计出数个不同的布置方案，做分析、研究和对比之用。

3. 利用经验数据或指标决定各部门面积

要设计出有实用价值的总平面布置和车间设备布置，在方案中必须要有确定的面积，而这些面积可以从现有工厂的统计数据中获得。这些数据经常以技术经济指标的形式出现，可以在《工厂设计手册》或其他相关的手册中查到。

4. 通过方案评比优选方案

有了各种带有具体面积的布置方案，下一步工作就是对各种方案做评比，从中选出符合目标的最优方案。这将在第5章进行讨论，并列举一个总平面设计和方案评比的实例。

5. 绘制标准的总平面布置图与详细的车间布置设计图

优选方案经过领导层批准后，就可以绘制正式的总平面布置图和详细的车间内各部门及各种机械设备的布置图。这些图可以作为后续建筑设计的依据。

综上所述，经验设计法即布局形式模仿现有同类工厂的布局，但也做局部或小的改进；人员、设备、面积等均采用指标法加以估算，即从已建成的同类工厂中统计出生产单位产品或其他所需要的厂房面积、设备及人员等，然后在已确定的面积上对各部门或各种设备及设施，在参考样板工厂的情况下进行布置，采用的手段一般是模仿、修改及定性分析。

1.3.4　生产与管理模式对设施布置的影响

1. 历史回顾——从大量生产开始

百余年来，制造业的生产和管理模式由于世界经济的发展以及科学技术的进步而发生了很大的变化，从而也对设施布置产生了较大影响。19世纪末20世纪初工业化前期，工业产品供不应求，制造业中大都采用标准化产品的大量生产模式，最典型的就是福特公司的T型汽车，一个品种生产数百万辆。到了第二次世界大战时期，武器生产将大量生产模式推到了顶峰，战后在相当长一段时间内仍沿用此种大量生产和管理模式，对医治战争创伤、恢复生产、保障和提高民众的生活水平起了良好的作用。在大量生产模式理念的影响下，为了确保原材料和其他辅助材料的充分供应以及流水生产的正常进行，工厂的组织和规模不断扩大，形成了"大而全"的组织架构。例如，20世纪初的福特汽车公司，为了保障材料的供给，福特投资于煤矿、铁矿、木材厂、玻璃厂，甚至买地种植用于生产油漆的大豆，在巴西经营橡胶种植园。为了将材料运送到工厂，将装配好的汽车运送给代理商，福特又发展运输业，兴建铁路、公路、船舶，拟建成遍及全球的运输营销网络。越来越紧张的资金、庞大的产业和组织机构，逐渐使福特感到力不从心，认识到自己只有能力维持核心的制造能力——没有哪家公司能够做到完全自给自足。

2. 精益生产与准时制

第二次世界大战后，尽管有美苏冷战和地区局部战争，但长期的和平环境促使世界范围内经济有了长足的发展。20 世纪 60 年代以后，世界市场由"卖方市场"步入"买方市场"，各类产品由"供不应求"转变为"供过于求"，产品模块和多样化、成组技术、多品种中小批量生产、柔性制造系统的提出都是对单一品种大量生产提出异议后的新理念、新方法，也都影响了工厂的设备布置。20 世纪 70—80 年代，日本在汽车制造业中创造的丰田生产方式，在经营、组织、管理、产品、供销等方面都形成了与传统大量生产方式不同的一整套思想和做法。美国麻省理工学院（MIT）对之进行了研究和分析，并将其称之为"精益生产"（Lean Production，LP），随后美国和其他国家竞相仿效。"精益生产"以简化为手段，以人为中心，以尽善尽美和精益求精为最终目标。因此，精益生产方式对工厂布置提出了更高的要求。在精益生产中，无论企业内外，组织良好的物流都起到很重要的作用。将生产中的各种物流，如设备外围的、各生产线之间的、仓库内的、生产和装配之间的、生产和进料之间的、装配和发货之间的等各种物流，有条不紊地进行搬运、仓储、摆放和加工装配。将物流及其信息系统组织协调完善后，生产中的一个环节和另一个环节完全衔接，紧凑地进行，不会产生到处寻找物料的现象，任何管理人员都能随时知道何种物料或在制品位于何处，对库存的物料了如指掌，从而将生产中物料的浪费和损失降到最低限度。

日本丰田生产方式的主要创新之一就是准时制（Just in Time，JIT），它也是精益生产的主要部分。JIT 生产系统虽起源于日本，但经过世界各国应用后又有了许多改进。美国生产与库存控制学会（APICS）将其定义为："在追求有计划地消除一切浪费和坚持不断地改进质量和生产率的基础上，达到卓越制造的哲理。"根据 APICS 的建议，JIT 的主要内容如下：①减少在制品等待、制造与采购的周期、批量、转送时间以及车间（工场）面积；②全员生产维护，全员参与；③供应商开发与认证项目；④经常送货到厂，零件料单最小化；⑤重点工艺过程、成组技术、单元制造；⑥工作地储存；⑦高水平作业计划；⑧从源头保证质量、零缺陷；⑨柔性制造；⑩生产线平衡。

3. 单元制造

单元制造（Cellular Manufacturing，CM）也称基于单元的系统（Cell-Based System），GT 即成组技术，是产品和生产设施的组织原理。为了产生相应的零件组（簇），基于零件几何相似原理和编码分类对机器设备编组以形成单元。原来基于 GT 的单元制造着手解决存在于金属加工工业中的问题，现在单元制造的概念已经扩大到制造业中更广泛的领域。许多从事 JIT 和精益生产研究的人员，努力将单元制造（CM）变成一个有效的工具。目前，又出现了一个名为快速响应制造（QRM）的现代制造概念，也与 CM 密切相关。

精益生产的成功关键取决于单元概念，生产单元为操作和物流的合理化提供支持。一个生产单元，其机器设备按工艺顺序排列，单元包含了人员和设备或工作地，要求按步骤执行工艺或部分工艺，生产单元就能完成这类多品种少批量生产。

4. 快速响应制造

快速响应制造（Quick-Response Manufacturing，QRM）是一种较新的制造原理和方法，在制造业中已取得了成功应用。QRM 是从以时间为基础的管理演化而来的，并遵从不断缩短生产周期的原理。此外，QRM 不单是对生产进行管理，而且有自己清楚的目标——为实施提供一组全面的程序。由于受泰勒（时间研究）和福特（劳动分工）等科学管理方法的影响，企业重视规模经济和资源利用而轻视顾客的服务和生产率，以达到价格竞争的目的。这种规模/价格管理思想和体制所产生的职能部门，每一部门只对有限的企业专门职能负责。这类组织结构的主要问题是整个组织没有清晰的理念，没有将重点放在顾客上。

有关 QRM 对生产的重构，有三个主要的问题：①将单元制造作为合理化生产的工具；②用动态系统的原理去理解生产周期、批量和设备之间的关系；③用新颖的物料控制系统综合应用"推"式和"拉"式两种概念。这里只讨论第一个问题，因为它与布置问题关系最为密切。

(1) **QRM 和单元制造**。与精益生产一样，QRM 依靠单元制造实现生产合理化。然而，运用 QRM 方法在形成单元和操作时有一些独有的特点。QRM 的目标是针对多品种小批量生产，已不符合常规 JIT 系统中稳定需求这一假设，故也不能用 JIT 中所用的看板方法；另一方面，QRM 强调理解系统的动态特性，并应用专门的物料控制和补给方法。

(2) **QRM 和 JIT 单元的对比**。许多已实施 JIT 的生产经理认为，当生产一组熟悉的产品以及需求可以合理地预测时，单元是最好的。但这并不是一个单元取得成功的先决条件。研究 QRM 的先行者的经验指出，针对客户的产品，每一张订单都可以是完全不同的，然而，其中的关键在于所选的一组产品之间要有相似性，所选产品应纳入预先规定的设计要求、制造工艺和书面文档之内。另外，JIT 单元希望优化单元内的流动，而 QRM 单元容忍某些非线性流动或倒流。

(3) **实施 QRM 单元的主要步骤**：①从市场的机会或威胁开始；②寻找一个具有良好开端和成功预期的产品组（簇）；③通过逐步扩大数量寻找替补的产品组（簇）；④挑选包含已有产品自身在内的产品组（簇），并将对单元外操作的依赖程度降到最低；⑤创建实体的单元；⑥实施制造系统动态特性的培训（用 QRM 技术和分析工具决定机器设备和劳动力的总量及规模）；⑦通过自愿报名组建单元团队。

另外，在实施 QRM 时，进行到④和⑤会遇到困难，这时就需要管理和技术人员利用企业内部积累的设计和工艺性方面的经验。通常建议采用以下方法解决：①重新挑选材料以减少或消除工序；②重新考虑并修改工艺过程；③重新考虑在设计中修改特征或功能，使之能应用上述两种解决方案；④假如措施都告失败，在单元外的工序中解决。

1.4 设施布置的类型、模型与算法以及前沿动态

1.4.1 设施布置的类型

设施设计人员面临的设施布置问题不仅有新建制造或服务系统，还有对现有系统的扩建、联合、修改等。根据统计资料，即使是已建成的制造工厂，也需要每 2~3 年改变设施

布置一次。最近 10 年期间设施布置变化的频率加快，部分原因是产品变化更快，因为顾客经常要求改变产品的式样和功能。下面是一些需要更改设施布置的例子：

（1）一家制造厂要实施准时制（JIT）管理，要求建立机床单元以及单元在车间中的位置，此外还要决定机床在单元中的位置。

（2）一家炊具制造厂过去两年中产量翻番，车间再也没有多余的面积可以扩大。一位工业工程师建议将陈旧设备淘汰，购入高效设备重新布置车间。

（3）一家保险公司租得一幢多层办公楼，准备将其总部迁入，并将其内部空间划分为工作区、办公室、会议室等。

（4）根据新的协议，一家外国汽车厂与我国合资建立一条汽车装配线，需要设计、建造和安装。

（5）一家大的零售商废弃一条商品生产线，拟建一条生产新商品的生产线，需要重新设计下属各百货公司的新品展览陈列区。

设施布置问题通常可分为服务系统布置问题、制造系统布置问题和仓库布置问题三类。

1. 服务系统布置

餐厅中桌、椅、厨具的布置，机场人行通道的布置，旅馆应急设施的布置，政府办公室和公共图书馆的布置等，都是服务系统布置的例子。为了开发一个服务系统的布置设计，必须知道设施的位置或实体的数量、每一种设施大体上占据的面积、设施之间的交互作用、任意一个设施或一对设施间的特殊限制。图 1-6 为一牙医诊所布置的实例。

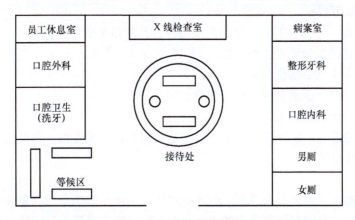

图 1-6　牙医诊所的布置

对于开发一个新的服务系统，需要通过提出以下一些问题来判断布置的根据是否正确：

（1）现有的公司或系统的空间是否过大？

（2）现有的空间是否过于昂贵？

（3）建筑物是否在合适的位置？

（4）一个新的布置会如何影响组织和服务？

（5）办公室的工作是过于集中还是分散？

（6）办公室的结构能否支持工作规划？

（7）设施布置和公司形象协调吗？

作为一个服务设施的布置，必须达到以下目标：
（1）在建筑物或楼层内，将不必要的人员流动降到最低限度。
（2）设施内应提供必要的私人联系的场所。
（3）为建筑物内的人员提供安全与保密保障。
（4）与建筑法律法规相符。

此外，在开发服务系统布置时，还要比制造系统更多地考虑美学问题。服务系统中的顾客通常要参与服务过程，故一个愉快、舒适、宜人的环境十分重要。例如，在牙医诊所的候诊区域，应准备电视机、鱼缸，并对四周墙壁使用宜人的色调，也可以准备大的玻璃窗和镜子。这些布置不仅能改进牙医诊所的外观，同时也能使候诊区的患者更具有耐心。现代办公室的布置与过去方形或长方形排成一列的大厅有很大区别，其代之以具有柔性的办公室布置，可折叠式的分隔间不仅提供了私人交谈场所，必要时还可做搬迁和布置的变化。办公室的布置最终必须与企业形象协调，如银行的目标是使顾客在愉快的气氛中接受服务，因此布置设计人员应尽可能地安排较大的开阔空间和休息大厅。

2. 制造系统布置

制造系统布置在改建或扩建时比新建时还要重要，它与服务系统布置有所不同。例如，办公室的布置要强调便于联系、减少人员来往的拥挤以及有私人会晤的场所；而在制造系统布置中，将技术检查以及物料搬运的成本降至最低、为员工提供安全的工作场所以及便于管理人员的监管则是主要考虑的问题。制造系统的布置包括确定机器设备的位置、设置工作地及其他，要达到以下目标：
（1）使原材料、零件、工具、在制品及最终成品的运输成本最低。
（2）人流来往及交通流动方便轻松。
（3）提高员工士气并加强风纪。
（4）将员工工伤、事故和损失降至最低。
（5）提供监控和面对面交谈的场所。

制造系统中的设施不仅有机器设备、工作地，还有技术检查站、热处理站、清洗室、工具间、办公室及休息区等。

3. 仓库布置

随着物流量的日益增大，仓库布置越来越重要。一个良好的仓库布置应在有效利用现有存储空间的同时，将存储和物料搬运的成本降至最低。仓库布置设计中应当考虑的主要因素有仓库的高度、过道或走廊的形状和大小、装卸区的方位、货架的类型、物品存储和检索的自动化程度等。

1.4.2 设施布置的模型与算法概述

1. 设施布置的模型

模型可分为物理的、模拟的和数学的。物理模型有与被研究的真实系统相同的形状和外观，但尺寸却大大缩小。模拟模型并不需要与被研究的真实系统相似，但要提供系统的信息。例如，用图可以表示人口随时间增长的变化情况，这是一个模拟模型。举一个例子：某城市某一租车公司要新建一服务设施（实现换机油、常规保养和检查以及小修理工作），公司的租车点位于 3 个城市和 2 个机场附近，服务设施设于何处可使总运作成本最低？每一现有租车点将根据该点拥有的租车数影响服务设施的位置，租车公司要决定该服务设施的最优位置，使所有租车者去该租车点的总行程距离最短，此问题称为单一设施的位置布置问题。这个问题可以用重心法来解决（见图1-7）。在一带有坐标刻度的平板上，在相应的每一城市及机场所在的坐标位置处钻一孔，每一孔中穿过一绳索，其一端垂在板下并挂上一个砝码，其重量与每一租车点相适应，另一端在平板上与圆环相连接，最后小圆环停留下来的平衡位置，就是总运费最低的服务设施的位置。

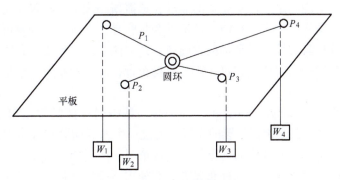

图1-7 重心法物理模型模拟

数学模型可以分为惯例式（Prescriptive）和描绘式（Descriptive）两种。惯例式模型提供一组决策变量值，而有了一组决策变量值后，描绘式模型就可以预测系统的性能。这样，系统设计的逻辑方法包含开发一个惯例式模型去决定关键决策变量值，并用这些数值去运行一个描绘式模型，从而就能评价系统的操作性能。实际上，大多数公司都没有设施布置建模问题的专家，而管理层也没有意识到，开发出一个最优的设施设计可以节约大笔成本。事实上，数学模型能够帮助人们分析和解决各种设施布置问题，并取得了良好的经济效果，因此也是当前设施布置建模的一个主要发展方向。

2. 设施布置模型的算法

数学模型建立以后要研究解题的技术与过程，这就是通常所说的算法。假如某种算法至少可以产生一个优化解，就将其称为优化算法或启发式算法。很多问题可以快速找到一个优化解，但不能肯定此解是最优的。设施布置问题模型的构建可以采用数学规划、排队论和仿真三种方法。

数学规划是一种静态工具，通常要求输入确定性数据。但这一工具不能解决动态问题，如人机干涉，而它可在排队论中考虑。数学规划是一种性能优化的工具，而排队论是一种性能评价的工具。由数学规划提供的决策变量优化值应作为初步解来看待，可用排队论及仿真模型在下一阶段再得到精确解。例如，决定需要的设备类型和数量的决策问题，可用数学模型初步确定设备的数量，然后用排队论来改进初始值。有时由数学模型产生一个初始解，然后用一个合适的排队论来试验初始解，并用数个评价标准来分析其性能，根据不同的模型，这些评价标准可以是在制品、设备利用率、出产率、单件流动时间等。基于这些性能分析，系统设计人员可以建议对系统做修改，如增添一些设备，取消一些其他设施等。利用修改完善的设计，系统设计人员可以开发一个详细的仿真模型，分析系统的设计和运作特性。

1.4.3 设施布置的前沿动态——新一代工厂布置

自缪瑟提出设施布置规划方法（SLP）以来，设施布置问题引起了国内外理论界和实践界的关注，在布置类型与设施布置方式方面取得了较多有价值的研究成果。其中，最具代表性的前沿性布置方式是新一代工厂布置（Next Generation Factory Layouts，NGFL）。

行业的最新变化趋势表明，由于生产需求的难以预知或生产提前期短等不确定环境的影响，现有的设施布置不能满足多产品企业的需求，急需新一代工厂布置。这种布置方式具有柔性、模块化且易于重构等特点。目前，理论界和实践界正在致力于开发可替代的布置、新的绩效指标，并设计更具柔性、可重构的设施布置新方法。新一代工厂布置的方式主要有四种：①动态分布式布置；②模块化布置；③可重构布置；④柔性布置。这里仅介绍动态分布式布置方式。

动态分布式布置（Dynamic Distributed Layouts）是指同一部门类型可能存在多个副本（Copies），并且可以放置在非相邻位置的布置。通过一个多周期分布式布置的设计程序，对由于产品需求和产品组合方式变化而需重新布置的情况，按周期进行布置，以平衡各周期的物流效率和重新布置产生的成本。这种布置方式对需求不确定性强的产品生产或在产品品种较少时，效果最为明显（见图1-8、图1-9和图1-10）。

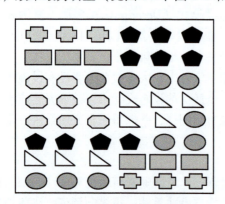

图1-8 部分分布式布置

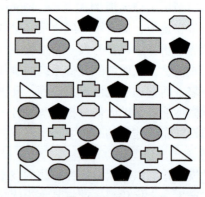

图1-9 最大限度的分布式布置

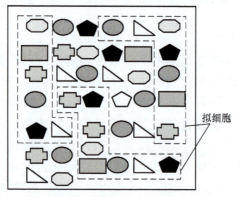

图1-10 由拟细胞组成的分布式布置

复习思考题

1. 说明设施规划（设计）和工厂设计有何相同之处和不同之处。
2. 在进行设施规划（设计）以前，所需的原始信息和数据主要来自何处？
3. 你认为哪个部门的信息对设施规划（设计）最重要？为什么？
4. 工业设施布置中传统方法的主要原则是什么？
5. 现代生产和管理模式对工业布置最主要的影响是什么？
6. 设施布置的前沿动态中最具代表性的前沿布置方式是哪一种？

一骑红尘妃子笑　无人知是荔枝来——物流分析

"一骑红尘妃子笑，无人知是荔枝来"说的是中国古代四大美女之一的杨贵妃喜吃新鲜荔枝的故事。南方的新鲜荔枝一夜之间送抵京城，可以说当时杨贵妃享受了一项最为满意的物流服务，但是所耗费的物流成本可谓天价，也只有皇室贵族才可以承受，普通人只能望而却步。

第 2 章
物流与物流系统分析

当你想委托顺丰快递公司为你寄送一份重要快件到某地的时候，你会试图对该公司的物流系统进行分析；当你有一个物流合同需要外包的时候，你一定要先对目标供应商的物流系统进行详细分析；当你对海尔的物流系统整合感兴趣的时候，你很想更多地了解海尔物流整合的具体做法。物流系统分析的目的多种多样，不胜枚举。

[学习目的]

1. 理解物流经济学的价值及物流工程学的研究对象。
2. 了解系统的模式、物流系统的构成及要素。
3. 掌握运输方式优化的经济学模型。
4. 理解物流系统运作的典型实例。

 2.1　现代物流的经济学价值

物流学研究大量的物流资源优化配置、物流市场的供给与需求、宏观物流产业的发展与增长等问题，解决这些问题靠的是经济学理论，包括宏观经济学和微观经济学理论在物流学研究中的具体应用。因此，物流经济学的研究必将促使国民经济和企业效益向更加合理的、经济的方向发展。

2.1.1　现代物流的内涵与特征

1. 现代物流的内涵

从 20 世纪 80 年代起，物流已不再是"物"和"流"单纯的有机组合，而是从后勤保障系统演变而来，被广泛称为"现代物流"（Logistics，原意为"后勤"，这是在第二次世界大战期间，美国军队在运输武器、弹药和粮食等给养时使用的一个名词）。现代物流是以满足消费者的需求为目标,将制造、运输、销售等市场情况统一起来思考的一种战略措施。这与传统物流把它仅看成是"后勤保障系统"和"在销售活动中起桥梁作用"的概念相比,又有了更深一层的含义。例如,1985年,美国物流管理协会(CLH)对物流的定义是:"物流是为满足消费者需求而进行的,对原材料、中间库存、最终产品和相关信息从起始地到消费地的有效流动和储存的计划、实施和控制的过程。"1981年,日本综合研究所编著的《物流手册》中对物流的定义是:"物质资料从供给者向需要者的物理性移动,是创造时间性、场所性价值的经济活动。"我国于20世纪80年代初引入"物流"一词时,其已经是"Logistics"的概念。我国国家标准《物流术语》(GB/T 18354—2006)中将物流定义为:"物品从供应地向接收地的实体流动过程。根据实际需要,将运输、储存、装卸、搬运、包装、流通加工、配送、回收、信息处理等基本功能实施有机结合。"

2. 现代物流的特征

自现代文明诞生以来物流就已存在,但现如今,实现更经济、更高效、更完善的物流已成为企业和政府所追求的最具挑战意义的目标。

现代物流具有以下几个特征:

(1) **专业化**。专业化的物流实现了货物运输的社会化分工,可以为企业降低成本,减少资金占用和库存,提高物流效率;在宏观上可以更加优化地配置社会资源,充分发挥社会资源的作用。在发达国家,专业物流占整个物流市场的比例平均在50%以上,如美国为55%,日本则为70%。

(2) **规模化**。就物流业本身的特点而言,物流企业必须具有一定的规模才能适应市场的发展。物流业务的服务范围通常是全国性的,这就要求物流企业必须拥有一个遍布全国的网络体系,只有这样才能顺利完成每一笔业务的收取、存储、分拣、运输和递送工作。而运转这样一个体系所需要的资金、人员、设备等是巨大的,只有达到一定规模的大企业才能维系。

(3) **信息化**。物联网时代,物流信息化是物流业发展的必然要求。物流信息化表现为物流信息的商品化、物流信息收集的数据库化和代码化、物流信息处理的电子化和计算机化、物流信息传递的标准化和实时化、物流信息存储的数字化等。从发达国家现在物流业的情况来看,在物流过程中,全面应用信息技术已经非常普遍。例如,联邦快递(FedEx)早在20世纪80年代就使用了计算机包裹追踪系统,而联合包裹(UPS)则在20世纪90年代花费110亿美元进行各种信息技术设备的购置。2012年我国物流企业订单(运单)准时率大幅提升,订单(运单)准时率达到92.21%,其中,78.57%的企业订单(运单)准时率超过90%,物流服务水平得到大幅度提升。车辆追踪水平显著提升,87.5%的企业实现了对自有车辆的追踪,相较2011年的80.95%有所提升,其中78.57%的企业自有车辆追踪率达到100%;有75%的企业实现了对外部车辆的追踪,相较2011年的66.67%也有所提升,其中75%的企业对外部车辆的追踪率超过50%,41.67%的企业对外部车辆的追踪率达到了100%。全程透明可视化程度显著提升,有81.25%的企业实现了全程透明可视化,其中,有69.23%的企业全程透明可视化程度超过80%,30.77%的企业全程透明可视化能力达到100%。

(4) **柔性化**。柔性化的理念是以客户为中心,真正地根据消费者的需求组织生产,安排物流活动。因此，柔性化的物流正是适应生产、流通与消费者的需求而发展起来的一种新型物流模式。这就要求物流配送中心根据消费者需求"多品种、小批量、多批次、短周期"的特点组织和实施物流作业。

（5）**国际化**。物流的国际化要求物流的发展必须突破一个国家或地区的限制，实现不同国家或地区间的物流服务。国际化的物流通过遍布全球的物流运送体系，以国际统一标准的技术、设施和服务流程，完成货物在不同国家或地区间的流动。20 世纪 80 年代以后，全球经济一体化发展加快，国际经贸往来日益深化，贸易的全球化要求产品和服务在国际上合理流动，这就为物流业的国际化发展提供了条件，国际化开始成为物流业发展的一个重要趋势。

3. 现代物流与传统物流的区别

现代物流与传统物流的最大区别在于，现代物流已突破了传统商品流通的范围，把物流活动扩大到了生产领域和回收废弃领域。传统物流一般是指产品出厂后的包装、运输、装卸和仓储；而现代物流提出了物流系统化的概念和绿色低碳的理念，并付诸实施。具体而言，就是使物流向两头延伸并加入新的内涵，使社会物流与企业物流有机地结合在一起，从采购物流开始，经过生产物流，再进入销售物流，与此同时，要经过包装、运输、仓储、装卸、加工配送到达客户手中，最后还有回收和废弃物流。

现代物流与传统物流的区别如表 2-1 所示。

表 2-1　现代物流与传统物流的区别

传统物流	现代物流
简单位移	增值服务
被动服务	主动服务
人工控制	信息管理
无统一标准	标准化服务
点到点或线到线	全球服务网络
单一环节的管理	整体系统优化和绿色低碳

2.1.2　物流经济学的含义与价值

1. 物流经济学的含义

物流经济学应以宏观经济学、产业经济学和对中国宏观物流问题的关注为基础，以深度分析宏观物流发展趋势及宏观物流产业发展政策为特色，致力于探索和建立经济发展中的宏观物流理论体系；同时应关注微观物流经济的研究，研究重点集中在资源配置或要素禀赋、企业运作与流程优化、企业物流网络优化设计、物流系统分析与优化、物流市场需求预测和企业物流项目评估等理论与实际问题上。

物流经济学是利用数学方法研究现代物流各环节的流转规律，以寻求获得最大空间与时间效益的经济科学。它涉及社会经济中与物流相关的各种经济问题和技术问题，以及与之相适应的经济管理和物流技术的理论和方法。

2. 物流经济学的价值

一般而言，现代物流经济学的价值主要体现在以下几个方面：

(1) **保值**。任何产品从生产出来到最终消费，都必须经过一段时间、一段距离，在这段时间和距离中，都要经过运输、保管、包装、装卸搬运等多环节、多次数的物流活动。在这个过程中，产品可能会淋雨受潮、水浸、生锈、破损、丢失等。物流的使命就是防止上述情况的发生，保证产品从生产者到消费者的移动过程中的质量和数量，起到产品保值的作用，即保护产品的存在价值，使该产品在到达消费者时使用价值不变。

(2) **节约**。搞好物流，既能够节约自然资源、人力资源和能源，同时也能够节约成本。例如，集装箱化运输可以简化产品包装，节省大量包装用纸和木材；实现机械化装卸作业、仓库保管自动化能节省大量作业人员，大幅度降低人员开支。重视物流可节约成本的事例比比皆是，如海尔通过加强物流管理，用一年时间将库存占压资金和采购资金从 15 亿元降低到 7 亿元，节省了 8 亿元开支。

(3) **缩短距离**。在北京可以买到世界各国的新鲜水果，全国各地的水果也长年不断；邮政部门改善了物流，大大缩短了信件寄送的时间，全国快递两天内就可以到达美国联邦快递，能做到隔天送达亚洲的 15 个城市；日本的配送中心可以做到上午 10 点前订货当天送到。这种物流速度，就把人们之间的地理距离和时间距离拉得很近。随着物流现代化的不断推进，国际物流能力大大加强，极大地促进了国际贸易，使人们逐渐感到地球变小了，各大洲之间的距离更近了。

许多城市的居民能够亲身享受到物流进步的成果。例如，南方产的香蕉在全国各大城市一年四季都能买到；新疆的哈密瓜、宁夏的白兰瓜、东北的大米、天津的小站米等都不分季节地供应市场等。我国的纺织品、玩具、日用品等近年来大量进入国外市场，除了劳动力价格低廉等原因外，也有国际运输业越来越发达、国际运费降低的缘故。

(4) **追求附加价值**。以上事例证明，物流创造社会效益。物流创造的附加值主要体现在流通加工方面，如把钢卷剪切成钢板，把原木加工成板材，把粮食加工成食品，把水果加工成罐头。名烟、名酒、名著、名画等都会通过流通中的加工使包装和装帧更加精美，从而大大提高了商品的观赏性和附加价值。

(5) **增强企业竞争力**。市场经济环境下，制造企业间的竞争主要体现在价格、质量、功能、款式和售后服务等方面。如彩电、空调、冰箱这类家电产品在科技进步的今天，在质量、功能、款式及售后服务等方面，目前各企业的技术水平已经没有太大的差别，竞争的关键往往就是价格。在物资短缺的年代，企业可以靠扩大产量、降低制造成本去攫取第一利润；在物资丰富的年代，企业又可以通过扩大销售攫取第二利润；可是在 21 世纪和新经济社会，第一利润源和第二利润源已基本达到了一定限度，目前剩下的"第三利润源"就是物流。

国外一些制造企业很早就认识到物流是增强企业竞争力的法宝，搞好物流可以实现零库存、零距离和零流动资金占用，是提高客户服务水平、构筑企业供应链、提升企业核心竞争力的重要途径。

(6) **加快商品流通**。以配送中心为例，配送中心的设立为连锁商业提供了广阔的发展空间。利用计算机网络将超市、配送中心和供应商、生产商连接起来，能够以配送中心为枢纽，形成一个商业、物流业和制造业的有效组合。有了计算机网络迅速及时的信息传递和分析，通过配送中心的高效率作业、及时配送，并将信息反馈给供应商和生产商，可以形成一个高效率、高可靠性的商品流通网络，为企业管理决策提供重要依据；同时，还能够大大加快商品的流通速度，降低商品的零售价格，提升消费者的购买欲望和满意度，从而促进国民经济的发展。

（7）创造社会效益。 实现装卸搬运作业机械化、自动化，不仅能提高劳动生产率，而且也能解放生产力。例如，日本多年前开始的"宅急便""宅配便"，我国近年来快速发展的快递业，都是为消费者服务的新行业，它们的出现使居民生活更舒适、更方便。当你去滑雪时，那些沉重的滑雪用具不必你自己扛、自己搬、自己运，只要给快递公司打个电话就有人来取，可能你人还没到滑雪场，你的滑雪用具就已经先到了。又如，在超市购物，那里不仅商品多、环境好，而且为顾客提供手推车，可以节省顾客很多力气，让其轻松购物。手推车是搬运工具，而这一项微小的服务就能给顾客带来诸多方便，也创造了社会效益。

2.2 物流工程学的方法论

2.2.1 物流工程的内涵

物流工程（Logistics Engineering）是以物流系统为研究对象，研究物流系统的规划设计与资源优化配置、物流运作过程的计划与控制以及经营管理的工程领域。物流工程是管理与技术的交叉学科，它与交通运输工程、管理科学与工程、工业工程、计算机技术、机械工程、环境工程、建筑与土木工程等领域密切相关。

物流工程学科主要是对物流系统的规划、设计、实施与管理的全过程进行研究。设施设计是工程的灵魂，规划设计是物流系统优劣的先决条件，物流工程为物流系统提供软件和硬件平台。一个良好的物流系统不能仅停留在规划阶段，还需要通过具体的工程建设来实现。物流工程的实施过程就是完成整个系统的硬件设计、制造、安装、调试等过程，同时也需要规划软件的功能。在进行物流系统分析、设计和实现的过程中，既要考虑其经济性指标，又要考虑技术上的先进性、科学性。因此，物流工程学科主要以工学学科作为其理论基础，它既是技术学科，又有经济学科和管理学科的渗透。

2.2.2 物流工程的产生与发展

1. 物流工程的产生

物流工程和设施规划与设计同时产生于早期制造业的工厂设计。1776 年，亚当·斯密提出"专业分工"能提高生产率的理论，并于 18 世纪末提出"零件的互换性"概念。产业革命以来，工厂规模越来越大，结构越来越复杂，从而产生了工厂设计和企业物流的问题。泰勒的"科学管理"即人、机、物的管理。操作法工程（Methods Engineering）、工厂布置（Plant Layout）和物料搬运（Material Handling）这三项活动被统称为"工厂设计"（Plant Design）。

第二次世界大战后，工厂设计扩大到非工业设施，如机场、医院、超级市场等各类社会服务设施，因此"工厂设计"一词也逐渐被"设施规划""设施设计"或"设施规划与设计"以及现在的"物流工程"所代替。管理科学、工程数学、系统分析的应用为工厂设计由定性分析转向定量分析创造了条件。典型的定量方法主要有爱伯尔的"工厂布置与物料搬运"、穆尔的"工厂与设计"、缪瑟的"系统布置设计"（SLP）和"搬运系统分析"（SHA）。

20 世纪七八十年代以来，计算机辅助设计（CAD）逐渐进入实用阶段，并被广泛应用于规划设计的各个阶段；90 年代，将现代制造技术、FMS、CIMS 和现代管理技术、JIT 等相结合被用来进行物料搬运和平面布置研究，物流工程的研究也扩大到从产品订货直至销售的全过程。

2. 物流工程在我国的发展情况

20 世纪 50 年代，我国学习苏联的工厂设计，注重设备选择的定量运算，对设备的布置以及整个车间和厂区的布置则以定性布置为主。20 世纪 80 年代初，"物流"概念开始引入我国，此后，对物流工程的研究在我国迅速展开。"工程设计"包括工厂设计、建筑设计等。从设计阶段讲，工程设计分为初步设计和施工图设计两个阶段，物流工程的重点在于初步设计。20 世纪 90 年代初，工业工程作为正式学科在我国出现，设施设计与物流技术更为人们所重视。

目前，物流工程的重要性已逐步为社会所认同，被认为是国民经济的一个重要组成部分。提高物流效率，降低物流成本，向用户提供优质服务，实现物流的合理化、社会化、现代化，已成为广大企业的共识。

3. 物流工程的发展趋势

（1）**物流的系统化**。物流的系统化，首先是要把物流的各种功能作为一个系统来构造、组织和管理。物流各子系统的共同目的是提高物流的效率，正是由于这个共同目的，才产生了使物流各功能紧密地连接在一起的必要。物流组织主体为了以最低的物流成本实现用户所要求的物流服务水平，要权衡物流活动各种功能最优水平的组合。其次为获得各功能的最优水平，需要选定具体活动中的最优手段。没有实现总体系统化的物流系统，其物流总成本一定高于实现物流系统化后的物流总成本，因此，只有实现物流的系统化，才有可能以最低的物流总成本为用户提供需要的物流服务，实现物流的合理化。

（2）**物流的信息化**。近年来现代物流信息化在我国得以迅速发展的原因，主要有三个层面：第一个层面是信息技术、网络技术的普及和发展，特别是互联网技术解决了信息共享、信息传输的标准问题和成本问题，使得信息更广泛地成为控制、决策的依据和基础。因此，企业只有解决信息的采集、传输、加工、共享问题，才能提高决策水平，从而带来效益。第二个层面是企业在利益机制的驱动下，不断追求降低成本和加快资金周转，将系统论和优化技术用于物流的流程设计和改造，融入新的管理制度之中。第三个层面是供应链的形成和供应链管理的作用提升，其中物流管理是其主要组成部分。

（3）**物流的社会化和专业化**。为了实现低库存或零库存，物流中心、批发中心或配送中心及代理中心应运而生，而且在国外已相当普遍。制造企业的销售与供应在很大程度上是由物流代理公司来实现的，企业根本不设销售和供应部门。

（4）**仓储、物流装备的现代化**。物流离不开物流装备与仓储，仓储的现代化要求高度机械化、自动化、标准化，组织高效的"人-机-物系统"。运输的现代化要求建立铁路、公路、水路、航空与管道的综合运输体系，这是物流现代化的必备条件。因此，发达国家致力于港口、码头、机场、铁路、高速公路、仓库等建设，为了减少运输成本，大量改进运输方式与包装方式，如发展集装箱、托盘技术，提高粮食、水泥等物资的散装率，研制新型的装卸机械等。物流装备正向大型化、自动化和智能化发展。

（5）**物流与商流、信息流的一体化**。按照流通规律，商流、物流与信息流三流是分离的。但是，现代社会不同的产品形成不同的流通方式与营销业态，如生产资料不仅有直达供货与经销制，还有代理制、配送制，与人民生活有关的产品还有连锁经营，这就要求物流随之变化。许多国家的物流中心、配送中心实现了商流、物流与信息流的统一，代理制的推行也使物流更科学、更合理，许多代理行业都实现了三流合一。

（6）**物流系统的柔性化**。随着市场经济的发展，计划经济时期的固定物流运作模式转变为多样化模式。市场的多变性，产品的小批量、多品种，都要求物流系统具有对这种物流运作方式的适应性，以满足生产企业和用户对产品的需求。

（7）**物流系统中仿真技术的应用**。物流系统是一个庞大的系统，其实施需要巨大的资金和人力投入。为保障其实施的科学性和可靠性，需要在实施之前进行仿真研究。目前德国已经成立了物流系统仿真研究中心。

（8）**绿色低碳物流的发展**。发展绿色低碳物流适应世界社会发展的潮流，是全球经济一体化的需要；发展绿色低碳物流是可持续发展的一个重要环节；绿色低碳物流是最大限度降低经营成本的必由之路；发展绿色低碳物流还有利于企业取得新的竞争优势。

2.2.3 物流工程的分类

物流工程是支撑物流活动的总体工程系统，可以分成总体的物流网络工程系统和具体的物流技术工程系统两大类。

1. 物流网络工程系统

以物流网络工程系统所起的作用而言，它实际上是一个支撑各种物流活动、支撑各种物流经营方式进行运作的平台系统。这个平台系统由以下两部分构筑而成：

（1）**物流信息网络工程**。物流信息网络工程是通过大范围的信息生成、收集、处理和传递，以支持物流系统的管理和经营，支持所有的物流活动。物流系统的主要特点是跨地区、大范围、多节点，并且只有在信息技术和网络技术的支持下，才能解决物流系统的构筑问题。因此，物流信息网络工程是维持如此庞大而复杂系统进行运转的不可或缺的手段。

除了基本的管理信息系统、决策支持系统、库存管理系统、条码系统之外，全球卫星定位系统、远程数据交换系统、分销配送系统等信息工程技术，近年来特别受到人们的关注。

（2）**实物流网络工程**。资源配置必须通过实物流网络来最终具体实现。实物流网络工程是实现物流的重要生产力要素，它集中了物流系统的主要设施、技术、管理以及劳动人员。这些生产力要素配置在由物流节点和物流线路所构筑的实物流网络上，并以此覆盖生产企业、供应商和用户。

实物流网络的构筑和运行是物流系统建设和运行的主要资本投入领域，也是对人力、物力、能源消耗最大的领域。因此，这是成本集中的领域。

2. 物流技术工程系统

物流技术工程系统可以细分为以下几个主要的工程领域：

（1）**包装工程**。包装工程是运用各种材料、装备、设施，形成各种形态的包装，以进一步支撑物流。

包装工程主要分成一般物流包装工程和集装工程两大领域。支撑物流的包装工程主要有对被包装物具有防护性和便于物流操作两个功能。虽然也要结合考虑商品的促销性和装潢性，但这些都不是物流包装工程的主要内容。

集装工程是包装工程向现代化发展的产物。很多研究者认为，集装工程已经不再属于包装工程的一项内容，可以完全独立形成一个体系。集装工程包括托盘工程、集装箱工程、集装袋工程以及其他集装工程等。

(2) **仓储工程**。仓储工程是运用仓库和其他存储设备、设施，以使存储这一物流环节按物流的总体要求进行运作。

仓储工程系统是物流领域发展势头最强劲的系统之一，也是自动化的重点领域。高层立体货架系统、自动化存取系统、无人搬运系统、计算机库存管理系统等均是仓储工程系统的重要内容。

(3) **运输工程**。运输工程包含了整个传统交通运输领域，从现代物流的角度出发，运用系统的物流技术对传统的交通运输工程进行了大幅度提升。除了一般的公路运输工程、铁路运输工程、水运工程及航空运输工程之外，现代物流系统的输送工程还特别重视用不同的传统运输方式进行综合、最优的组合，出现了"门到门""库到库"甚至"线到线"的高水平输送方式。在一体化的物流系统范围内，出现了跨越不同传统运输方式的"驼背运输""滚装运输""多式联运"等输送方式和工程系统。

(4) **装卸搬运工程**。装卸搬运工程是运用各种装卸搬运机具及设备，以实现物的运动方式转变和场所内物的空间移动。

装卸搬运工程经常是物流其他工程的分支或附属，对于大量物流的系统而言，装卸搬运工程具有相当强的独立性和很高的技术要求。例如，港口的集装箱装卸工程，煤炭、矿石装卸工程，大型仓库、火车站的装卸工程等。

(5) **配送工程**。配送工程是通过配送中心和配送装备，把物品最终运送到用户。

配送工程系统曾经是输送工程的一个组成部分，是末端输送工程。由于其在管理方式、科学技术、装备设施方面有别于干线输送工程，同时，现代社会对服务水平的强调又需要特别构筑直接面向用户的工程系统，所以形成了配送工程系统。配送工程是最近特别引起物流界重视的一种工程系统。

配送工程的重要性还在于，它是直接和电子商务连成一体的物流工程系统，故与新经济的联系更为密切。

配送工程也是保障新经济体系"零库存生产方式"的一个系统。配送工程所依托的科学技术主要有配送装备、网络技术和系统规划技术。

(6) **流通加工工程**。流通加工工程是通过流通过程的加工活动，提高物的附加价值和物流操作的便利程度。

流通加工工程所依托的科学技术和机械装备，源于各种产品的生产和应用领域。由于所流通的货物涉及面广，所以流通加工工程系统非常复杂。比较重要的流通加工工程有冷链工程、生混凝土工程、钢板剪板工程等。

(7) **智慧供应链工程**。智慧供应链工程是建立在新一代信息技术的供应链网络基础之上的具有可视化和智能化等功能的系统工程。

智慧供应链工程是当前发达国家特别致力于建设的工程系统，同时也引起了我国企业界的重视。

智慧供应链工程主要依托于四项支持活动：完善的新一代信息技术，柔性的、精密的物流系统，供应链管理，以及买方市场的经济体制。不同的供应链可能全部或部分包含上述各项物流工程系统，可见智慧供应链工程的复杂性及其难度。

2.2.4 物流工程学的研究对象、目标和特点

1. 研究对象、内容与意义

（1）**研究对象**。物流工程学的研究对象是多目标决策的、复杂的动态物流系统，主要从工程的角度研究上述系统的设计和实现。其研究对象主要有：

1）企业物流系统。
2）运输及仓储物流系统。
3）社会物流系统。
4）选址规划系统。
5）服务管理系统。

（2）**研究内容**

1）设施规划与设计，如实体建筑、机器设备、物品物料、工作人员等。
2）物料搬运系统设计，如搬运（运输）与储存的控制与管理，搬运（运输）设备、容器、包装的设计与管理。
3）仓储技术。
4）物流仿真技术。
5）物流系统的管理技术。

（3）**研究意义**

1）可大幅度减少工作量，减少劳动力占用，减轻工人的劳动强度。
2）可大幅度缩短生产周期，加速资金周转。
3）降低物流成本，从而降低生产成本，减少流动资金占用。
4）提高产品质量。
5）促进技术改造，为企业发展提出新的要求。
6）提高物流管理水平，实现生产管理现代化。
7）文明生产，安全生产。

2. 目标

物流工程学的目标可概括为：运用工程学的理论、方法和工具，根据物流系统的基本要求，对复杂物流系统进行分析、设计和实施，以提高物流系统的运作效率，更好地服务于人类社会。

3. 特点

物流工程学具备自然科学与社会科学相互交叉的边缘学科的特征。研究物流工程学，不仅要运用自然科学中常用的科学逻辑推理和逻辑计算，同时也常采用对系统进行模型化、仿真分析的方法。其主要特点有：全局性（系统性、整体性）、并联性、最优性、综合性、实践性。

2.3 物流系统分析

现代物流学的研究对象是物流系统，物流系统本身是一个非常复杂的系统，包括原材料供应物流系统、生产物流系统、销售物流系统、废弃物物流系统、回收物流系统等。现代物

流学主要研究从原材料采购到生产、流通，直至消费、废弃的供应链全过程中物的时间和空间转移规律。用系统的观点来研究物流活动是现代物流工程学的核心。

2.3.1 物流系统概述

1. 系统的概念

系统是由相互作用、相互影响、相互制约和相互依赖的若干要素组合而成的，具有一定结构和特定功能的有机整体。同时，系统本身也是它所从属的一个更大系统的组成部分。

系统的构成必须具备三个基本条件：两个以上的要素、要素之间互相联系以及能完成某种特定功能。

系统的特征有目的性、整体性、集合性、动态性、相关性和适应性。

不同类型的系统之间最重要的区别在于它们是属于简单系统还是复杂系统。利用系统的管理方法、法规框架等分析手段来解决涉及技术、经济和环境效率等因素的问题时，一般隐含假定这种研究对象是简单系统。然而，实际上几乎所有的经济、环境和技术系统都是复杂系统。区分简单系统和复杂系统有下列意义：

（1）简单系统倾向于具有线性相应关系，即系统的输出与其输入呈线性关系；而复杂系统的特点是系统的各组成部分之间存在明显的相互作用和线性响应。例如，一个咸水沼泽能够抵御较严重的化学污染，一旦超过污染阈限，即使增加很小的污染量，都会导致该系统环境质量的急剧退化。这就是一个复杂系统。

（2）对简单系统一般可以开展因果关系评估，即很容易预测一个行为在系统中的后果；相反，反馈循环的存在导致在复杂系统中很难建立因果关系。

（3）与简单系统不同，复杂系统具有显著的时空不连续性（Time and Space Discontinuity）。很多人难以理解人类活动与全球气候变化的联系，原因之一就是造成气候变化的原因（如驾驶汽车和消耗电力）与其导致的后果（气候变化）之间存在很大的时滞；除时滞外，还有空间分离，即当地活动（如驾驶汽车）与发生在遥远地区的全球性影响（如发生在孟加拉国沿海地区的洪灾）之间的联系。

（4）简单系统往往有一个已知确定的平衡点——当系统受到扰动后，能按某种可预见的方式恢复到该平衡状态；而很多复杂系统常常远离平衡状态，不断适应外界的变化。复杂系统往往不断演变，而简单系统一般大致保持原有的状态。

（5）简单系统的变化可以看成是其子系统特征的叠加，即如果一个系统受到 A 和 B 两个环境压力，则其环境影响 Y 为

$$Y = A + B \tag{2-1}$$

举一个简单的例子：把 2 个 5 角的硬币放在一起，则一共有 1 元钱，不会多也不会少。但复杂系统的影响不具有可加性，如同无法简单地将对单个蚂蚁行为的观察结果相加来预测整个蚁穴的特征一样，因为这样会忽略系统中的交互作用。对于一个受到 A 和 B 两个环境压力的复杂系统而言，环境影响 Y 可能取决于 A 和 B 的交互作用 AB，其大小和行为可能很不明确。Y 的计算如下

$$Y = A + B + f(AB) \tag{2-2}$$

这里以水蒸气（A）和 CO_2（B）对全球温度（Y）的影响为例，来说明复杂系统中的交互作用。在此系统中，A 和 B 相互不独立——当 CO_2 浓度增加时，地球变暖，更多的水分

蒸发进入大气层,从而增加大气对红外辐射地表反射的吸收,地表温度将进一步升高。这是一个正反馈效应。

2. 各类系统的模式

系统的基本模式如图 2-1 所示。

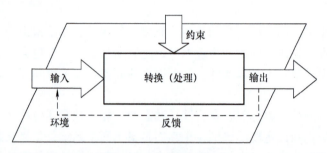

图 2-1 系统的基本模式

图 2-1 反映了系统和环境之间的关系和相互作用模式。系统的处理、输入、输出和约束又称系统运行的四要素。

生产系统的模式如图 2-2 所示。

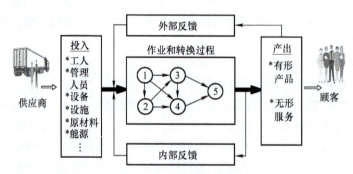

图 2-2 生产系统的模式

各类系统模式的详细内容如表 2-2 所示。

表 2-2 各类系统模式的详细内容

系统类型	输入	系统资源	转换功能	输出
医院	患者	医生/护士/药品/器械	健康治疗	治愈的患者
银行	有需求的储户	工作人员/货币/设施设备	提供的金融产品	实现目的的储户
快餐店	饥饿的顾客	厨师/服务员/食材/厨具	提供的饭菜	满意的顾客
仓库	入库的货物	库房/保管人员 装卸搬运设备	储存、保养与出货	有去向的货物
大型超市	购物的顾客	售货员/商品/货架	销售商品	购物离去的顾客
大学	高中毕业生	教师/教学资料/教室	传授知识与技能	大学毕业生

3. 物流系统的定义

所谓物流系统，是指在一定的时间和空间里，由所需输送的物料和包括有关设备、输送工具、仓储设备、人员以及通信联系等若干相互制约的动态要素构成的具有特定功能的有机整体。

随着新一代信息技术的发展，物流系统也从简单化方式迅速向智能化方式演变，由手工物流系统、机械化物流系统逐步发展为自动化物流系统、集成化物流系统和智能化物流系统。其主要标志是自动物流设备，如自动导引车（Automated Guided Vehicle，AGV）、自动存储/提取系统（Automated Storage/Retrieve System，AS/RS）、空中单轨自动车（SKY-RAV-Rail Automated Vehicle）、堆垛机（Stacker Crane）和射频识别（Radio Frequency Identification，RFID）等，以及物流计算机管理与控制系统的出现。物流系统的主要目标在于追求时间和空间效益。物流系统作为社会经济系统的一部分，其目标是获得宏观和微观经济效益。宏观经济效益是指一个物流系统作为一个子系统，对整个社会流通及国民经济效益的影响；微观经济效益是指该系统本身在运行活动中所获得的企业效益。

4. 物流系统的特点

物流系统具有一般系统所共有的特点，即整体性、相关性、目的性和环境适应性，同时还具有规模庞大、结构复杂、目标众多等大系统所具有的特点。

（1）**物流系统是一个"人机系统"**。物流系统由人和形成劳动手段的设备、工具组成。它表现为物流劳动者运用运输设备、装卸搬运机械、仓库、港口、车站等设施作用于物资的一系列生产活动。在这一系列物流活动中，人是系统的主体。因此，在研究物流系统各个方面的问题时，应把人和物有机地结合起来，作为不可分割的整体加以考察和分析，而且始终把如何发挥人的主观能动作用放在首位。

（2）**物流系统是一个大跨度系统**。这反映在两个方面：一是地域跨度大；二是时间跨度大。在现代经济社会中，企业之间的物流经常会跨越不同地域，国际物流的地域跨度更大。通常采取储存的方式解决产需之间的时间矛盾，这样时间跨度往往也很大。大跨度系统带来的问题主要是管理难度较大，对信息的依赖程度较高。

（3）**物流系统是一个可分系统**。作为物流系统，无论其规模多么庞大，都可以分解成若干个相互联系的子系统。这些子系统的多少和层次的阶数，是随着人们对物流认识和研究的深入而不断扩充的。系统与子系统之间、子系统与子系统之间，既存在时间和空间上及资源利用方面的联系，也存在总的目标、总的成本以及总的运行结果等方面的相互联系。

根据运行环节，物流系统可以划分为以下几个子系统：物资的包装系统、物资的装卸系统、物资的运输系统、物资的储存系统、物资的流通加工系统、物资的回收复用系统、物资的情报系统、物资的管理系统等。

上述子系统构成了物流系统，而物流系统的各子系统又可以分成下一层次的系统。例如，运输系统可分为水运系统、空运系统、铁路运输系统、公路运输系统及管道运输系统。物流子系统的组成并非一成不变，它是由物流管理目标和管理分工自成体系的。因此，物流子系统不仅具有多层次性，而且具有多目标性。

虽然物流系统本身就是一个复杂的社会系统，但它同时处在国民经济这个比它更庞大、更复杂的系统之中，是国民经济系统之中的一个子系统，而且是一个非常庞大、非常复杂的子系统。它对整个国民经济系统的运行起着特别重要的作用。对物流系统的分析，既要从宏观方面研究物流系统运行的全过程，又要从微观方面对物流系统的某一环节（或称之为子系统）加以分析。

（4）**物流系统是一个动态系统**。一般而言，物流系统连接多个企业和用户，并且随着需求、供应、渠道、价格的变化，系统内的要素及系统的运行也经常发生变化，即社会物资的生产状况、需求变化、资源变化、企业之间的合作关系等都随时随地影响着物流，物流受到社会生产和社会需求的广泛制约。物流系统是一个具有满足社会需要、适应环境能力的动态系统。处于经常变化的社会环境中，人们必须对物流系统的各组成部分经常不断地修改、完善，这就要求物流系统具有足够的灵活性与可改变性。在有较大社会环境变化的情况下，物流系统可能需要重新进行设计。

（5）**物流系统是一个复杂的系统**。物流系统运行对象——"物"遍及各类社会物质资源，资源的大量化和多样化带来了物流的复杂化。从物质资源上看，品种成千上万、数量极大；从从事物流活动的人员上看，需要数以百万计人员的庞大队伍；从资金占用上看，占用着大量的流动资金；从物资供应点上看，遍及全国城乡各地。对这些人力、物力、财力资源的组织和合理利用，是一个非常复杂的问题。

在物流活动的全过程中，始终贯穿大量的物流信息。物流系统要通过这些信息把这些子系统有机地联系起来。如何把信息收集全、处理好，并使之指导物流活动，也是非常复杂的事情。

物流系统的边界是广阔的，其范围横跨生产、流通、消费三大领域。这一广阔的范围给物流组织系统带来了很大的困难。而且，随着科学技术的进步、生产的发展及物流技术的提高，物流系统的边界范围还将不断地向内深化、向外扩张。

（6）**物流系统是一个多目标函数系统**。物流系统的多目标常常表现出"目标悖反"，因此，系统要素之间有着非常强的"悖反"现象，常称为"交替悖反"或"效益悖反"现象。在处理时稍有不慎，就会出总体恶化的结果。通常而言，对物流数量，希望其最大；对物流时间，希望其最短；对服务质量，希望其最好；对物流成本，希望其最低。显然，要满足上述所有要求是很难办到的。例如，在储存子系统中，站在保证供应、方便生产的角度，人们会提出储存物资的大数量、多品种问题；而站在加速资金周转、减少资金占用的角度，人们又提出了减少库存的问题。又如，最快的运输方式为航空运输，但其运输成本高，时间效用虽好，但经济效益不一定最佳；而选择水路运输则情况相反。所有这些相互矛盾的问题在物流系统中广泛存在，而物流系统又恰恰要求在这些矛盾中运行。因此，要使物流系统在各方面满足运作的要求，显然要建立物流多目标函数，并在多目标中求得物流的最佳效果。

5. 物流系统的目标

（1）**服务性**（Service）。在为客户服务方面，要求做到无缺货、无货物损伤和丢失等现象，且价格便宜。

（2）**快捷性**（Speed）。要求把货物按照客户指定的地点和时间迅速送到。为此，可以把物流设施建在供给地区附近，或者利用有效的运输工具和合理的配送计划等手段。

（3）**有效利用面积和空间**（Space Saving）。虽然我国部分地区的土地费用相对较低，但整体仍在不断上涨，因此，对土地面积，特别是对城市市区面积的有效利用必须进行充分考虑。应逐步发展立体设施和有关物流机械，寻求空间的有效利用。

（4）**规模适当化**（Scale Optimization）。应该考虑物流设施集中与分散程度是否适当，机械化与自动化程度如何，以及情报系统的集中化所要求的电子计算机等设备的利用等。

（5）**库存控制**（Stock Control）。库存过多则需要更多的保管场所，而且会产生库存资金积压，造成浪费。因此，必须按照生产与流通的需求变化对库存进行控制。

上述物流系统的目标可简称为"5S"。要发挥以上物流系统的效果，须把从生产到消费过程的货物量作为一贯流动的物流量看待，通过缩短物流路线，使物流作业更加合理，从而降低其总成本。

6. 物流系统的三大要素

（1）**物流系统的基本要素与功能要素**。物流系统一般由基本要素和功能要素构成。基本要素由劳动者、资金和物质三方面构成；功能要素包括采购、运输、储存保管、包装、装卸搬运、流通加工、配送、物流信息等。

物流系统的功能要素反映了整个物流系统的能力，增强这些要素，使之更加协调、更加可靠，就能够提高物流运行水平，体现为物流系统整体的提高。因此，这些要素是物流科学重点研究和发展的内容。

（2）**物流系统的物质基础要素**。物流系统的建立和运行需要大量的技术装备手段，这些手段的有机联系对物流系统的运行具有决定性意义。这些要素对实现物流和某一方面的功能也是必不可少的。物流系统主要有以下几个物质基础要素：

1）物流设施。它是组织物流系统运行的基础物质条件，包括物流站、场、港、物流中心、仓库、物流线路等。

2）物流装备。它是保证物流系统开动的条件，包括仓库货架、进出库设备、加工设备、运输设备、装卸机械等。

3）物流工具。它是物流系统运行的物质条件，包括包装工具、维护保养工具、办公设备等。

4）信息设施。它是掌握和传递物流信息的物质手段，包括通信设备及线路、计算机及网络等。

（3）**物流系统的支撑要素**。物流系统的建立需要许多支撑手段，尤其是处于复杂的社会经济系统中，要确定物流系统的地位，要协调与其他系统的关系，这些要素必不可少。支撑要素主要包括体制、制度、法律、规章，行政、命令、标准化系统。

此外，将非常复杂的组成要素结合成一个有机的、能够有效运转的系统，需要有将这些分散的要素连接起来的系统化要素。主要有以下要素：

1）信息和信息技术。各要素之间的信息及时传递，并根据这些信息进行协调和反馈、信息保存以及信息共享，是把系统连接起来的重要因素。从某种意义上而言，如果没有信息的支撑，各种复杂的要素就不可能连接成物流系统。

2）标准化。标准化是各种系统形成的主要联系力量，但是对于物流系统来讲，标准化的重要性更高。主要原因是物流系统更为广泛、复杂，只有标准化，才能使本来不相干的要素实现"对接"。另外，物流系统中的一些重要的因素，也是其他系统纵向组成的一部分，只有依靠标准化，才能够实现与其他系统的连接。因此，标准化是保证物流环节协调运行以及物流系统与其他系统在技术上实现连接的重要支撑条件。

3) 物流平台。物流平台包括物流设施平台、物流装备平台、物流信息平台、物流政策平台等部分,它们都是物流系统的基本支撑结构。物流平台的实体又可以归纳成线路和节点两部分。

4) 物流运作企业。在支撑平台上运作的是各种类型的物流企业,因此,企业是使整个物流系统运行起来的主导力量。

2.3.2 物流系统分析的概念和步骤

1. 物流系统分析的概念

物流系统分析是指在一定时间、空间里,将其所从事的物流事务和过程作为一个整体来处理,以系统的观点、系统工程的理论和方法进行分析研究,实现其时间和空间的经济效应。

2. 物流系统分析的步骤

物流系统工程的基本方法也就是一般系统工程的基本方法。对于一般的物流系统工程,运用的基本方法分七个步骤:提出问题、制定目标、系统综合、系统分析、择优决策、提交成果、实施。对于任何一个物流系统工程问题,总是首先弄清问题,查清原因;其次确定目标,看问题要解决到什么程度;再次为达到这些目标,设计各种可行方案;然后对这些可行方案进行分析,并分别调试、完善、优化;最后在优化后的可行方案中挑选最优方案付诸实施,制订实施计划、步骤、方针政策。

对于比较复杂的大型物流系统,则可以用三维结构的方法,即把整个物流系统工程分成时间维、逻辑维和知识维(见图2-3);而把整个工程过程分成七个时间阶段:规划阶段、拟订方案、分析阶段、实验阶段、调试阶段、运行阶段和更新阶段。每个阶段都实行上述七个步骤,每个阶段的每个步骤都综合运用相应的知识,这样逐个阶段、逐个步骤地进行,直到最后完成。

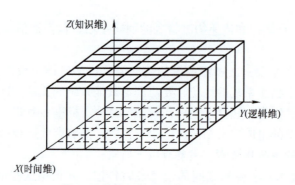

图2-3 物流系统工程的三维结构

图2-3中,X坐标表示时间维,即进行各个步骤的时间阶段。依次分为七个步骤:①规划阶段;②拟订方案;③研制阶段;④生产阶段;⑤安装阶段;⑥运行阶段;⑦更新阶段。Y坐标表示逻辑维,即每个时间阶段上进行的步骤,依次分为七个步骤:①提出问题;②制定目标;③系统综合;④系统分析;⑤择优决策;⑥提交成果;⑦实施。Z坐标表示知识维,即每个时间阶段上每个步骤所用的各种知识,具体包括自然科学、社会科学、管理科

学、哲学、数学等。

物流系统工程，特别是比较大的物流系统工程，可以根据这个三维结构，逐个阶段、逐个步骤地制定规划、开展工作。

综上所述，物流系统分析包括如图 2-4 所示的七个步骤。

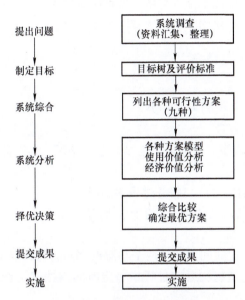

图 2-4　物流系统分析的步骤

（1）**提出问题**。进行系统分析首先要提出问题，并界定问题的范围，明确问题的性质。具体内容有：明确是包括运输、存储、装卸搬运等许多环境在内的大系统，还是一个物流中心或一个仓库内部的系统；是改善一个原有物流系统，还是设计一个新物流系统，等等。必须清楚了解任务的目的要求。通常问题是在一定的外部环境作用和内部发展需要中产生的，不可避免地带有一定的本质属性和存在范围。只有明确了问题的性质、范围，系统分析才能有可靠的起点。

（2）**制定目标**。系统分析是针对所提出的具体目标展开的，目标主要是通过某些指标来表达的，而标准则是衡量目标达到的尺度。由于实行系统功能的目的是靠多方面因素来保证的，因此，系统优化的目标也必然有若干个，如物流系统的目标包括物流成本和服务水平等相互制约的内容。在多目标的情况下，要考虑各目标之间的协调性，防止发生抵触或顾此失彼，同时要注意目标的整体性、可行性和经济性。

（3）**系统综合**。系统综合即汇总各种可行性方案，并进行论证。方案的可行性论证要有精确的数据，为系统分析做好准备。

（4）**系统分析**。系统分析是为了找出说明系统功能的主要因素及其相互关系，确认主要因素的影响程度及它们之间的相关程度、总目标和分目标的实现途径及其约束条件。进行系统分析通常采用建立模型的方法，按照表达方式和方法的不同，将模型分为图式模型、模拟模型和数学模型等类型。

对于复杂系统，系统分析不是一次就能够完成的，有时要根据分析结果对原先提出的目标进行再探讨，甚至重新划定系统范围再做系统分析。

（5）**择优决策**。运用最优化理论和方法，对若干个替代方案的模型进行仿真和优化计算，求出几个替代解。

在考虑前提条件、假定条件和约束条件，并结合知识和经验的基础上决定最优解，从而为选择最优系统方案提供必要的信息。

（6）**提交成果**。选择出最优系统方案后，即可提交成果。

（7）**实施**。根据前述步骤得到方案，实施物流系统分析。

2.3.3 物流系统分析的方法

1. 输入要素 P、Q、R、S、T

（1）P——Products，指系统物料的种类。

（2）Q——Quantity，指数量。

（3）R——Routing，指路线，包括工艺路线、生产流程、各工件的加工路线以及形成的物流路线。

（4）S——Service，指辅助生产与服务过程的部门。

（5）T——Time，指物料流动的时间、生产周期等。

2. 物流业务量的计量

（1）**物流量**。它是指一定时间内通过两个物流点之间的物料数量。

（2）**当量物流量**。它是指物流运动过程中一定时间内按规定标准修正、折算的搬运和运输量。

3. 系统布置设计

系统布置设计是一种经典的方法。这种方法首先要建立一个相关图，表示各部门之间的密切程度。相关图类似于车间之间的物流图，它要用试算法进行调整，直到得到满意方案为止。接下来，就要根据建筑的容积来合理地安排各个部门。为了便于对布置方案进行评价，系统布置设计也要对方案进行量化。根据部门之间密切程度的不同分别赋予权重，然后试验不同的布置方案，最后选择得分最高的布置方案。

4. EIQ 分析法

EIQ 分析法就是利用物流中心的 POS 系统的大数据，从客户订单的品类、数量与订购次数等观点出发，进行出货特征的分析。

E（Order Entry，订货件数）、I（Item，货品种类）、Q（Quantity，数量）是物流特性的关键因素。EIQ 分析就是利用 E、I、Q 这三个物流关键因素来研究物流系统的特征，进行基本的规划。

5. 物流系统状态分析

物流系统状态分析包括以下内容：

（1）流量矩阵 F。

（2）距离矩阵 D。

（3）F-D 图（流量-距离图）。

（4）搬运方案的建立与调整。

2.4 物流系统实例

以一个比较简单但也能比较全面说明物流系统特征的分销物流系统为例，来描述一般物流系统的结构、性质和特征，如图 2-5 所示。

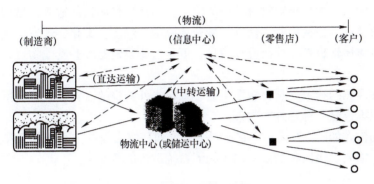

图 2-5 物流系统示意图

图 2-5 给出了一个由第三方物流企业操作的分销物流系统的示意图。第三方物流企业由一个物流中心（或储运中心）和一个信息中心构成，它从制造商进货，并且通过储存、运输等物流方式把货物送到客户或零售店的手中。这个物流系统的目的就是把制造商的产品转移到它的客户或零售店中去，因此，它是一个典型的分销物流系统。从这个系统可以看出：

（1）物流系统分为物流作业系统和物流信息系统，二者可独立运行，但又紧密联系、互相依赖、不可分割。物流作业系统的中心在物流中心（或储运中心、配送中心）；物流信息系统的中心在信息中心（或公司）。图 2-5 中，物流用实线和单向箭头表示，箭头方向表示物流的方向；信息流用虚线和双向箭头表示，双向箭头表示信息的传输是相互的。

（2）物流作业系统可以是运输、储存、包装、装卸、加工五个子系统中的一个，或由五个子系统中的几个结合而成，每个子系统又可以按空间和时间分成更小的子系统。

（3）其中运输又可以分为两类：一是直达运输；二是中转运输。

直达运输是指由制造商直接到达客户（或物流中心）的运输，一般是长距离、大批量的快速运输，追求提高运输效率，多采用火车、轮船等大型运输工具。

中转运输是指由生产厂经物流中心再到客户或零售店的运输。它按运输性质又可以分为两种：一是输送；二是配送。

其中，输送是指由制造商到物流中心（或客户）的长距离、大批量的快速运输，追求运输效率，一般用大型运输工具多装快跑。

（4）物流信息系统是由各物流网点之间的物流信息的产生、处理、储存和传递而构成的系统。所有的物流网点同时又是物流信息网点，再加上信息中心（或公司），这就构成了物流信息系统网络。信息的传递是相互的。

（5）物流系统的环境、输入、输出、约束和模式。

物流系统的环境是指物流系统所处的更大的系统。它是物流系统处理的外部条件，是物流系统情愿或不情愿都必须接受的条件。物流系统与其环境之间的相互作用具体表现为物流系统的输入、输出、约束和干扰。

物流系统的输入是指环境对物流系统的输入。它是环境对系统的直接输入，是作为物流系统处理的对象而输入物流系统的。输入的具体内容，一是物资，二是信息。

物流系统的输出是指物流系统对环境的输出。它是物流系统对环境的直接输出，是物流系统处理结果的输出。输出的具体内容也是物资和信息，但是输出的物资与输入的物资是不同的，是加进了物流服务的物资。

物流系统的约束是指环境对物流系统的输入。它是一种间接的输入，是物流系统处理的外部条件和约束条件，包括物资、信息、能源和政治、经济、文化、地理、气候等软件和硬件条件等。其具体体现也是一些物资和信息，但是这些物资是一些其他物资，而不是输入和输出的物资。

干扰是一种偶然的约束，是突然发生的、意料之外的事故、灾害、特殊情况等。干扰也是一种约束，只不过是一种意外的约束。

物流系统的模式如图 2-6 所示，它反映了系统和环境之间的关系和相互作用的模式。物流系统的处理、输入、输出和约束又称为物流系统运行的四要素。

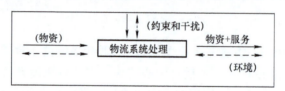

图 2-6　物流系统的模式

 复习思考题

1. 选择一个你所熟悉的系统问题，用以说明：①系统的功能及其要素；②系统的环境及输入、输出；③系统的结构（最好用框图表达）；④系统的功能与结构、环境的关系。
2. 请总结出三条以上物流系统过程和物流系统流程的区别。
3. 物流学科的体系框架是怎样的？如何解释？
4. 物流系统的流动要素有哪些？它们之间的关系如何？它们对物流系统分析的作用有哪些？
5. 如果让你来设计物流系统的假设，你还能提出什么新的假设？

战略规划——《隆中对》

从战略的高度,诸葛孔明在草堂便已宏观而正确地分析了当时的三国局势,一针见血地为蜀国提出了睿智的发展策略与规划。正是基于对各个割据势力政治、军事、战略思想的综合分析,对战略规划各个阶段的科学划分、准确把握,他才做出了震古烁今的《隆中对》,为后人留下了一笔宝贵的财富。

第3章
前期工作与纲领、产品、工艺过程的设计

企业设施规划与物流分析的成功与否取决于前期工作以及纲领、产品、工艺过程的设计。本章着重阐述企业设施规划与物流分析中的前期工作的任务与作用、设施规划的决策与信息和数据的收集,以及纲领、产品、工艺过程的设计。

[学习目的]

1. 了解前期工作的任务与作用。
2. 理解设施规划的决策与信息和数据的收集。
3. 掌握战略设施规划的内容与意义。
4. 掌握纲领、产品、工艺过程的设计内容与步骤。

 3.1 前期工作的任务与作用

3.1.1 前期工作的任务

前期工作是设施规划的预规划阶段,也是准备阶段。其任务是对规划的目标进行研究论证,并做出决策。这一阶段要研究和决策的最重要的问题一般有:

(1) 项目是否必要,是否具备条件。
(2) 是建设新的设施、易地迁建,还是在原地对现有设施进行改建、扩建。
(3) 以生产什么产品或提供什么服务作为设施的任务。
(4) 是建设大批量生产性质的工厂,还是建设单件小批生产性质的工厂。
(5) 是建设多种工艺的全能企业,还是建设专业生产厂。
(6) 准备采用什么样的工艺水平和机械化、自动化水平。

(7) 产品是面向国内市场，还是面向国际市场。
(8) 要达到什么样的生产数量和规模。
(9) 在什么地点建设。
(10) 如何获得资金。

对这些问题进行认真周密的研究和深思熟虑的决策，对成功做好设施规划十分重要，是规划设计工作的基础和先决条件。

3.1.2 前期工作的作用

设施规划等前期工作目标的制定和决策，并不是设施规划人员的责任，而是决策者，即企业管理层的责任。但是，规划设计人员应该参与并提出意见和建议，或者接受委托承担某些论证工作，如可行性研究等。离开规划设计人员的参与和配合，会影响决策者决策的科学合理，而规划设计人员也会对决策者的意图缺乏理解，甚至产生误解和分歧，影响以后规划设计工作的顺利进行。因此，参与或承担前期工作是规划设计人员的重要咨询任务，它涉及的内容范围广泛，所以规划设计人员需要具有多方面的知识。

3.2 设施规划的决策与信息和数据的收集

设施规划的决策受制造战略和技术发展的影响，必须有基本的信息和数据。设施规划设计团队（Team）或小组需要做大量的调查研究，取得大量数据和各种实际情况的第一手资料，才能使规划设计顺利进行并取得良好的效果。大量的信息来自主持建设单位或企业内部或其下属部门，如制造部门应该提供产品、工艺路线及有关设备的资料，工具或工艺装备部门应该提供专用工具的资料，劳动定额的部门应该提供时间标准和劳动定额的资料，等等。本章讨论的是制造部门以外的数据和信息，这就是来自市场部门的信息、产品设计的数据以及管理层的政策。

3.2.1 设施规划的决策

1. 企业经营战略

企业经营战略（Business Strategies）的形成取决于以下三大要素：

（1）**社会需求**。既要充分利用社会需求为经营者的发展提供的机会，又要避开社会需求变化所孕育的风险。因此，社会需求是决定经营战略的第一要素。

（2）**企业的经营结构**。企业的资本结构、生产技术与设备结构、产品结构、经营组织结构是企业制定经营战略的基础和后盾。

（3）**竞争者**。企业的经营环境是一个竞争的环境。认真研究竞争者的战略可以扬长避短，在竞争中取得或保持优势。

可见，在制定企业经营战略时对企业发展的外部环境和内部条件进行的分析，应该包括对社会经济因素、市场因素、资源因素、技术因素、成本利润因素等的综合分析。这样，企业制定的经营战略才有可靠的依据。在社会经济因素中，国家有关的方针、政策、法令、国民经济和行业发展规划、产业政策、对外贸易政策、国际经济关系等，都会在不同程度或不同时间对企业发展产生一定的影响。如果忽视了这些因素，企业在发展时机和空间布局上与国家利益发生矛盾，就可能出现盲目投资、重复建设、浪费资源和效益低下的后果；反之，则可以很大限度地受益于国家或地区的政策和规划。

企业经营战略的制定要以预测为依据，以对策为基础，运用科学的决策程序和方法，通过对多方案的分析比较，寻求一个满意方案。经营战略是较长期的战略决策，要在一定时期内保持相对稳定，因此，要做五年、十年甚至更长时间的预测。

企业经营战略由总战略和分战略组成。市场战略、产品战略和投资战略三个方面是分战略中最基本的部分，形成一个战略三角，如图3-1所示。其中，产品战略处于主导地位，市场战略是一种支持战略，投资战略是一种保证战略。此外还可以有其他分战略，如技术发展战略、竞争战略、价格战略、制造战略等。

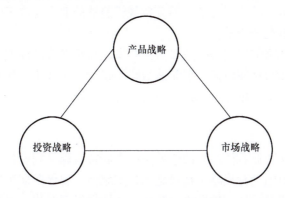

图3-1 战略三角

设施战略也是一种分战略，它受其他战略的影响，同时又是对总战略的支持。例如，产品战略影响工艺和材料的要求，又进一步影响设备、布置和物料搬运；投资战略影响设施的数量和规模，也影响场址、物料储运与设计。

为了使设施规划支持整个经营战略的实施，设施规划人员应该参与战略制定，特别是要对整个战略中涉及设施的问题提出建议，在确定对设施的要求时发挥作用。在现实的企业经营管理活动中，企业战略的研究常常限定在企业的领导层内，而且常常局限在市场、财务等问题上，而对物料储运、信息系统等支持功能缺乏了解，以致做出了不当的决策。

设施规划人员要从企业经营战略中取得多方面的重要信息，这对于成功做好设施规划十分重要。例如，向企业主询问以下一些问题：要使企业保持竞争力、反应灵敏，应当如何组织工厂？是在同行业中占主导地位，还是当配角？是只组织生产，还是成为从资源到市场的全能企业？是花大量投资装备高效设备，还是多用手工劳动？根据这些问题的答案，设施规划人员就可以在设施规划中把经营战略具体化。

2. 制造战略

在企业实行自主投资决策时，会遇到企业如何筹划多工厂的配置问题。这就是工业工程中提出的"制造战略"概念。所谓制造战略，就是使用制造资源的战略。国外的文献针对多工厂（复合工业设施）提出了如下几种制造战略：

（1）**产品型工厂战略**。按照这一战略规划，每一个工厂只制造企业的部分产品或产品系列的一部分，并供应整个市场。这种战略有利于规模经济，并得到最大限度的运用。

(2) **市场地区型工厂战略**。按照这一战略，一个工厂将生产全企业的所有产品，但只供应某一特定的市场地区。当运输成本相对较高时，这一典型的分厂概念特别适用。

(3) **生产-市场型工厂战略**。如果企业规模很大，或者生产的产品种类很少，那么最好把上述两种战略结合起来。按这种战略，某个具体工厂可以只生产全部产品或产品系列中的一部分，并且只供应一个特定的市场或地区。

(4) **生产过程型工厂战略**。制造过程能够分成几个阶段的企业，可以采用这种战略，即几个工厂分散负责制造过程的几个阶段，再把成品供应给一个或几个总装厂。这种战略既可以发挥专业化的优势，也可以获得规模经济的好处。

(5) **通用型工厂战略**。这种战略是用灵活性很大的计划和管理制度经营工厂，以适应变化莫测的市场需要。对产品不很复杂，而且按规模经济的要求允许采用较小的生产单位的情况，这种战略是比较有竞争力的。

显然，这种对制造战略的研究是企业自身生存发展必须考虑的问题。工厂设计就是进行制造资源配置的，理应参与这些研究，但制造战略不仅仅是专业化协作问题，而是内容更广泛的复合设施配置问题。工厂设计单位如果缺乏这种战略研究的能力，就不能适应市场经济的需要。

3. 管理层策略

企业最高管理层是从企业总体经营战略的角度来看待设施规划设计的，因此，任何一项新的设施都必须服从企业的经营战略。在设施项目实施前，要做前期工作。其目的是对设施项目的目标和必要性做研究论证，然后做出决策。在计划经济时代，这是以主管领导部门制定项目建议书的形式来体现的；而在市场经济条件下，国内外普遍以"可行性研究报告"的方式体现，在项目决策前对项目做技术经济论证和评估，将论证和评估结果作为项目决策的主要依据。以下就影响设施设计的主要政策因素进行讨论：

(1) **项目建议书**。项目建议书又称立项报告，是项目建设筹建单位或项目法人，根据国民经济的发展、国家和地方中长期规划、产业政策、生产力布局、国内外市场、所在地的内外部条件，提出的某一具体项目的建议文件，是对拟建项目提出的框架性的总体设想。项目建议书的使用往往是在项目早期，由于项目条件还不够成熟，仅有规划意见书，对项目的具体建设方案还不明晰，市政、环保、交通等专业咨询意见尚未办理。项目建议书主要论证项目建设的必要性，建设方案和投资估算比较粗，投资误差为±30%。

项目建议书是国家和企业选择建设项目的依据，项目批准后即为立项。批准立项的项目可以列入项目前期工作计划，开展可行性研究。涉及利用外资的项目，批准立项以后可以对外开展工作。

项目建议书中必须包含以下内容：①项目的必要性和依据；②产品方案、拟建规模和建设地点的初步设想；③资源情况、建设条件、协作关系、工艺与设备的初步分析；④投资估算和资金筹措设想；⑤进度安排；⑥经济效果和社会效益的初步估计。

(2) **可行性研究**。可行性研究（Feasibility Study）是对一个建设项目在投资决策前进行技术经济论证的过程，是对项目建设方案做出客观评价，避免决策错误，提高经济效益的一种科学方法。

如今，投资者在决策一个设施项目前，都要进行可行性分析，以防控风险。因此，在投资前一般委托有经验的咨询公司进行可行性研究，决定是否对该项目投资，或者重新调整方案。

20世纪60年代以来，联合国工业发展组织及世界银行等国际组织为推进可行性研究的普及与提高，组织出版了《工业可行性研究手册》与有关著作。许多国家的大中型企业和金融机构已把可行性研究作为项目申请拨款或贷款的必备条件。我国从1982年开始将可行性研究列为所有建设、扩建和改建大中型工建项目决策和审批的一个重要程序，代替了过去以计划任务书或设计任务书作为决策依据的做法。

按照联合国工业发展组织的要求，可行性研究从项目意向变为具体设想，到编制出可作为决策依据的可行性研究报告，需要经历机会研究、初步可行性研究和详细可行性研究三个阶段。

1) 机会研究。机会研究是项目可行性研究的第一个阶段。其任务是对项目投资方向提出设想，以自然资源和市场调查预测为基础，选择、寻求最有利的投资机会。

机会研究比较粗略，主要依靠笼统的估计而不是详细的分析，其准确度可在±30%之内。机会研究的内容主要有地区和部门情况、产业政策和资源条件、劳动力状况、社会条件、市场情况等。如果机会研究证明投资项目可行，则需进行进一步研究。

2) 初步可行性研究。初步可行性研究即在机会研究的基础上，进一步进行项目建设的必要性、可能性和潜在效益论证分析。这一阶段的估算准确度可达到±20%。初步可行性研究与详细可行性研究的内容基本相同，只是详细程度不同。在进行初步可行性研究后，还要进行详细的可行性研究。

在我国，机会研究和初步可行性研究在提出项目建议书时进行。对大中型项目的研究要比较详细、比较正规；对一般小型项目可简单地确定投资机会，分析有关部门的研究。

3) 详细可行性研究。详细可行性研究是项目最终决策的依据。经批准的详细可行性研究报告是工厂设计的依据，对设计阶段的工作有十分重要的影响，是前期工作中最为关键的环节。因此，详细可行性研究必须做到深入、全面、准确，保证科学性、客观性、公正性，投资估算的准确度可达到±10%。如果可行性研究的结论是无法保证获利，就要放弃这个项目。如果仅为了获得这份投资，而对不可行的项目人为做出可行的结论，就可能引起决策失误，导致项目失败。

我国可行性研究的工作深度大概介于初步可行性研究和详细可行性研究之间。项目可行性研究以项目建议书及其审批文件为依据，一般要回答以下几个问题：①技术上是否可行；②经济效益是否显著；③财务上是否盈利；④需要多少人力、物力及资源；⑤需要多长时间建设；⑥需要多少投资；⑦能否筹集到资金。

各个项目因性质、生产规模、复杂程度、投资数额不同，研究的重点也有所不同。但工业项目可行性研究报告一般要求具备以下内容：

1) 总论。说明项目提出的背景、投资的必要性和经济意义、研究工作的依据和范围。

2) 需求预测和拟建规模。依据定性和定量相结合的预测方法，从现实性角度来正确地分析当前目标市场的状况，并从前瞻性角度准确地预测近期、中期和远期目标市场的需求态势，以便合理地确定生产规模和经济地配置生产资源。

3) 建厂条件和选址方案。尽可能地根据市场辐射范围、区位优势、预选地的社会与经济环境以及原材料的可获得性和人力资源条件等因素主观地进行科学决策。

4) 设计方案与实施进度的建议。说明拟实现的方案，包括工艺、生产流程、设备以及各项设施等内容,可列出几个方案以供比较;同时,要给出恰当的实施进度建议。

5)投资估算和资金筹措。具体包括建设资金和周转资金的估算、资金来源、筹措方法和偿付方法,计算生产和销售的总成本,与同类产品的运营成本进行比较。

6)环境保护。调查环境现状,预测项目对环境的影响,提出环境保护和治理的初步方案。

7)社会及经济效果评价。在评价中应考虑资金投入和建设进度以及可能的市场变化因素等,最后对方案的优缺点和实施的可行性做出结论。

可行性研究报告完成以后,由决策部门组织或委托有资格的工程咨询公司或有关专家进行评估。评估报告为项目的最终审批决策提供科学依据。

(3)库存管理策略。企业库存方针可能很简单,如提供一个月的原材料、在制品和成品供应所需的空间等。但是,如采用准时制管理(JIT),就要减少库存即减少仓库空间,这将影响到布置设计。

(4)投资策略。企业投资方针主要体现在投资回收期上。投资是成本,回收是收益,通常制造业工厂的回收期为3~5年,而服务业的项目回收期较短,一般为1~3年。当然,不同行业的回收期有很大差别。

(5)自制-外购决策。是自制还是外购一个零件?如果企业已有生产线,就可以知道本企业能做什么,不能做什么;如果是新企业,则可能外购全部零件,自己只做装配,过一段时间才能自己制造少数关键零件。但是,实际中的情况比较复杂,可以遵循一定的决策过程,科学、全面地决定一个零件是自制还是外购。自制-外购决策过程如图3-2所示。

4. 战略设施规划

要了解战略设施规划,首先应该对企业的经营战略有一个基本了解。我国企业过去实行的是制定中长期发展规划,近年来开始引进和研究国外的企业经营战略并加以运用。

战略设施规划是根据总战略制定的分阶段实施经营战略的远景计划。在战略设施规划中,通常要对分阶段目标加以具体化和进行定量阐述,即企业经营战略要通过经营决策与经营规划来表现和实施。因此,把目标转换为战略设施规划是一个逐步深入的研究过程。

企业战略规划的内容包括目的、手段、投入的资源要素、执行战略的日程安排、战略设施的组织、预计效果等。战略设施规划一般采取粗线条和弹性的制定原则。战略设施规划有自己成套的目标、战略与战术。

制造过程能够分为几个阶段的企业,可以采用这种战略,即几个工厂分别负责产品制造的几个阶段,再把成品供应给一个或几个总装厂。这样可以从专业化中获得巨大好处。在这里,规模经济也起主要作用,但是生产计划和企业管理可能会复杂一些。

这种战略是用灵活性很大的计划和管理制度经营工厂,以不断适应市场。如果企业的产品不特殊,而规模经济考虑允许采用较小的生产单位,则这种战略在适应市场变化方面会非常有竞争力。

这种战略会影响设施选址,又进一步影响设施设计。战略设施规划与制造战略规划的关系非常密切。

显然,经营战略是较长期的战略决策,战略设施规划必须考虑技术的发展。例如,在制造工艺方面,考虑发展成组技术、数控机床、柔性制造系统、机器人等的需要,以支持制造技术的变化;在其他方面,考虑发展自动导向车、实时储存控制、自动储存等的需要,以支

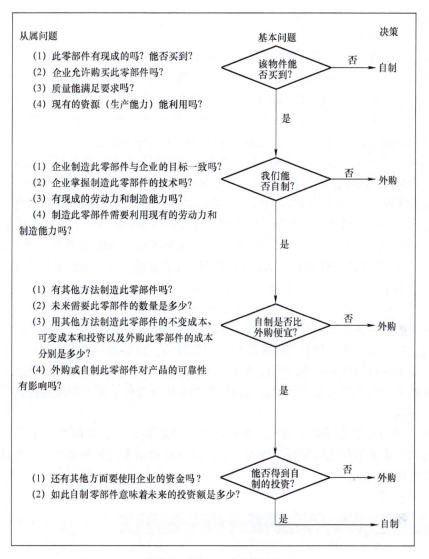

图 3-2 自制-外购决策过程

持搬运技术的发展。这样，才能将近期和远期的建设很好地结合起来。一些实例说明，企业由于缺乏战略考虑，造成了很大损失。例如，一家设备厂改建了新的大工厂，当时号称是"最现代化的"，但是投产不到 5 年，就发现桥式起重机、辅助设备及试验设备的大门都太小，不能适应新产品的制造。又如，一家电子企业新的设施刚开始生产，就受到了电子产品微型化的影响，使许多扩建了的厂房变得没有必要。这说明战略设施规划与技术发展战略是密切相关的。

3.2.2 设施规划的信息及数据收集

1. 需要考虑的问题

设施规划必须有基本的信息和数据。在形成一个新的设施规划前，有五个问题必须考虑：①生产什么？②如何生产？③什么时候生产？④每种产品生产多少？⑤生产该产品的周期是多长?

2. 市场部门的信息

对工业设施而言,市场信息是最重要的。市场部门分析国内外市场的需求以及研究如何满足顾客需要的方法和手段,这是设施规划设计人员必须了解的。市场部门应提供的基本信息包括产品的销售价格、市场对产品的容量、季节性以及配件或备件的市场供应情况。

(1) **产品的销售价格**。产品的销售价格并非由销售部门单独决定,而要由销售、生产和财务部门共同决策,同时,工业工程部门应该协同研究成本数据。

(2) **市场对产品的容量(生产纲领)**。对新产品而言,先由销售部门从试制车间取出一些样品,交给少数最重要的客户征询意见。如果客户喜欢这些新产品,他们会告诉销售部门他们愿意多买这些新产品。从以往的经验可知,20%的客户购买了80%的产品。因此,如果小部分客户说他们愿意购买12.5万件产品,这大体意味着年销售量的50%,即需要的年产量是25万件。如果每年工作250天(50周×5天/周),则每天要求生产1000件产品。对工业设施布置而言,每天要求生产的产品件数是一项重要的指标,工厂的生产率就据此进行计算。

(3) **季节性**。季节性是一个十分重要的问题。冬天需要各种取暖器和雪橇,夏天需要空调和游泳衣,玩具则是国外商店在圣诞节必备的商品。在我国,春节是商品销售的黄金时段,春节需要的各种物资必须及时准备好。假如等到季节开始前才生产这些产品,要么需要额外更多的生产设备,要么就会耽误了最好的销售季节。如果用一整年的时间来生产春节的商品,则需要10~12个月的仓储面积。要在在制品成本和生产能力成本之间做出平衡,以决定何时开始生产以及每天生产多少,其目的是使总成本最低。生产与库存控制政策对工厂布置有很大影响。

(4) **配件或备件的市场供应情况**。在产品的生命周期内,总要向客户供应各种易磨损的备件。这样,企业不仅需要额外的库存,还需要储存和销售的服务面积。这在进行工厂布置时一定要考虑在内。

3.3 纲领、产品、工艺过程的设计

3.3.1 纲领设计

1. 生产纲领的类别

生产纲领是指在规定时期内(一般为一年内),制造的主要产品的品种、规格及数量。它是根据市场预测和企业战略规划提出的,决定企业的专业方向、生产性质、规模等级、工厂组成及工艺技术要求,是设施规划设计的基本依据和重要目标。

生产纲领按范围划分,可分为全厂性纲领和车间性纲领两大类;按类型分,可分为精确纲领、折合纲领和假定纲领三大类。精确纲领是指精确规定产品品种和数量,而且这些产品有完整资料的生产纲领,它适用于大批量生产。折合纲领是指只包含一部分产品,其他产品都折合成代表产品的生产纲领,它适用于多品种、中批量产品的生产。假定纲领是指在没有产品的精确规格及资料的情况下假定给出产品品种的生产纲领,它适用于单件小批,一般选择最能体现建设目标产品的生产。

根据产品生产纲领的范围大小和品种多少,模具制造业的生产类型主要可分为以下三种

(见表 3-1)：

（1）**大量生产**。生产的产品品种很少，每种产品的产量很大，加工地点的加工对象基本不变，这种生产称为大量生产。

（2）**成批生产**。生产的产品品种不是很多，但每种产品均有一定的产量，加工地点的加工对象周期性更换，这种生产称为成批生产。例如，模具中常用的标准模板、模座、导柱、导套等零件及标准模架等多属于成批生产。

（3）**单件生产**。生产的产品品种很多，但每种产品的产量很少或单个，同一个工作地点的加工对象经常改变，且很少重复生产，这种生产称为单件生产。例如，新产品试制用的各种模具和大型模具等都属于单件生产。

表 3-1 生产类型及其特点

项目 \ 生产类型	大量生产	成批生产	单件生产
产品品种	单一或者很少	较多	很多
产品产量	很大	较大	很少或单个
生产设备	专用设备	专用、通用设备	通用设备
设备利用率	高	较高	低
工作地专业化程度	高	较高	低
生产率	高	较高	低
计划管理	较简单	较复杂	复杂多变
生产控制	较容易	较难	很难
生产周期	短	一般	长
生产成本	低	一般	高
适应能力	差	较好	好
追求目标	连续性	均衡性	柔性

企业生产的产品品种的多少以及每种产品产量的高低，决定了工厂的生产类型，并直接影响着工厂的总体布局及生产设备的布置形式。图 3-3 直观反映了产品-产量与设备布置形式的关系，图 3-4 反映了生产类型与品种、产量、生产系统的关系。

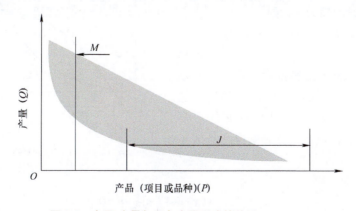

图 3-3 产品-产量与设备布置形式的关系

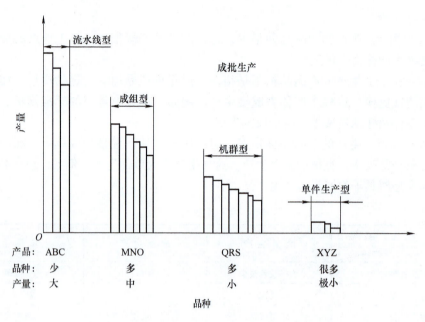

图 3-4 生产类型与品种、产量、生产系统的关系

由图 3-3 可知，在产品-产量分析过程中，将各产品按数量递减的顺序绘制 P-Q 曲线。M 区域的产品产量大、品种少，适于采用大量生产方式，即流水线型；J 区域的产品产量小、品种多，适于采用单件小批量生产方式，即单件生产型或机群型；而介于 M 区域和 J 区域之间的产品生产方式应为成批生产，即成组型。

2. 纲领设计的前期工作任务

生产系统能力为生产性固定资产在一定时期内所能生产一定种类产品（或服务）的最大数量。纲领设计应该在确定产品选型、市场调查和需求预测的基础上，分析经济规模的界限，确定合理的生产规模，并考虑其可行性。

由于生产成本因产量不同而变化，故经济规模问题诠释了生产规模与生产成本的演变关系。在一定条件下，可以从这种演变关系找出经济规模界限或经济规模区域（见图 3-5）。

由图 3-5 可知，$x_{b_1} \sim x_{b_2}$ 为经济规模区，x_{max} 是获得最大销售利润时的产量，也即最佳规模点。设利润为 P，则

$$P = R(x) - C(x) = r(x)x - V(x)x - F \quad (3-1)$$

式中，$R(x)$ 表示销售函数；$C(x)$ 表示成本函数；$r(x)$ 表示单位产品销售价格函数；F 表示以年（或月）计算的产品固定成本总额；$V(x)$ 表示单位产品成本函数。

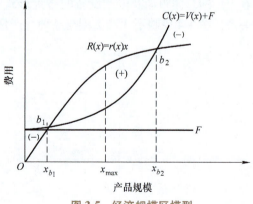

图 3-5 经济规模区模型

当 $P=0$ 时，则

$$r(x)x - V(x)x - F = 0 \quad (3-2)$$

式（3-2）一般为一元二次方程，必有两个实根 x_{b_1} 和 x_{b_2}，即为盈亏临界点。

确定合理生产规模的一般程序为：

(1) 提出可供选择的各种方案。
(2) 确定系统的目标是求最大利润，还是求最低生产成本。
(3) 建立数学模型，收集有关数据。
(4) 规定评价标准。
(5) 通过计算分析比较，确定优劣先后顺序。
(6) 选择方案，确定生产规模。

3.3.2 产品设计

产品设计包含生产何种产品和每种产品的详细设计及文件。生产何种产品通常由顶层管理根据市场情况做出决策；另一种情况是从规划到建成设施需要一定的时间，在面向动态市场和产品的情况下，也可能出现在给定的设施内不大可能准确规定所生产的产品。设施设计人员必须意识到在他们的任务中所存在的不确定性程度。例如，一家电子工厂开始设计一座制造半导体的设施，但在设施使用前，设施空间的分配发生了变化，企业的另一部门分配到此设施中来用以制造装配家电产品。家电产品部门扩大规模以后，将制造装配部分迁移到新厂房，而原有的厂房改为管理和工程设计部门。当然，弹性化的设计会给设施设计人员带来较大的困难，一般情况下并不建议这样做。通过产品质量功能配置（Quality Function Deployment，QFD）和同类产品的质量评比（Bench-marking），可以确定生产何种产品。当有了规定的产品后，就能做出较好的工业设施设计。

产品设计要规划产品的结构、尺寸、材料、包装，由产品设计人员承担。

1. 产品设计的任务

产品设计的内容包括决定生产什么产品以及每种产品如何设计。产品设计的任务就是详细地进行产品设计。

在产品设计的过程中，受到多方面因素的影响，包括产品的功能、材料、美学、市场、销售、制造工艺等。

2. 产品设计的信息

设计一个工厂除了要明确生产何种产品外，还要确定这种产品的生产规模，它将决定此工业设施规模的大小。产品的生产规模也是产品的生产纲领，即年产量，这样对少品种的大批大量生产而言是很容易决定的。产品的年产量主要取决于市场的需求及其预测，也要考虑投资的可能性。对多品种成批生产的企业，为了简化设计，一般要从众多产品中选定设计的代表产品。

选定代表产品主要考虑三个因素：①代表产品与被代表产品应是同类产品，基本结构应尽可能相似；②选定的代表产品应是该工业设施建成后数量较多的产品；③同类产品中如果年产量相差不大，应选择中等尺寸者为代表产品。

选定代表产品后，需将被代表产品的数量折合为代表产品的当量数，以便于作为设计的依据。计算公式为

$$Q = \alpha Q_x \tag{3-3}$$

式中，Q 表示折合为代表产品的年产量；Q_x 表示被代表产品的产量；α 表示折合系数。

$$\alpha = \alpha_1 \alpha_2 \alpha_3 \tag{3-4}$$

α_1 为重量折合系数。可用下式计算

$$\alpha_1 = \sqrt[3]{\left(\frac{W_x}{W}\right)^2} \tag{3-5}$$

式中，W_x 表示被代表产品的单台重量；W 表示代表产品的单台重量。

α_2 为成批性折合系数（见表 3-2）。批量大每台所需劳动量小，$\alpha_2<1$；批量小则 $\alpha_2>1$。

表 3-2 成批性折合系数

n/n_x	0.5	1.0	2.0	4.0	7.0	10.0
α_2	0.97	1.0	1.12	1.22	1.31	1.37

注：1. n 及 n_x 分别为代表产品与被代表产品的年产量。
2. n/n_x 一般不小于 0.5，不大于 10。
3. 其他 n/n_x 的值可用插入法求得。

α_3 为复杂性系数。复杂性包括两方面内容：一是指制造精度的差别；二是指产品结构复杂程度的差别。此系数一般根据产品设计师的经验确定。在某些情况下，可能还有其他因素，可根据具体情况再计入总系数中。因此，总生产纲领即为代表产品年产量与被代表产品的折合年产量之和。

对于确定的产品，规划设计人员要从产品设计人员处获得产品设计的资料，作为规划设计的重要输入。重要的是，在设施规划工作开始之前必须结束产品设计，使规划设计建立在可靠的基础之上，并且做出优化设计。在某些情况下，由于市场的动态变化，难以准确地规划。

3.3.3 工艺过程设计

工艺过程设计的内容是决定零件是自制还是外购，自制件如何生产，采用什么工艺和设备，完成要多长时间，由工艺人员承担。

1. 自制-外购决策

自制-外购决策是企业的典型决策，主要以成本作为衡量标准，同时要考虑工程技术、市场、工艺、采购，甚至包括人力资源等其他因素，并根据具体的项目和工程实际情况灵活地考虑和安排。

2. 工艺分析与选择

工艺和产品的装配要求确定或选择自制零件的加工工艺方法，从而再确定加工所需要的机器和设备。

3. 工艺流程分析

工艺流程是指能够把一定投入转换成一定产出的一系列任务（即工序），这些任务由物流和信息流有机地连接在一起。例如，绘制包括自制或外购在内的空气调节阀的装配程序图最容易的方法是从完成的产品开始，经过产品拆卸逐步追溯到每一个部件。

设施的布置在很大程度上取决于零件制造工艺和产品的装配工艺过程。零件制造工艺的数据来自工艺路线卡。在大批大量生产时还有更为详细的工序卡。表 3-3 为产品电磁阀

中组合骨架零件加工工艺路线卡。通常工艺路线卡中包含产品名称、零件编号、材料、计划年产量、工序序号、工序内容、采用设备、工艺装备、工时定额以及技术工人等级等。不同的企业各有不同的工艺习惯和传统，因此工艺路线卡的形式也不同，但都应包括以上内容和数据。图 3-6 为用标准符号绘制的组合骨架工艺流程，更直观地反映出生产流程的详细情况。

表 3-3 组合骨架零件加工工艺路线卡

产品名称	零件编号	材料	单件重量	计划年产量	年产量/kg
组合骨架	DK-101	DT4 电工钢	1.6kg		
工序序号	作业单位名称		工序内容		工序材料利用率（%）
1	原材料库		备料		
2	机加工车间		车		
3	焊接车间		焊		
4	热处理车间		热处理		
5	机加工车间		车铣钻磨		
6	试验检验室		试验		
7	机加工车间		车		
8	表面处理车间		表面处理		
9	半成品库		暂存		

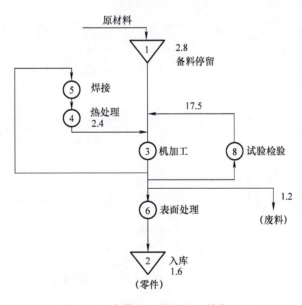

图 3-6 组合骨架工艺流程（单位：kg）

一旦自制零件生产出来，外购件也由供应商送到，就进入装配阶段，包括组件、部件的装配、焊接以至喷涂、总装配和出厂包装。例如，图 3-7 所给出的装配程序，可以从图的右下角完成装配的空气调节阀开始画起。空气调节阀的工艺流程如图 3-8 所示。

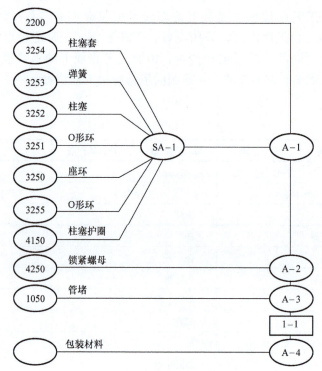

图 3-7　空气调节阀的装配程序

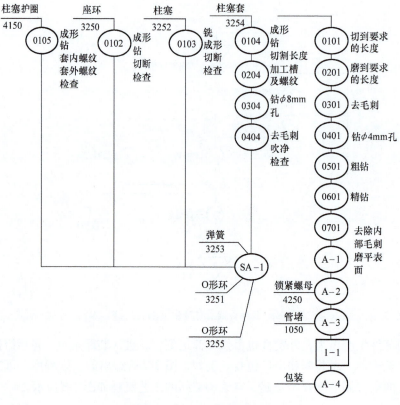

图 3-8　空气调节阀的工艺流程

 **复习思考题**

1. 前期工作（预规划）对设施规划起什么作用？
2. 战略设施规划与企业经营战略的关系是什么？
3. 根据产品生产纲领的范围大小和品种多少，模具制造业的生产类型可分为几种？简要说明各类型的特点。
4. 工艺设计的内容包括哪些方面？

"黯黯长城外,日没更烟尘。胡骑虽凭陵,汉兵不顾身。"(《杂曲歌辞·蓟门行五首》)这首诗描述的是古代战事纷纭的情况,诗中汉兵凭借长城的天险,将胡骑阻挡于长城之外。那么长城的位置是怎么确定的呢?为何长城能阻挡外敌的入侵?这本身其实是一个设施选址问题。

第4章
设施选址决策

设施选址的好坏,对生产力布局、城镇建设、企业投资、建设速度及建成后的生产经营都有极其重要的影响。厂(场)址一经选定,许多建设成本和生产成本的因素就要被厂(场)址条件所决定。如果厂(场)址选择不当,开始建设以后再改变,就会造成很大损失;设施建成以后,如果存在先天不足或致命弱点,则很难改变或无法改变,经营管理很难控制。本章将探讨选址的任务、重要性及内容,以及选址决策的方法等。

[学习目的]

1. 理解设施选址的任务与意义、选址问题的特点。
2. 掌握影响选址决策的因素、选址的步骤与内容。
3. 掌握选址决策的定性与定量方法。
4. 熟悉生产与服务设施选址的实例。

 4.1 设施选址概述

4.1.1 选址的任务与意义

1. 选址的任务

设施选址是指组织为开拓新市场、提高生产能力或提供更优质的客户服务等目的而决定建造、扩展或兼并一个物理实体的一种管理活动。根据企业性质的不同,该物理实体的具体形态也不同。对于制造型企业,可能是工厂、办公楼、车间、设备、原材料仓库等形态;对于服务型企业,可能是配送中心、分销中心、零售商店、银行、超市等形态。

2. 选址的意义

选址决策不是每个企业的常态性工作,但它是企业战略计划流程中一个不可分割的部分。

设施选址决策（Location Strategies）是新企业与现有企业都要面对的问题，无论对于制造业还是服务业，设施选址对组织的竞争优势都将产生重要影响。选址决策属于长期战略范畴，它直接影响组织的运作成本、税收及后续投资，不当的选址将会导致成本过高、劳动力缺乏、原材料供应不足，直至丧失竞争优势的后果。因此，组织应该运用科学的方法决定设施的地理位置，使之与组织的整体经营运作系统有机结合，以便有效、经济地达到组织的经营目标。科学选址的重要性体现在以下三个方面：

（1）设施选址影响企业的运营成本，从而影响企业的竞争优势。
（2）设施选址影响企业制定后续经营策略。
（3）设施选址影响设施布置以及投产后的产品和服务质量。

选址问题与企业未来息息相关。著名咨询公司麦肯锡甚至提出："企业选址是决定企业战略成败的因素之一。"设施选址常见的错误包括：

（1）不能客观地对待科学分析，凭主观意愿做出决定。
（2）对厂（场）址缺乏充分的调查研究和勘察。
（3）忽视不适合设施特点的自然条件、市场条件、运输条件等因素。
（4）缺乏长远考虑，确定的厂（场）址限制了发展。

4.1.2 设施选址的内容

设施选址主要包括以下两个层次和两个方面的内容：

1. 两个层次

（1）**小型单一设施的选址**。单一设施的选址就是根据企业的生产纲领或服务目标为一个独立的设施选择最佳位置。设施网络中的新址选择比单一设施选择问题更复杂，因为在这种情况下决定新设施的地点位置时，还必须同时考虑新设施与其他现有设施之间的相互影响和作用。如果规划得好，各个设施之间会相互促进，否则可能起到负面影响。现实中的设施网络中的选址问题是很复杂的。例如，考虑一个大型制造业企业的选址，需要考虑通过多个配送中心把产品分别送往不同的需求地点（或需求中心），要决定这些配送中心的数量和规模、产品送往各个配送中心的分配方式以及每个配送中心的位置。需求中心可能有几千个，应该考虑设置的配送中心也许是几百个或几十个，而企业所用的生产中心及生产设施可能只有几个。解决这样的问题，通常需要利用计算机来建立一个数学模型求解。在有些情况下可求出最优解，有时则难以求出最优解，而需要用到一些其他类型的方法。

（2）**设施网络的选址**。设施网络中的新址选择往往不仅要决定新设施的地点位置，还必须同时考虑添加新设施后整个网络的工作任务重新分配的问题，以使整体运营效果最优。而工作任务的重新分配又会影响各个设施的最优运营规模或生产能力。因此，设施网络中的新址选择至少有三个方面必须同时考虑和解决：位置、工作任务的重新分配及生产能力。

2. 两个方面

（1）**选位**，即选择在什么地区（区域）设置设施或服务网点，在当前全球经济一体化的大趋势下，或许还要考虑是国内还是国外。

（2）**定址**，即在已选定的地区内选定一个具体位置作为企业设施或服务网点的具体位置。

判断选位与定址的决策是否合理时，要考虑以下三种选择方案：

（1）扩张企业当前的设施。当空间足够，且这个地点相对其他地点具有更多的优势时，采取这种方案是很明智的。

（2）保留当前设施，同时在其他地方增添新设施。在为了维持市场份额、增强市场竞争力或更好地为顾客服务时，经常采取这种方案。

（3）放弃现有地点，并迁至其他地方。

4.1.3　设施选址问题的特点

（1）由于选址决策涉及的因素很多，加之一些因素相互矛盾，因而造成不同因素的相对重要性很难确定和度量。

（2）不同的决策部门利益不同，追求的目标不同，判别的标准会随时间发生变化。

（3）如果企业生产多种产品或提供多种服务，它们的原料供应差别较大，市场差别也大，则难以按某一种产品或服务来确定厂（场）址。

（4）大多数设施选址都有各自的应用背景，所以没有一个通用的模型可以解决所有的选址问题。尤其是大型设施的选址，很难求得选址模型的最优解。即使有一个比较完善的评价模型，由于数据资料不准确，也不会得出正确的结果。选址关系到10年、20年乃至更长时间的决策。由于长期预测的准确性很低，对准确性很低的数据资料用准确的模型进行精确的计算，其结果也是不准确的。

（5）由于计算复杂，很多组合优化问题已被证明是不可能在常规时间范围内找到最优解的。

4.1.4　选址与工业生产力布局

工业生产力布局就是工业企业在全国各地区的地理分布。工业生产力的合理分布要考虑各地区的自然条件、资源条件、经济条件、社会条件，根据部门、行业、规模、装备等不同企业在布局上的特点和要求，确定不同地区经济发展的方向与结构，合理处理地区之间的分工协作，使建设项目的配置有利于企业、地区经济及整个国民经济的发展。合理配置工业生产力，对充分利用全国各地的资源，合理调整经济结构，实现国民经济持续、稳定、协调发展具有重要意义。

我国因各地区的经济发展阶段、生产力水平、自然条件、地理环境差异较大，国家通过产业政策和生产力布局规划指导项目布局和投资的空间投向。国家投资项目的厂（场）址选择应该符合生产力布局的规划，由政府有关部门进行决策。企业投资项目也要考虑国家和社会的宏观效益，受国家生产力布局规划和政策的指导，重视国民经济全局和整体利益。为了实行宏观调控，国家和地方政府常常对某些地区发展某些产业提供鼓励，如对筹集建设资金提供优厚条件、优惠税额，帮助获得市场和订货合同等。因此，厂（场）址选择考虑生产力布局，对企业的长期生存和发展也有极大帮助。

工业主产力的合理布局一般遵守以下主要原则：

（1）**最低成本原则**。要求在完全成本最低的地点配置相应的主产力。完全成本是产品直接生产过程中的成本、原料和燃料的运输成本与产品到达消费地点的流通成本的总和。因此，原料成本比重大、原料在加工过程中损失巨大的行业，如制糖、冶金等行业，以及原料不易运输、储存或运输和储存成本高的行业，如农产品、矿产品的初级加工业，应尽可能靠近原料产地；能源消耗成本比重较大的行业，如电解厂、铁合金厂、电石厂等耗电量大的工业，应配置在电厂周围。

(2) **专业化分工协作原则**。要打破大而全、小而全和区域观念的束缚，发挥各地区的自然资源、科学技术、劳动生产力的优势，发展跨地区分工和协作，建立各有重点、各具特色的地区工业结构。

(3) **分散与集中相结合原则**。工业布点要适当集中，这有利于企业之间的专业分工协作，有利于社会基础设施能力的有效发挥，有利于利用老工业区的基础和新工业区的形成。但是，工业布点的集中程度并非越高越好，适当分散有利于各地区自然资源的充分利用，有利于缩短产品原料的运输距离，有利于促进城乡结合。

(4) **重点开发原则**。在一定时期内集中财力、物力形成重点建设地区，而且随着时间推移，在地理空间上不断转移。这不仅有利于工业基地的形成，也有利于落后地区的开发，使先进技术由重点建设地区向落后地区辐射和转移，使各地区经济共同协调发展。

(5) **吸引外资合理投向原则**。利用外资是我国的一项重要国策，各地的普遍做法是设立经济开发区。建设经济开发区，是吸引外资、扩大出口、引进先进技术和科学管理经验的重要措施。经济特区一般都有良好的投资环境，有土地使用、税收、销售经营等方面特殊的优惠政策。我国利用外资不仅限于经济特区，而且鼓励投向东部、中部和西部、东部沿海地区重点利用外资发展高技术产业。

4.2 选址决策

应该从系统的观点来考虑选址问题，因为整个选址活动是一个整体，每个企业都不可能孤立地存在。一个企业的输出（产品）是另一个企业的输入（原料、材料）。任何企业选址既要考虑供应厂家，又要考虑顾客，还要考虑产品交付。从系统的观点来看，选址决策应该使整个生产分配链的成本最低；从国家来看，要考虑各地区经济的平衡发展；从一个地区来看，要考虑地方经济发展、就业、税收、地方资源、环保等问题；从一个企业来看，选址决策应该使它所能控制的那段生产分配的成本最低。

从实际情况考虑，企业的选址决策要受到很多约束。因为一个新企业在考虑选址时，很多企业已经存在。对服务型企业同样存在这个问题，它们也是一条生产分配链的一部分；所不同的是，很多服务型企业需要直接面对顾客，这就要求服务设施更接近顾客。

选址决策需要考虑很多因素，有的属于经济因素，有的属于非经济因素，如政治因素、社会因素和自然因素。其中，经济因素是最基本的。在进行比较时，要根据设施的要求，针对几个主要因素进行分析。有时经济因素的比较是决定方案的关键，但有时也可能是非经济因素起决定性作用，成为方案取舍的关键。

4.2.1 影响选址决策的经济因素

经济因素又称内部因素，其主要包括以下五个方面：

(1) **交通运输的条件与成本**。生产活动离不开交通运输（如投入、产出的物料进出，员工上下班，顾客到达）。水运、铁路、公路、空运各有特点和利弊，要考虑产品与服务的特点和性质，是接近原材料产地还是接近消费市场。例如，水泥生产、钢铁冶金制造等原料笨重而消耗量大的企业，食品生产等原料易变质的企业，以及易燃、易爆等原料运输不便的企业，要接近原材料产地；而产品运输不便的企业，产品易变化和变质的企业，以及超市、医院、银行等大多数服务型企业，就要接近消费市场，因为要追求生产成本和运输成本最低。

（2）**劳动力可获性与成本**。对于劳动密集型企业，人工成本占产品成本的大部分，所以必须考虑劳动力的成本。将工厂设在劳动力资源丰富、工资低廉的地区，可以降低人工成本。随着现代科学技术的发展，只有受过良好教育的员工才能胜任越来越复杂的工作任务，单凭体力干活的劳动力越来越不被需要。对于大量需要具有专门技术员工的企业，人工成本占制造成本的比例很大，而且员工的技术水平和业务能力又直接影响产品的质量和产量，此时劳动力资源的可获性和成本就成为选址的重要条件。因此，劳动密集型且需要足够劳动力的企业应该考虑在劳动力充足的地区设厂；知识型、技术型企业则应该在靠近科技中心的地区建设。

（3）**能源可获性与成本**。没有燃料（煤、油、天然气）和动力（电），企业就不能运转。对于耗能大的企业，如钢铁、炼铝、火力发电厂等，选址应该靠近燃料、动力供应地。

（4）**基础设施**。基础设施主要包括电力、煤气、给水排水设施，交通、通信设施等。

（5）**厂（场）址条件与成本**。建厂地点的地势、利用情况和地质条件等，都会影响建设投资。显然，在平地上建厂比在丘陵或山区建厂要容易得多，造价也低得多；在地震多发区建厂，则所有建筑物和设施都要达到抗震要求；在有滑坡、流沙或下沉的地面上建厂，也都要有防范措施，这些措施都将导致投资增加；选择在荒地上还是在良田上建厂，也会影响投资的多少。地价也是影响投资的重要因素，一般城市地价高，城郊地价较低，农村地价更低。

4.2.2 影响选址决策的非经济因素

非经济因素又称外部因素，主要包括以下六个方面：

（1）**政治因素**。政治因素是指政治局面是否稳定，法制是否健全，税收是否公平等。建厂，尤其是在国外建厂，必须考虑政治因素。

（2）**社会因素**。社会因素是指居民的生活习惯、文化教育水平、宗教信仰和生活水平等。

（3）**自然因素**。自然因素是指土地资源、气候条件、水资源和物产资源等各种自然资源情况。

（4）**市场因素**。市场因素是指该地区现实与潜在的市场需求及销售渠道状况。

（5）**可扩展的条件**。可扩展的条件是指是否存在扩展空间与场地。

（6）**协作关系**。协作关系是指与所有合作伙伴的协作方便性。

4.2.3 选址的一般步骤

选址的一般步骤如下：

（1）**前期准备**。其主要工作内容为明确前期工作中对选址目标提出的要求。这些要求包括：①企业生产的产品品种及数量（生产纲领或设施规模）；②要进行的生产、储存、维修、管理等方面的作业；③设施的组成、主要作业单位的概略面积及总平面草图；④计划供应的市场及流通渠道；⑤需要资源（包括原料、材料、动力、燃料、水等）的估算数量、质量要求与供应渠道；⑥产出的废物及其估算数量；⑦概略运输量及运输方式的要求；⑧需要员工的概略人数及等级要求；⑨外部协作条件。

规划人员可以根据上述要求列出一些在选择地点时应满足的具体要求，对某些选址需要的技术经济指标应列出具体数值要求，以便进行调查研究。

(2) **明确企业选址的目标**。制造业选址和服务业选址的目标存在差异。一般而言，制造业选址的目标是追求成本最小化，而服务业选址的目标是追求收益最大化。

制造业的选址尽量考虑原材料的可获得性，尽量靠近原材料的供应地；而服务业的选址目标则是尽量靠近顾客。

(3) **国家、地区及地点的选择**。从宏观角度而言，首先必须选择好国家，据此再确定所属地区，最终决定选址的具体位置。

当选址确定了国家及地区以后，就要考虑是在城市、农村还是城郊设厂。

1) 城市设厂。城市中供应便利，资金容易筹集，基础设施齐备，但是高楼林立，地价昂贵，生活水平高，对环境保护要求高。以下情况较适合在城市设厂：①工厂规模不大，需要大量受过良好教育和培训的员工；②服务业，需要与顾客直接接触，因城市人口稠密、人才集中、交通便利、通信发达、各种企业聚集；③厂地占用空间少，最好能设置于多层建筑内；④对环境污染小。

2) 农村设厂。农村设厂与城市设厂的优缺点相反，以下情况较适合在农村设厂：①工厂规模大，需占用大量土地；②生产对环境污染较严重，如噪声、有害气体或液体等；③需要大量非技术性粗工；④有很多制造机密，需与周围隔离。

3) 城郊设厂。城郊具有城市和农村的优点，且由于现代交通和通信发达，将有越来越多的工厂设在城郊。

当确定在哪块土地建厂时，还要针对企业的特点，更深入地分析研究各种有关因素。通常要考虑产品的可变成本，如直接人工、物料搬运费和管理费等。具体要求还包括：①确定厂（场）址应考虑厂区平面布置方案，并留有适当的扩充余地；②场地设施与周围环境的成本；③员工生活方便，要考虑员工的住房、上下班交通等问题。

(4) **分析选址决策所要考虑的影响因素**。选址的第一步就是明确企业选址的目标是什么。在此基础上，根据选址的目标列出评价预选地的影响因素，如政治、经济、社会和自然等。

(5) **找出可供选择的选址方案**。例如，是扩建现有厂（场）址，还是保留现有厂（场）址并增加新的厂（场）址，或是放弃现有厂（场）址而迁至新的厂（场）址？

(6) **选择评价方法，评估并做出选址决策**。其主要工作内容包括：①对调查研究和收集的资料进行整理；②对技术经济比较和分析统计的成果编制出综合材料，绘制初步总平面布置图；③编写厂（场）址选择报告，对所选厂（场）址进行评价和论证，供决策部门审批。

4.2.4 不同类型工厂的特点与选址决策

1. 产品型工厂

特点：少品种、大批量生产，只集中生产一种或一个系列的产品。
决策：尽量接近原材料产地或供应者，此外还应使产品的外运成本处于较低水平。

2. 市场地区型工厂

特点：只供应某一特定的市场。
决策：应选在目标市场或需服务的用户附近。

3. 生产过程型工厂

特点：多家分厂供应一个或几个总装厂，如汽车、石化等企业。

决策：新建厂与现有工厂之间的联系应放在相当重要的位置予以考虑。

4. 通用型工厂

特点：生产柔性大，产品及所针对的市场不固定，如装备制造型企业。

决策：综合考虑多方面的因素，而且对劳动力素质往往要特别予以考虑。

5. 搬迁厂

首先考虑造成搬迁的因素，其次才按照新建厂所需考虑的因素去全面衡量。

6. 扩建厂

特点：这是由于工厂原址没有扩建余地而迫不得已采取的一种措施。

决策：将扩建带来的不便降到最低，以免增加厂内的运输距离，使成本提高。

4.3 设施选址的方法

选址问题的上述特点决定了很难找到一个最佳的评价方法或模型。通常可采用定性分析方法、定量分析方法以及定性与定量相结合的方法进行选址。

4.3.1 定性分析方法

1. 优缺点比较法

优缺点比较法的具体做法是：列出各方案的优缺点进行分析比较，并按最优、次优、一般、较差、极差五个等级对各方案的各个特点进行评分，对每个方案的各项得分加总，得分最高的方案即为最优方案，如表4-1所示。

表4-1 选址方案的优缺点比较

序号	因素	方案A	方案B	方案C
1	区域位置		★	
2	面积及地形	★		
3	风向、日照			★
4	地质条件		★	
5	铁路、公路衔接	★		
6	与城市的距离			★
7	供电供热	★		
8	供水		★	
9	排水			★
10	经营条件			
11	协作条件	★		
12	建设速度			
⋮				

2. 德尔菲分析模型法

典型的布置分析考虑的是单一设施的选址，其目标有供需之间的运输时间或距离的极小化、成本的极小化、平均反应时间的极小化。但是，有些选址分析涉及多个设施和多个目标，其决策目标相对模糊，甚至带有感情色彩。解决这类选址问题的一个方法是使用德尔菲分析模型。该模型在决策过程中考虑了各种影响因素。使用德尔菲分析模型涉及三个小组，即协调小组、预测小组和战略小组，每个小组在决策中发挥不同的作用。

德尔菲分析模型法的具体步骤如下：

（1）**成立三个小组**。内外部人员组成顾问团（协调小组），充当协调者，负责设计问卷和指导德尔菲调查。从顾问团中选出一部分人成立两个小组：一个小组负责预测社会的发展趋势和影响组织的外部环境（预测小组）；另一个小组确定组织的战略目标及其优先次序（战略小组）。战略小组的成员从组织中各部门的高层经理人员中挑选。协调小组本身是战略小组和预测小组的组合。

（2）**识别存在的威胁和机遇**。经过几轮问卷调查后，协调小组应该向预测小组询问社会的发展趋势、市场出现的机遇以及组织面临的威胁。这一阶段要尽可能地听取多数人的意见。

（3）**确定组织的战略方向与战略目标**。协调小组将预测小组的调查结果反馈给战略小组，战略小组利用这些信息来确定组织的战略方向与战略目标。

（4）**提出备选方案**。一旦战略小组确定了长期目标，就应集中精力提出各种备选方案（备选方案是对工厂现有设施的扩充或压缩，以及对工厂的全部或局部位置进行变更）。

（5）**优化备选方案**。步骤（4）中提出的备选方案应提交给战略小组中的有关人员，以获得他们对各方案的主观评价。

在考虑组织优势和劣势的基础上，德尔菲分析模型法可以识别出组织的发展趋势和机遇；此外，该方法还考虑了企业的战略目标，在现代企业中被作为一种典型的综合性群体决策方法而得到广泛使用。

3. 因素评分法

因素评分法是一种对具有多个目标的决策方案进行综合评判的定性与定量相结合的方法。它通过把多个目标化为一个综合的单目标，据此评价、比较和选择决策方案。

设有 n 个方案 α^i（$i=1, 2, \cdots, n$），其中每个方案都有 k 个目标值，每个目标值的评分记为 u_j（$j=1, 2, \cdots, k$），按目标的重要性，其权重为 w_j（$j=1, 2, \cdots, k$），则

$$u(\alpha^i) = \sum_{j=1}^{k} w_j u_j^i \quad (i=1,2,\cdots,n)$$

用这个线性加权值作为新的评价准则（目标评价），使 $u(\alpha^i)$ 最大的方案 α^* 就是多目标选址问题的最优决策，即

$$\alpha^* = \max[u(\alpha^i)] \quad (i=1,2,\cdots,n)$$

其中，目标权重一般由专家给出。如果有 m 个专家对 w_j 发表意见，其中第 i 人对 w_j 估值为 $w_{ij} = \{1, 2, \cdots, m\}$，则可按下式计算 w_j

$$w_j = \frac{1}{m} \sum_{i=1}^{m} w_{ij}$$

因素评分法的具体步骤如下：

（1）**决定一组相关的选址决策因素**。根据企业目标为每个因素赋予一个权重，以显示它与所有其他因素相比的相对重要性。

（2）**对所有因素的评分设定一个共同的取值范围**。

（3）对每一个备选地址，对所有因素按步骤（2）所设定的范围评分。用各因素的得分与相应的权重相乘，并把所有因素的加权值相加，就得到每个备选地址的最终得分。

（4）选择总得分最高的地址作为最佳选址。

案例

华晨宝马缘何将第二工厂选在沈阳市铁西区

2010年6月2日，在沈阳经济技术开发区，总投资50亿元的华晨宝马中国第二工厂开工。新工厂按照世界级一流工厂的标准规划，将新建冲压、焊装、涂装和总装四大工艺，并建设发动机厂及大型物流中心、大型车辆检测中心等附属设施。2012年投产后，华晨宝马两个工厂的潜在总产能达到年产30万辆。

华晨宝马新工厂根据市场需求引入适合中国客户的新产品，把最新技术应用于既有产品和未来的新产品上，BMW5、7系在这里生产。由最初的年产3万辆提高到2010年的10万辆；建设的第二工厂一期产能达到10万辆，预留年产20万辆的空间。

第一次"联姻"时，华晨金杯与华晨宝马在一个厂区，实行部分部件共线生产，有"租用"借居的味道。此次建立全新工厂，表明宝马决意在中国市场"全速起航"了。

当初，宝马公司决定在中国建第二工厂时，有大连、沈阳等城市可供选择，而沈阳又有铁西区、大东区、沈北新区等多个备选地，最终选择了铁西区，其缘由是什么呢？

沈阳市自始至终是中国重要的装备制造业基地，拥有雄厚的汽车产业基础和华晨金杯、华晨宝马、通用北盛等多家国内外著名汽车生产厂家及品牌。而铁西区又是沈阳市的装备制造业聚集地，是中国著名的工业区，区内企业规模宏大、工业门类齐全、配套能力强大、交通发达、工业文化浓厚。特别经过近几年的探索实践，铁西区走出了一条老工业基地改造振兴的新路。2007年6月9日，国家发展和改革委员会（简称国家发改委）和国务院振兴东北办公室授予沈阳市"铁西老工业基地调整改造暨装备制造业发展示范区"的称号；2008年，铁西区被列入改革开放30年全国18个典型地区之一，荣获联合国全球宜居城区示范奖；2009年，《铁西装备制造业聚集区产业发展规划》获得国家发改委正式批准，上升为国家战略；铁西区被冠以"国家可持续发展实验区""国家新型工业化产业示范基地""国家科技进步示范区""国家首批知识产权强区""全国义务教育均衡化示范区"，入选"新中国60大地标"，等等。总之，铁西区的区位、人力资源、配套及供应商等诸多优势均明显优于其他备选地。

4.3.2 定量分析方法

1. 本量利分析法

本量利分析是成本-产量（或销售量）-利润依存关系分析的简称，也称CVP（Cost Volume Profit Analysis）分析。它是指在变动成本计算模式的基础上，以数学化的会计模型与图文来揭示固定成本、变动成本、销售量、单价、销售额、利润等变量之间的内在规律性联系，为预测决策和选址提供必要财务信息的一种定量分析方法。它着重研究销售数量、价格、成本和利润之间的数量关系。

采用本量利分析法求解的具体步骤如下：

（1）确定每一备选地址的固定成本和可变成本。

（2）在同一张图表上绘出各地点的总成本线。

(3) 确定在某一预定的产量水平上,哪一地点的成本最少或者哪一地点的利润最高。

这种方法需要以下几种假设:①当产量在一定范围内时,固定成本不变;②可变成本与一定范围内的产量呈正比;③能估计出所需的产量水平;④只有一种产品。

[例 4-1] 某企业拟在国内新建一条生产线,确定了三个备选厂址。由于各厂址的土地成本、建设成本、原材料成本不尽相同,三个厂址的生产成本如表 4-2 所示,试确定最佳厂址。

表 4-2 不同厂址的生产成本

生产成本 \ 厂址	A	B	C
固定成本(元)	600 000	1 200 000	3 000 000
可变成本(元/件)	48	30	12

解:先求 A、B 两个厂址方案的临界产量。设 F_c 表示固定成本,V_c 表示可变成本,Q 为产量,则总成本为 F_c+V_c。

(1) 设 Q_1 表示 A、B 点的临界产量,则有下列方程

$$600\ 000+48Q_1 \leqslant 1\ 200\ 000+30Q_1$$

$$Q_1 \leqslant \frac{1\ 200\ 000-600\ 000}{48-30}\text{件}$$

$$Q_1 \leqslant 3.3\ \text{万件}$$

(2) 设 Q_2 表示 B、C 两点的临界产量,同理有

$$Q_2 \leqslant \frac{3\ 000\ 000-1\ 200\ 000}{30-12}\text{件}$$

$$Q_2 \leqslant 10\ \text{万件}$$

结论:以生产成本最低为标准,当产量 Q_1 小于 3.3 万件时,选 A 厂址为佳;当产量 Q_2 为 3.3 万~10 万件时,选 B 厂址成本最低;当产量 Q 大于 10 万件时,则应选择 C 厂址。因此,要根据不同的建厂规模确定相应的厂址。

2. 线性规划法

如果几个备选方案的影响因素作用程度差不多,可以不予考虑,此时成本就成为选址决策唯一考虑的因素,而线性规划法就成为处理这种选址决策问题的理想工具。

线性规划法是一种被广泛使用的最优化方法,它在考虑特定约束的条件下,从许多可用的选择中挑选出最佳方案。线型规划法已有成熟的解法,如表上作业法或用 Lingo、Excel 等软件求解,即

目标函数

$$\min \sum_{i=1}^{m} \sum_{j=1}^{n} C_{ij}x_{ij}$$

约束条件

$$\begin{cases} \sum_{i=1}^{m} x_{ij} = b_j \\ \sum_{j=1}^{n} x_{ij} = a_i \\ x_{ij} \geqslant 0\ (i=1,\ 2,\ \cdots,\ m;\ j=1,\ 2,\ \cdots,\ n) \end{cases}$$

式中，m 表示工厂数；n 表示销售点数；a_i 表示工厂 i 的生产能力；b_j 表示销售点的需求；C_{ij} 表示在工厂 i 生产 1 单位产品并运到销售点 j 的生产输出总成本；x_{ij} 表示从工厂 i 运到销售点 j 的产品数量。

[例 4-2] 已有设在 F1、F2 的两个工厂，生产产品供应 P1、P2、P3、P4 四个销售点。由于需求量不断增加，必须另设一个工厂，可供选择的地点有 F3 和 F4，试从中选择一个最佳厂址。

根据资料分析，各厂单位产品的生产成本及各厂至各销售点的运输成本如表 4-3 所示。

表 4-3 生产成本及运输成本

从 \ 至	单位运输成本（万元）				年产量（台）	单位生产成本（万元）
	P1	P2	P3	P4		
F1	0.50	0.30	0.20	0.30	7 000	7.50
F2	0.65	0.50	0.35	0.15	5 500	7.00
F3	0.15	0.05	0.18	0.65	12 500	7.00
F4	0.38	0.50	0.80	0.75	12 500	6.70
预计年需求量（台）	4 000	8 000	7 000	6 000		

可见，每单位产品从 F1 运到 P1 的总成本（单位生产成本加单位运输成本）为 7.50 万元+0.50 万元=8.00 万元。以此类推，可以分别得到从四个厂址运到四个销售点的总成本。约束条件是工厂不能超过其生产能力，销售点不能超过其需求量。

解：假如新厂设在 F3，则如表 4-4 所示列出相应的单位生产和单位运输总成本。

在表 4-4 中，方格右上角的数字表示该组合单位产品的总成本。各厂年产量的总和等于销售点需求量的总和。

表 4-4 设工厂在 F3 处的单位生产和单位运输总成本　　（金额单位：万元）

从 \ 至	P1	P2	P3	P4	年产量（台）
F1	8.00	7.80	7.70	7.80	7 000
F2	7.65	7.50	7.35	7.15	5 500
F3	7.15	7.05	7.18	7.65	12 500
需求量（台）	4 000	8 000	7 000	6 000	25 000

现根据表 4-4 所列数字，用最少成本分配法进行求解。其程序是：在不超过产量和需求量的条件下，将产品尽可能地分配到总成本最少的组合中去。如果第一次只分配和满足了一部分，就继续进行分配，以此类推，直到需求全部满足、产量全部分配完毕为止。

具体步骤如下：

（1）表 4-4 中 F3-P2 组合的成本最低，为 7.05 万元。但 P2 需求量仅为 8 000 台，可将 F3 的 8 000 台分配给 P2，此时 F3 还有 4 500 台的剩余产量。由于 P2 的需求量已全部满足，这一列可以不再考虑。

(2) 其余组合中成本最低的是 F3-P1 和 F2-P4,均为 7.15 万元。可将 F3 的 4 500 台剩余产量中的 4 000 台分配给 P1。这时,P1 的需求已全部满足,这一列可以不再考虑;F3 还有 500 台剩余产量。

(3) 其余组合中成本最低的是 F2-P4,可将 F2 的 5 500 台产量全部分配给 P4。这时,F2 的产量已全部分配完毕。

(4) 其余组合中成本最低的是 F3-P3,为 7.18 万元。可将 F3 的 500 台剩余产量分配给 P3。这时,F3 的产量已分配完毕。

(5) 其余组合中成本最低的是 F1-P3,为 7.70 万元。P3 还需要 6 500 台,可将 F1 产量中的 6 500 台分配给 P3。这时,P3 的需求量已全部满足,这一列可以不再考虑。

(6) 最后,P4 还有 500 台的需求量尚未满足,将 F1 的 500 台剩余产量分配给 P4。至此,所有销售点都得到满足,所有产量分配完毕(见表 4-5)。

表 4-5 设工厂在 F3 处的成本分配　　　　　　　　　　　　　(金额单位:万元)

从＼至	P1	P2	P3	P4	年产量(台)
F1	8.00	7.80	(5) 7.70 6 500	(6) 7.80 500	7 000
F2	7.65	7.60	7.35	(3) 7.15 5 500	5 500
F3	(2) 7.15 4 000	(1) 7.05 8 000	(4) 7.18 500	7.65	12 500
需求量(台)	4 000	8 000	7 000	6 000	25 000

这样,解得设工厂在 F3 处的全部成本为

$Sum_3 = (6\ 500×7.70+500×7.80+5\ 500×7.15+4\ 000×7.15+8\ 000×7.05+500×7.18)$ 万元

$= 181\ 865$ 万元

如果设工厂在 F4 处,用相同的解法,结果如表 4-6 所示。

表 4-6 设工厂在 F4 处的成本分配　　　　　　　　　　　　　(金额单位:万元)

从＼至	P1	P2	P3	P4	年产量(台)
F1	8.00	7.80	(5) 7.70 7 000	7.80	7 000
F2	7.65	7.50	7.35	(2) 7.15 5 500	5 500
F4	(1) 7.08 4 000	(3) 7.20 8 000	7.50 500	(4) 7.45	12 500
需求量(台)	4 000	8 000	7 000	6 000	25 000

因此,解得设工厂在 F4 处的全部成本为

$Sum_4 = (7\ 000×7.70+5\ 500×7.15+4\ 000×7.08+8\ 000×7.20+500×7.45)$ 万元

$= 182\ 870$ 万元

比较两个方案的计算结果，设工厂在 F4 处比设工厂在 F3 处每年多花费生产和运输总成本（182 870－181 865）万元＝1 005 万元，因此最终选择设工厂在 F3 处。

3. 重心法

当产品成本中运输成本所占比重较大，企业的原材料由多个原材料供应地提供时，可以考虑用重心法选择运输成本最少的厂（场）址。

求解设施选址问题的模型分为离散型模型和连续型模型两种。重心法是连续型模型。相对于离散型模型而言，在这种模型中，设施地点可以自由选择。但是从另一个方面来看，重心法的自由度过大也是一个缺点，因为由迭代计算求得的最佳地点不一定是合理的地点。例如，计算出的位置已有建筑物或有河流经过，不能建厂等。重心法的弊病还在于，它将运输距离用坐标（两点之间的直线距离）来表示，并认为运输成本是两点间直线距离的函数，这与实际情况并不符合。在实际运用过程中需要对重心法加以修正，才能更好地反映问题本身的特点。重心法求出的解比较粗糙，它的实际意义在于能为选址人员提供一定的参考。例如，如果不同的选址方案其他方面差不多，则可以考虑选择那个与重心法计算结果相近的方案。

采用重心法求解的具体步骤如下：

(1) 建立坐标系。

(2) 将所有的备选地址绘制在坐标轴上，确定坐标值（见图 4-1）。

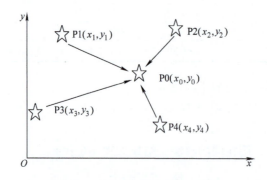

图 4-1 重心坐标图

(3) 建立重心模型。假设该城市中物流设施的服务对象数为 n 个，它们的坐标分别为 (x_j, y_j) $(j=1, 2, \cdots, n)$，物流设施的坐标为 (x_0, y_0)，物流设施到服务点 j 的运费为 C_j，总运费为 A。

$$A = \sum_{j=1}^{n} C_j \tag{4-1}$$

$$C_j = h_j W_j d_j \tag{4-2}$$

式中，h_j 表示 P0 到运输点 j 的运输费率；d_j 表示 P0 到运输点 j 的距离。

$$d_j = \sqrt{(x_0 - x_j)^2 + (y_0 - y_j)^2} \tag{4-3}$$

$$A = \sum_{j=1}^{n} h_j W_j \sqrt{(x_0 - x_j)^2 + (y_0 - y_j)^2} \tag{4-4}$$

$$\frac{\partial A}{\partial x_0} = \frac{\sum_{j=1}^{n} h_j W_j (x_0 - x_j)}{d_j} = 0 \qquad (4\text{-}5)$$

$$\frac{\partial A}{\partial y_0} = \frac{\sum_{j=1}^{n} h_j W_j (y_0 - y_j)}{d_j} = 0 \qquad (4\text{-}6)$$

(4) 将距离、重量两者相结合计算重心。计算公式为

$$x_0 = \frac{\left(\sum_{j=1}^{n} h_j W_j x_j\right)/d_j}{\left(\sum_{j=1}^{n} h_j W_j\right)/d_j} \qquad (4\text{-}7)$$

$$y_0 = \frac{\left(\sum_{j=1}^{n} h_j W_j y_j\right)/d_j}{\left(\sum_{j=1}^{n} h_j W_j\right)/d_j} \qquad (4\text{-}8)$$

(5) 选择求出的重心点坐标值对应的地点作为布置设施的地点。

[例 4-3] 某机器制造厂每年需要从 P1 地运来钢材，从 P2 地运来铸铁，从 P3 地运来焦炭，从 P4 地运来造型材料。各地与某城市中心的距离和每年的材料运量如表 4-7 所示。假定以城市中心为原点，各种材料的运输费率相同，试用重心法确定该厂的位置。

表 4-7 厂址坐标及年运输量

原材料供应地	P1		P2		P3		P4	
供应地坐标/km	x_1	y_1	x_2	y_2	x_3	y_3	x_4	y_4
	20	70	60	60	20	20	50	20
年运输量/t	2 000		1 200		1 000		2 500	

解：根据式（4-7）和式（4-8）求解

$$x_0 = \frac{20 \times 2\,000 + 60 \times 1\,200 + 20 \times 1\,000 + 50 \times 2\,500}{2\,000 + 1\,200 + 1\,000 + 2\,500}\,\text{km} = 38.4\,\text{km}$$

$$y_0 = \frac{70 \times 2\,000 + 60 \times 1\,200 + 20 \times 1\,000 + 20 \times 2\,500}{2\,000 + 1\,200 + 1\,000 + 2\,500}\,\text{km} = 42.1\,\text{km}$$

该厂应选在坐标为 $x_0 = 38.4\,\text{km}$，$y_0 = 42.1\,\text{km}$ 的位置。

4. 启发式方法

启发式方法只寻找可行解，而不是最优解。重心法就是一种启发式方法。有许多计算机化了的启发式方法，可解决 n 达几百、几千甚至更多的问题。早在 20 世纪 60 年代，就有学者提出了用启发式方法解决大型设施选址问题。启发式方法适用于多设施选址问题，如多对多，且同时增加多个。

[例 4-4] 某公司拟在某市建立两个连锁超市，该市共有四个区，记为甲、乙、丙、丁。假定每个区在其地界内人口为均匀分布，又假定各区可能去连锁超市购物的人口权重如表 4-8 所示，请确定连锁超市设置于哪两个区内，居民到连锁超市购物最方便，即距离/人口成本最低。

表4-8 四个区的距离及各区人口数量和人口权重

各区名称	距离/km				各区人口数量（千人）	人口权重
	甲	乙	丙	丁		
甲	0	21	15	22	15	1.4
乙	21	0	18	12	13	1.3
丙	15	18	0	20	28	1.0
丁	22	12	20	0	22	1.2

步骤1：用四个区的人口数量与人口权重乘以各区之间的距离，得到总距离成本，并选定第一个连锁超市在丙区，如表4-9所示。

表4-9 选定第一个连锁超市在丙区

场址	甲	乙	丙	丁
甲	0	441	315	462
乙	355	0	304	203
丙	420	504	0	560
丁	581	317	528	0
总计	1 356	1 262	1 147*	1 225

步骤2：甲、乙、丁各列数字与丙列对应数字相比较，若小于丙列同行数字，则将其保留；若大于丙列数字，则将原数字改为丙列数字，并选定第二个连锁超市在丁区，如表4-10所示。

表4-10 选定第二个连锁超市在丁区

场址	甲	乙	丙	丁
甲	0	315	315	315
乙	304	0	304	203
丙	0	0	0	0
丁	528	317	528	0
总计	832	632	1 147	518*

步骤3：若要建三个连锁超市，还需再选一个场址，则将丙列数字去掉，将甲、乙所在列数字与丁所在列数字相比较，方法同前，选定第三个连锁超市在甲区，如表4-11所示。

表4-11 选定第三个连锁超市在甲区

场址	甲	乙	丁
甲	0	315	315
乙	203	0	203
丙	0	0	0
丁	0	0	0
总计	203*	315	518

5. 因次分析法

因次分析法是将备选方案的经济因素（有形成本因素）和非经济因素（无形成本因素）同时加权并计算出优异性，再进行比较的方法。

采用因次分析法计算优异性的步骤如下：

（1）列出各方案供比较的有形成本和无形成本因素，对有形成本因素计算出金额贴现值，对无形成本因素评出其优劣等级，按从优到劣的顺序给予 1，2，3，4，…，n 的分值。

（2）根据各成本因素的相对重要性，按重要到不重要的顺序给予 n，…，4，3，2，1 加权指数。

（3）计算比较值。计算公式为

$$R = \frac{备选地点 A 的优异性}{备选地点 B 的优异性} = \left(\frac{Q_{11}}{Q_{21}}\right)^{w_1} \left(\frac{Q_{12}}{Q_{22}}\right)^{w_2} \cdots \left(\frac{Q_{1n}}{Q_{2n}}\right)^{w_n}$$

注意：若 $R<1$，则表示地点 A 的成本低于地点 B，A 优于 B。

[例 4-5] 表 4-12 列出了备选地点 A 和 B 的有形成本与无形成本的因素值和加权指数。试用因次分析法计算地点 A 和 B 的优异性比值。

表 4-12　A、B 地点的成本因素和加权指数

成本因素		备选地点		加权指数 w_i
		A	B	
有形成本（元/年）	固定资产折旧	500 000	300 000	4
	管理费	50 000	20 000	4
	燃料动力费	20 000	30 000	4
	合计	570 000	350 000	4
无形成本	发展的可能性	1	2	1
	柔性	2	3	4
	工人技术水准	1	4	3

解：

$$R = \frac{备选地点 A 的优异性}{备选地点 B 的优异性} = \left(\frac{Q_{11}}{Q_{21}}\right)^{w_1} \left(\frac{Q_{12}}{Q_{22}}\right)^{w_2} \cdots \left(\frac{Q_{1n}}{Q_{2n}}\right)^{w_n}$$

$$R = \left(\frac{570\,000}{350\,000}\right)^4 \times \left(\frac{1}{2}\right)^1 \times \left(\frac{2}{3}\right)^4 \times \left(\frac{1}{4}\right)^3 = \frac{1}{100}$$

显然，地点 A 远优于地点 B。但如果只用有形成本计算地点 B 的比较值，则比较值为 $(570\,000/350\,000)^4 = 7$，地点 B 优于地点 A。这说明有形成本与无形成本合并比较的结果，显示了无形成本因素的影响超过了有形成本因素的影响。

[例 4-6] 某公司准备从 A、B、C 三个地点中选择一个建厂地点，各地点每年的经营成本预计如表 4-13 所示。设有形成本的加权指数为 4，三个地点的非经济因素的优劣程度及各因素的加权指数如表 4-14 和表 4-15 所示。试用因次分析法加以比较，选出最适宜的地点。

表 4-13 每年的经营成本预计 （单位：万元）

地　点	劳动力成本	运输成本	当地税收	动力成本	其　他
A	180	100	170	210	16
B	220	80	200	290	110
C	240	70	250	150	120

表 4-14 非经济因素

地　点	当地欢迎程度	可利用的劳动力情况	运输情况	生活条件
A	很好	好	较好	可以
B	较好	很好	可以	好
C	好	可以	特别好	很好

表 4-15 有形因素、无形因素和加权指数

地　点	有形因素	无形因素			
		1	2	3	4
A	820	2	3	4	5
B	900	4	2	5	3
C	930	3	5	1	2
权数	4	3	2	4	1

$$R_{AB} = \left(\frac{820}{900}\right)^4 \times \left(\frac{2}{4}\right)^3 \times \left(\frac{3}{2}\right)^2 \times \left(\frac{4}{5}\right)^4 \times \left(\frac{5}{3}\right)^1 = 0.132，A 优于 B$$

$$R_{AC} = \left(\frac{820}{930}\right)^4 \times \left(\frac{2}{3}\right)^3 \times \left(\frac{3}{5}\right)^2 \times \left(\frac{4}{1}\right)^4 \times \left(\frac{5}{2}\right)^1 = 41.26，C 优于 A$$

因此，地点 C 最适宜。

6. 加权因素比较法

加权因素比较法是指把布置方案的各种影响因素（定性和定量）划分成不同等级，并赋予每个等级一个分值，以此表示该因素对布置方案的满足程度。同时，根据不同因素对布置方案影响的重要程度设立加权值，计算出布置方案的评分值，并根据评分值的高低来评价方案的优劣。

加权因素比较法的计算公式为

$$Z = \sum_{i=1}^{n} W_i f_{ij}$$

式中，Z 表示方案的总分；f_{ij} 表示第 i 个因素对方案 j 的评价等级分值；W_i 表示第 i 个因素的权系数。

加权因素比较法计算表如表 4-16 所示。

采用加权因素比较法求解的具体步骤如下：

(1) 评价因素的确定。根据设施选择的基本要求，列出所要考虑的因素。

(2) 确定加权值。按照各因素的相对重要程度，分别赋予相应的权数。

(3) **评价因素评价等级确定**。对每个备选方案进行审查，并按每个因素由优到劣的顺序排出各个备选方案的排队等级分数。

(4) **评价结果**。用每个因素中各方案的排队等级分数乘以该因素的权数，所得分数放在每个小方格的右下方，再把每个方案的分数相加，得出的总分就表明了各备选方案相互比较时的优劣程度。

(5) **最佳方案的确定**。得分高的方案为备选方案。

表 4-16 加权因素比较法计算表

序号	因素	权数	各方案的等级及分数			
			A	B	C	D
1	位置	8	A 32	A 32	I 16	I 16
2	面积	6	A 24	A 24	U 0	A 24
3	地形	3	E 9	A 12	I 6	E 9
4	地质条件	10	A 40	E 30	I 20	U 0
5	运输条件	5	E 15	I 10	I 10	A 20
6	原材料供应	2	I 4	E 6	A 8	O 2
7	公用设施条件	7	E 21	E 21	E 21	E 21
8	扩建可能性	9	I 18	A 36	I 18	E 27
	合计（Z）		163	171	99	119

注：A=4 分，E=3 分，I=2 分，O=1 分，U=0 分。

加权因素比较法的优点是可以把提供的各项因素进行综合比较，是一种比较通用的方法；其缺点是往往带有评分人的主观性。

[**例 4-7**] 某汽车公司计划在某城市建一个新厂，已经选出 A 和 B 两个备选地址。公司管理层决定使用如表 4-17 所示标准进行最后的选址决策，并已经根据各标准相对于公司选址决策的重要程度，赋予了每个因素一个权重，给出了两个备选地址每个因素的评分值（见表 4-18）。请采用加权因素比较法求出 A 和 B 哪个备选地址应为某汽车公司的最后选址地？

表4-17 打分标准例表

因素	权重	打分	
		方案A	方案B
区域内的能源供应情况			
动力的可得性与供应的稳定性			
劳动力环境			
生活条件			
交通运输情况			
供水情况			
供应商情况			
气候			
税收政策与有关法律法规			

表4-18 两个备选地址每个因素的评分值

因素	权重	打分		总分	
		方案A	方案B	方案A	方案B
区域内的能源供应情况	0.3	100	90	30	27
动力的可得性与供应的稳定性	0.25	80	90	20	22.5
劳动力环境	0.1	85	90	8.5	9
生活条件	0.1	90	80	9	8
交通运输情况	0.05	80	90	4	4.5
供水情况	0.05	70	80	3.5	4
供应商情况	0.05	80	70	4	3.5
气候	0.05	70	90	3.5	4.5
税收政策与有关法律法规	0.05	100	80	5	4
合计				87.5	87

采用加权因素比较法，经过对A和B两个备选地址的分值进行计算，得出A方案为87.5分，B方案为87分。由此可知，A备选地址应为某汽车公司的最后选址地。

4.4 服务设施的选址

由于制造业和服务业在很多方面不同（见表4-19），两者的选址原则也存在较大差异。制造业选址重视成本最小化，而服务业选址关注收入最大化。

表4-19 制造业与服务业的对比

比较项目	制造业	服务业
产品特征	有形性	无形性
产品的可存储性	高	低
产品的标准化程度	高	低
客户的参与程度	低	高
产业性质	资本密集型	劳动力密集型
规模经济实现途径	增加生产批量	多店作业

4.4.1 服务设施选址的特点

(1) 服务业的一个重要特点是通过多个分店来与顾客保持密切联系,因此,服务设施的选择与目标市场的确定紧密相关。

(2) 需要与顾客直接接触的服务企业,其服务质量的提高有赖于与最终市场的接近和分散程度,因此服务设施必须靠近顾客群。

(3) 对于一个仓储或配送中心而言,与制造业的工厂选址一样,运输成本是要考虑的一个因素,但快速接近市场可能更重要,因为可以缩短交货时间。

(4) 服务业企业在进行设施选址时,不仅必须考虑竞争者的现有位置,还需要预估竞争者对本企业新选设施地址的反应。

(5) 在某些情况下,选址时应该避开竞争者。但对于商店、快餐店等,在竞争者附近设址有更多的益处。因为在这种情况下可能会形成"聚集效应",即受聚集在某地的几个店铺所吸引而来的顾客总数,大于分布在不同地方的这几个店铺的顾客总数。

4.4.2 影响服务设施选址的因素与服务设施选址的方法

1. 影响服务设施选址的因素

如表4-20所示,制造业选址重视成本最小化,而服务业选址关注收入最大化,即主要考虑业务收入的决定因素。影响服务部门业务量和收入的因素主要有以下六个:

(1) 所选地区顾客的购买能力。
(2) 服务部门在所规划地区的服务和形象的兼容性。
(3) 该地区的竞争强度与竞争质量。
(4) 企业的独特性及竞争对手的选址。
(5) 该地区及其邻近地区商业和设施的质量。
(6) 企业的经营策略与管理水平。

表4-20 影响服务设施和生产设施选址的因素对比

类型	服务/零售设施选址	生产设施选址
着重点	收入	成本
主要影响因素	1. 规模/收入:服务区域、客户购买力、广告、价格 2. 物理条件:交通条件、停车、照明及安全性、外观及形象 3. 成本因素:租金、管理水平、运营策略、营业时间、工资水平	1. 有形成本:原材料、运输成本、能源和公共设施成本 2. 无形及潜在成本:生活质量、消费观念、受教育水平、国家和区域

2. 服务设施选址的方法

服务设施选址的主要方法有相关性分析、流量统计、人口统计分析、购买力分析、因次分析法、重心法和地理信息系统法等。

复习思考题

1. 一个企业的厂（场）址选择对其经济效益有什么影响？
2. 地区选择的目的是什么？它与地点选择的要求有什么区别？
3. 一个地区确定后，如何分析各种不同的厂（场）址地点需要哪些数据资料？
4. 某市想为废品处理总站找一个适当的地方，目前已有的四个分站的坐标和废品数量如表4-21所示。目前有两个方案 A（25，25）和 B（70，150），选哪个方案比较好（运输费率相等）？

表 4-21 废品处理分站的坐标和废品数量

处理分站	一站		二站		三站		四站	
坐标/km	x_1	y_1	x_2	y_2	x_3	y_3	x_4	y_4
	40	120	65	40	110	90	10	130
年运输量/t	300		200		350		400	

5. 某公司筹建一家玩具厂，合适的地点有甲、乙、丙三处。各种生产成本因厂址的不同而有所区别，每年的成本归纳如表4-22所示。

在决策之前，该公司还考虑了一些主观因素，如当地的竞争能力、气候变化和周围环境是否适合玩具生产等。各主观因素的重要性指数依次为 0.6、0.3、0.1，试用因次分析法选出最适宜的地点。

表 4-22 甲、乙、丙的每年成本

成本因素	每年成本（千元）		
	甲	乙	丙
工资	250	230	248
运输成本	181	203	190
租金	75	83	91
其他成本	17	9	22
竞争能力	良	良	优
气候	良	中	优
环境	中	优	良

系统思想的发展经历了三个阶段:"只见森林"(朴素的系统思想)阶段——"只见树木"(西方的系统思想)阶段——"先见森林,后见树木"(科学的系统思想)阶段。

第 5 章
工厂与服务设施物流分析

通常而言,物流状况的优劣是布置方案优劣的最重要的评定指标之一。因此,系统布置设计首先从物流分析入手。特别是选择不同的物流系统、不同的线路布置方案,会产生不同的平面布置方案。各种不同的布置方案各有其优缺点,任何企业都希望得到一个物流最合理的生产系统。工厂与服务设施物流分析包括的内容有物流量分析、物流关系分析、物流路径分析、搬运方法分析等。其中,前两项分析是基本条件,是后两项分析的基础;后两项分析是物流分析的具体应用,既与前两项分析相关,又与工厂与服务设施布局设计相关。

 [学习目的]

1. 理解工厂与服务设施物流分析的概念、技术工具。
2. 掌握物料搬运系统分析的方法。
3. 掌握当量物流量的计算及物料分类。
4. 熟悉物料搬运(方案)系统评估的量化分析方法。

 5.1 物流分析在布置设计中的关键问题

5.1.1 物流分析在布置设计中的作用

物流分析在生产和服务设施布置设计中主要发挥如下作用:
1. 物流系统直接关系到生产系统的效益

无论是社会经济系统还是工厂生产系统,运输与搬运都是系统运行的关键组成之一。物流过程不直接产生价值,但却直接关系到成本。在物流系统的运行过程中,管理与控制水平的高低直接关系到产品质量的好坏,仅注重加工质量而不注重物流质量,对生产系统有很大危害。物流合理化可以降低物流成本,从而达到降低成本的目的。
2. 物流系统中物料的成本直接影响企业的资金周转速度

在一般加工企业中,物流时间占生产周期的 90%~95%,而纯加工时间仅占 5% 左右,企业的在制品和库存物料占用流动资金的75%以上。物流系统分析可以有效压缩物流系统时间占用及加速物料转化,从而加快企业的资金周转速度,提高企业的竞争能力。

3. 物流合理化可以提高企业的管理水平

物流系统牵涉信息、运输、存货、仓储、物料搬运和包装等的集成,涉及企业内部的各个环节。在物流系统观的指导下,对物流环节的任何改善都会促进企业管理水平的提高。物流的高效、提质、准时要求企业辅以相应的组织结构。只有提高物流系统的效率,才能实现管理现代化。

4. 物流系统化可以创造顾客价值

如今,企业间的竞争日趋激烈,物流能力是对企业能否在尽可能低的总成本下,为顾客提供有竞争优势的服务的一种评价。良好的物流工作意味着具有适应情况变化的灵活性,准时化运作,具有对操作的控制能力和连续工作的能力等特点,尤其是要对完善服务做出承诺,这是企业获得并维系忠诚顾客的关键。

在我国,企业物流是一个薄弱环节。将企业物流看成是企业生产的关键和企业形象灵魂的一般只有各行业的少数龙头企业,总体上"物流还远未被企业管理层和业务部门所认识"。企业物流管理不畅,时间、空间浪费多,物料流混乱,重复搬运,流动路径不合理,产品供货周期长,废弃物回收不力,不仅直接阻碍企业生产效率的提高,而且占用大量资金,成为企业发展的瓶颈。简言之,物流的合理化已经成为企业管理的主流。

5.1.2 物流分析涉及的关键概念

1. 当量物流量

物料的几何形状、物化性质、表面状态、易损程度等因素,决定了物料搬运的难易程度和运输成本。因此,在系统设计模型中,用物料的重量作为当量物流量仅在某些情况下适用。制造企业物料的种类千差万别,研究一种较为适用的、能在多种类型企业中应用的当量物流量,可以为系统平面布置设计提供较为科学的方法。

物流量是指一定时间内通过两个物流点之间的物料数量。在一个给定的物流系统中,物料从几何形状到物化状态都有很大差别,其可运性或搬运的难易程度相差很大,简单地用重量作为物流量计算单位并不合理。因此,在系统分析、规划、设计过程中,必须找出一个标准,把系统中的所有物料通过修正折算为一个统一量,即当量物流量,才能进行比较、分析和运算。

当量物流量是指充分考虑了系统中影响物料可运性的各种因素,通过修正和折算的手段,把各种不同特性的物料折算成为系统中可进行叠加的统一的量。

例如,一台载重量为10t的汽车,当其运输10t锻件时,10t锻件的当量重量为10t;而当其运输2t组合件时,2t组合件的当量重量也为10t。在实际系统中,所提及的物流量均指当量物流量。当量物流量的计算公式为

$$f = qn \tag{5-1}$$

式中,f 表示当量物流量,单位为当量t/年、当量t/月、当量kg/h;q 表示一个搬运单元的当量重量,单位为当量t、当量kg;n 表示单位时间内流经某一区域或路径的单元数,单位为单元数/年(月)。

目前,当量物流量的计算尚无统一标准,一般根据现场情况和经验确定。例如,一火车

车皮的载重量为60t，装载12个汽车驾驶室总成，则每个驾驶室的当量物流量为5当量t。又如，企业中一个标准料箱载重量是2t，装载了100个中间轴，则每个中间轴的当量物流量为20当量kg。

无论是设施规划还是物流系统分析，当量物流量的计算都是必须要面对的一个基础而重要的问题。但迄今为止，关于当量物流量的计算尚无统一模式，常用的有两种方法：玛格数法和经验估算法。

2. 确定当量物流量的方法

（1）玛格数法。玛格数法（Magnitude）是美国物料搬运协会的专家缪瑟（Richard Muther）提出的。他首先定义了一玛格为"干燥的可以方便拿在手中的$10in^3$（$1in = 0.0254m$）的木块"，然后考虑四种修正系数（X_1，X_2，X_3，X_4），每种修正系数有四个不同的状态，每个状态给予相应的修正值，因而有X_{ij} = （-2，-1，1，2），其中i = 1，2，3，4，j = 1，2，3，4。则玛格数的计算公式为

$$Y_m = X_0 + \frac{1}{4}(X_{1j}, X_{2j}, X_{3j}, X_{4j}) = X_0 + \frac{1}{4}\sum_{i=1}^{4} X_{ij} \quad (i=1,2,3,4; j=1,2,3,4) \quad (5\text{-}2)$$

式中，Y_m表示物料的玛格数；X_0表示物料的基本值，由其几何形状确定。

一玛格的物料具有如下特征：
1）可以方便地拿在一只手中。
2）相当密实。
3）结构紧凑，具有可堆垛性。
4）不易受损坏。
5）相当清洁、坚固和稳定。

通常而言，就是一块经过粗加工的$10in^3$（或稍大于$2in×2in×2in$）大小的木块，约两包香烟大小，称为一玛格。应用玛格数时，需将系统中的所有物料换算成为相应的玛格数。

玛格数的概念有其局限性。玛格数不能十分准确地描述和度量各种不同的物理、化学状态的物料和搬运方法，因而是一种近似描述物流量的标准值。在一些特性相差不大的物料搬运中，玛格数比较适用。物流系统越大、越复杂，玛格数的使用精度越低。实际应用表明，玛格数法在冶金、家电企业中应用尚可，但在其他类型的企业中作为当量物流量的计算方法并不十分准确。但玛格数法仍不失为一种应用型当量物流量计算方法。

玛格数的计算方法如下：
1）计算物料的体积。度量体积时，采用外部轮廓尺寸，不要减去内部空穴或不规则的轮廓。
2）查阅图5-1，得到玛格数基本值A。图5-1反映了部分体积与玛格数基本值的对应关系。曲线反映了体积大小与基本值的关系，物料体积越大，运输单位体积越容易，玛格曲线变化越缓。
3）根据表5-1，确定修正系数。
4）计算玛格数。根据式（5-2）计算，得到玛格数M

$$M = A + A(B + C + D + E + F) \quad (5\text{-}3)$$

式中，A表示基本值；B表示密度；C表示形状；D表示损伤危险程度；E表示状态（化学状态、物理状态）；F表示价值因素，如不考虑则$F=0$。

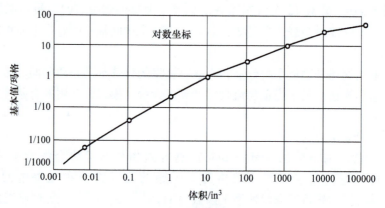

图 5-1 玛格曲线

表 5-1 修正因素和修正数值

数值	修正因素			
	密度（B）	形状（C）	损伤危险程度（D）	状态（E）
3		十分扁平且可以叠置或可以套叠（纸张或金属板材）		
2	非常轻松或空的大体积物品	易于叠置或套叠的（纸张、簿、汤碗）	不易受任何损坏（废铁屑）	
1	轻松和较大的	较易叠置或略可套叠（书、茶杯）	实际上不易受损坏或受损极小（坚实的锻件）	
0	比较密实的（空心铸件）	基本是方形，并具有一些可叠置性质（木块）	略易受损坏（加工成一定尺寸的木材料）	清洁的、牢固的、稳定的（木块）
1	相当重和密实的（实心干燥的木块）	长的或圆的或有些不规则形状的	易受挤压、破裂、摔伤等损坏	有油的、脆弱的、不稳定的或难以搬运的
2	重和密实的（空心铸件、锻件）	很长、球状或形状不规则的（桌上的电话机）	很容易受到一些损坏或容易受到许多损坏（电视）	表面有油脂、热的、很脆弱的或滑溜的、很难以搬运的
3	非常重和密实的（模块、实心铅）	特别长的、弯曲的或形状和高度不规则的（长钢梁）	很容易受到一些损坏或容易受到非常多的损坏（水晶玻璃、高脚器皿）	（发黏的胶面）
4		特别长及弯曲的或形状格外不规则的（弯管、木块、手扶椅）	极容易受到非常多的损坏（瓶装酸类、炸药）	（熔化的钢）

（2）**经验估算法**。经验估算法在我国企业的应用中被证明是一种比较简单实用的方法。这种方法首先从确定制造系统中的工位器具标准化入手，考虑物料的几何形状、物化性质、表面状况及易损程度来确定生产系统中的标准工位器具。例如，汽车制造企业中的标准料箱、料架。标准工位器具的设计要考虑物料的几何形状、生产系统设备种类、运输车辆的选择、搬运方式等因素。

经验估算法的计算公式见式（5-1）。这种方法的关键在于考虑系统物料的分类条件，确定标准工位器具即标准搬运容器。如定义 $1m^3$ 的某种标准工位器具，其运载质量为 1 当量 t，若一次共运载 10 个或 5 个单元的物料，则每个单元物料的当量质量为 0.1t 或 0.2t，这样每种物料的年当量物流量即可计算。在此基础上，可用下面的方法进行系统设备平面布置设计。经验估算法的优点在于简便、易操作，具有广泛的应用价值。

3. 物料搬运活性系数

物料搬运活性系数是一种度量物料搬运难易程度的指标，是物流分析的重要参数之一。物料平时存放的状态各式各样，可以散放在地上，也可以装箱放在地上，或放在托盘上等。由于存放的状态不同，物料搬运的难易程度也不一样。人们把物料的存放状态对于搬运作业的方便（难易）程度称为搬运活性。装卸次数少、工时少的货物搬运活性高。从经济上看，搬运活性高的搬运方法是一种好方法。搬运活性系数用于表示各种状态下的物品的搬运活性。搬运活性系数的组成如下：

①最基本的活性是水平最低的散放状态的活性，规定其系数为 0；②对此状态每增加一次必要的操作，其物品的搬运活性系数加 1；③活性水平最高的状态活性系数为 4。

散放在地上的物品要运走，需要经过集中、搬起、升起、运走四次作业，进行的作业次数最多、最不方便，即活性水平最低；而集装在箱中的物品，只要进行后三次作业就可以运走，物料搬运作业较为方便，活性水平比前一种高一等级；装载于正在运行的车上的物品，因为它已经在运送的过程中，不需要再进行其他作业就可以运走，活性水平最高，活性指数定为 4。活性指数确定的原则如表 5-2 所示。

表 5-2 活性指数确定的原则

物品状态	作业说明	作业种类				还需要的作业数目	已不需要的作业数目	搬运活性指数
		集中	搬起	升起	运走			
散放在地上	集中、搬起、升起、运走	要	要	要	要	4	0	0
集装箱中	搬起、升起、运走（已集中）	否	要	要	要	3	1	1
托盘上	升起、运走（已搬起）	否	否	要	要	2	2	2
车中	运走（不用升起）	否	否	否	要	1	3	3
运动着的输送机	不要（保持运动）	否	否	否	否	0	4	4
运动着的物品	不要（保持运动）	否	否	否	否	0	4	4

4. 物料搬运的单元化与标准化

实现单元化和标准化对物料搬运的意义非常重大。一方面，物料实行单元化后，改变了物料的散放状态，提高了搬运活性指数，易于搬运，同时也改变了堆放条件，能更好地利用仓库面积和空间；另一方面，实现标准化，能合理、充分地利用搬运设备、设施，提高生产率和经济效益。

（1）单元化。 单元化是指将不同状态和大小的物品集装成一个搬运单元，以便于搬运作业，故也称作集装单元化。集装单元可以是托盘、箱、袋、筒等，其中以托盘应用最为广泛。物料搬运的单元化可以缩短搬运时间，保持搬运的灵活性和作业的连贯性，也是搬运机械化的前提。

(2) 标准化。标准化是指物品包装与集装单元的尺寸（如托盘的尺寸、集装箱的尺寸等），要符合一定的标准模数，仓库货架、运输车辆、搬运机械也要根据标准模数决定其主要性能参数。这有利于物流系统中各个环节的协调配合，在易地中转等作业时不用换装，提高通用性，减少搬运作业时间，减轻物品的散失、损坏，从而节约成本。

5. 物料搬运系统分析

物流搬运系统分析英文缩写为 SHA（System Handling Analysis）。物料搬运包括物料、产品、元件或物品的移动、运输或重新安放，通常需要设备、容器和一个包括人员组成的搬运系统。故物料搬运的基本要素是物料、移动及方法，SHA 是一个系统化、条理化、合乎逻辑顺序、对任何物料搬运项目都适用的方法，是与 SLP 相似的系统分析和设计方法。

SHA 包括三个基本内容：①阶段构成；②程序模式；③图例符号。

5.2 当量物流量计算的新方法

如果当量物流量的计算方法太复杂，会影响其在现实中的应用。本着简单实用的原则，在玛格数法的思维方式基础上提出了新的计算方法。

5.2.1 计算公式

在当量物流量的影响因素中，重量是最根本的因素，也是当量物流量的基础，而其他影响因素是影响当量物流量的重要因素。因此，以重量为基础，其他因素作为调整因素，得到当量物流量的计算公式

$$F = KG \tag{5-4}$$

式中，F 表示所计算物料的当量物流量；K 表示由影响当量物流量的其他因素决定的调整系数；G 表示所计算物料的重量。

5.2.2 系数 K 的计算

1. 确定 K 值的影响因素

在参考玛格数法的基础上查找资料，确定了六个除重量外对当量物流量有重要影响的因素：体积、密度、形状、状态、损伤危险性及价值。

于是确定影响当量物流量的影响因素集

$$X = \{体积, 密度, 形状, 状态, 损伤危险性, 价值\}$$

2. 确定影响因素的等级划分

依据玛格数法的思想，在确定等级划分的时候以方正的木块作为比较对象，确定六个物料搬运的难度等级：易搬运、较易搬运、一般、较难搬运、难搬运、很难搬运，不同等级其相应的赋予分值情况为 $-2, -1, 1, 2, 3, 4$（此处参照玛格数法最大值取 4）。由于以方正的木块作为参考对象，一般情况下搬运难度大于木块的情况较多，故难度等级以"难搬运"稍多一些。

于是确定对影响因素评价等级的评语集

$$Y = \{易搬运, 较易搬运, 一般, 较难搬运, 难搬运, 很难搬运\}$$

根据各等级相应的赋值得到赋值向量

$$B = (-2, -1, 1, 2, 3, 4)$$

3. 确定因素集与评语集的隶属度矩阵

由多名从事搬运工作的搬运工或专家根据将要搬运的物料情况打分，确定因素集与评语集的隶属度矩阵。

因素集与评语集的隶属度矩阵为

$$R = \begin{pmatrix} r_{11} & r_{12} & r_{13} & r_{14} & r_{15} & r_{16} \\ r_{21} & r_{22} & r_{23} & r_{24} & r_{25} & r_{26} \\ r_{31} & r_{32} & r_{33} & r_{34} & r_{35} & r_{36} \\ r_{41} & r_{42} & r_{43} & r_{44} & r_{45} & r_{46} \\ r_{51} & r_{52} & r_{53} & r_{54} & r_{55} & r_{56} \\ r_{61} & r_{62} & r_{63} & r_{64} & r_{65} & r_{66} \end{pmatrix}$$

4. 确定各影响因素的权重分配

同样由从事搬运工作的专家根据将要搬运的物料情况，应用逐对比较法，确定各因素的权重分配。

各影响因素的权重分配向量为

$$A = (a_1, a_2, a_3, a_4, a_5, a_6)$$

5. 计算得出 K 值

设向量 $S = AR$，则

$$K = SB^T = ARB^T \tag{5-5}$$

综合以上步骤，可以得出一张求调整系数 K 值的表，如表 5-3 所示。

表 5-3 调整系数 K 值

项目\等级	易搬运 (-2)	较易搬运 (-1)	一般 (1)	较难搬运 (2)	难搬运 (3)	很难搬运 (4)
体积（a_1）	r_{11}	r_{12}	r_{13}	r_{14}	r_{15}	r_{16}
密度（a_2）	r_{21}	r_{22}	r_{23}	r_{24}	r_{25}	r_{26}
形状（a_3）	r_{31}	r_{32}	r_{33}	r_{34}	r_{35}	r_{36}
状态（a_4）	r_{41}	r_{42}	r_{43}	r_{44}	r_{45}	r_{46}
损伤危险性（a_5）	r_{51}	r_{52}	r_{53}	r_{54}	r_{55}	r_{56}
价值（a_6）	r_{61}	r_{62}	r_{63}	r_{64}	r_{65}	r_{66}
综合隶属度	s_1	s_2	s_3	s_4	s_5	s_6
K 值	K					

5.2.3 当量物流量的应用实例

以 17in 计算机纯平显示器作为实例，计算它的当量物流量。

1. 确定显示器的隶属度矩阵

选择 10 名从事搬运工作经验丰富的搬运工对计算机显示器的各影响因素进行评价，根据他们的评价结果制作表 5-4。

表 5-4 显示器当量物流量影响因素评价表

等级 项目	易搬运 (−2)	较易搬运 (−1)	一般 (1)	较难搬运 (2)	难搬运 (3)	很难搬运 (4)
体积（a_1）	1	2	5	2	1	0
密度（a_2）	1	1	1	6	1	0
形状（a_3）	1	6	2	1	0	0
状态（a_4）	1	1	7	1	0	0
损伤危险性（a_5）	0	0	0	3	2	5
价值（a_6）	0	0	2	3	4	1

根据表 5-4 得到隶属度矩阵

$$R = \begin{pmatrix} 0.1 & 0.2 & 0.5 & 0.2 & 0.1 & 0 \\ 0.1 & 0.1 & 0.1 & 0.6 & 0.1 & 0 \\ 0.1 & 0.6 & 0.2 & 0.1 & 0 & 0 \\ 0.1 & 0.1 & 0.7 & 0.1 & 0 & 0 \\ 0 & 0 & 0 & 0.3 & 0.2 & 0.5 \\ 0 & 0 & 0.2 & 0.3 & 0.4 & 0.1 \end{pmatrix}$$

2. 确定对显示器当量物流量有影响的各因素权重

用逐对比较法来确定各因素的权重，制作各因素的对比表格，如表 5-5 所示。

表 5-5 逐对比较法确定因素权重表

等级 项目	体积 (a_1)	密度 (a_2)	形状 (a_3)	状态 (a_4)	损失危险性 (a_5)	价值 (a_6)	累计得分	权重
体积（a_1）	—	1	1	1	0	0	3	0.20
密度（a_2）	0	—	0	1	0	0	1	0.07
形状（a_3）	0	1	—	1	0	0	2	0.13
状态（a_4）	0	0	0	—	0	0	0	0.00
损伤危险性（a_5）	1	1	1	1	—	0	4	0.27
价值（a_6）	1	1	1	1	1	—	5	0.33

注：为计算方便，表中数值保留两位小数。

得到权重分配向量

$$A = (0.2,\ 0.07,\ 0.13,\ 0,\ 0.27,\ 0.33)$$

3. 计算当量物流量调整系数 K 值

$$S = AR$$

$$= (0.2, 0.07, 0.13, 0, 0.27, 0.33) \begin{pmatrix} 0.1 & 0.2 & 0.5 & 0.2 & 0.1 & 0 \\ 0.1 & 0.1 & 0.1 & 0.6 & 0.1 & 0 \\ 0.1 & 0.6 & 0.2 & 0.1 & 0 & 0 \\ 0.1 & 0.1 & 0.7 & 0.1 & 0 & 0 \\ 0 & 0 & 0 & 0.3 & 0.2 & 0.5 \\ 0 & 0 & 0.2 & 0.3 & 0.4 & 0.1 \end{pmatrix}$$

$$= (0.04, 0.125, 0.199, 0.392, 0.213, 0.168)$$

$$K = SB^{\mathrm{T}}$$

$$= (0.04, 0.125, 0.199, 0.392, 0.213, 0.168)(-2, -1, 1, 2, 3, 4)^{\mathrm{T}}$$

$$= 2.089$$

综合以上步骤，可以列出求调整系数 K 值的表，如表 5-6 所示。

表 5-6 求调整系数 K 值的表

项目 \ 等级	易搬运 (−2)	较易搬运 (−1)	一般 (1)	较难搬运 (2)	难搬运 (3)	很难搬运 (4)
体积（0.2）	1	2	5	2	1	0
密度（0.07）	1	1	1	6	1	0
形状（0.13）	1	6	2	1	0	0
状态（0.00）	1	1	7	1	0	0
损伤危险性（0.27）	0	0	0	3	2	5
价值（0.33）	0	0	2	3	4	1
综合隶属度	0.04	0.125	0.199	0.392	0.213	0.168
K 值	2.089					

4. 计算显示器的当量物流量

经过对 17in 计算机纯平显示器称重，得知其重量 G 为 13kg，于是计算它的当量物流量为

$$F = KG = (2.089 \times 13) \text{ 当量 kg}$$

$$= 27.157 \text{ 当量 kg} \approx 27 \text{ 当量 kg}$$

5.2.4 改善物料的当量物流量

采用上述当量物流量计算方法，不仅可以计算出物料的当量物流量，还给出了减小物料当量物流量的方法。由建立的当量物流量计算方法可以得知，如果要减小物料的当量物流量，就要改善影响物料当量物流量的这些因素。例如，当要搬运的物料形状特别复杂的时候，其搬运难度加大，相应的当量物流量也比较大。此时若将其装入形状规范的容器中，搬运难度相应降低，物料的当量物流量减小。仍以显示器为例，将显示器装入安全的有泡沫保护的纸箱中，其形状和损伤危险性等影响因素的搬运难度等级将会降低，于是显示器的当量

物流量减小。

5.3 工厂与服务设施物流分析的方法

物流分析包括确定物料在生产过程中每个必要工序之间移动的最有效顺序及其移动的强度或数量。有效的工艺流程是指物料在工艺过程中按顺序一直不断地向前移动直至完成，中间没有过多的迂回或倒流。

当物料移动是工艺过程的主要部分时，物流分析就是工厂与服务设施布置设计的核心问题。针对不同的生产和服务类型，应采用不同的物流分析方法。

5.3.1 物流图

1. 物流路径图

用圆圈来表示设备装置，圆圈间的连线则用来表示流程（见图5-2和图5-3）。相邻圆圈间的连线是从一个圆的中心指向另一个圆的中心。如果要跳过某一个环节，就将线画在圆圈的上方；如果流程是回运的，就叫作"回流"（向R方向流），流程线则在圆圈下方。

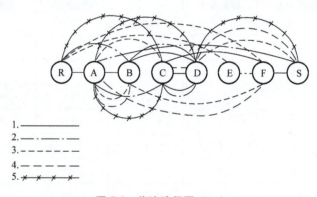

图 5-2 物流路径图（一）

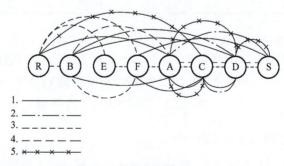

图 5-3 物流路径图（二）

物流路径图能指出由某些因素引起的问题，如交叉运输、回运和途经距离。

（1）交叉运输。交叉运输是指物流路径是交叉的。交叉运输是不符合需要的，一个良好的布局应该尽可能没有交叉路径。出于对堵塞和安全因素的考虑，在任何地方交叉运输都是问题。对设备、服务区和各部门的合理布置能消除大多数的交叉运输。

(2) 回运。回运是指物料回运到工厂。物料通常应由进口运往工厂尽头的出口。如果物料运向进口方向，这种情况即是回运。与正确的物流流程相比，回运会耗费约三倍的时间。例如，有 5 个部门包含回运的流程如图 5-4 所示。

把物料从部门 4 运到部门 3 即为回运。如果重新布置该工厂并且改变环绕的部门 3 和部门 4，得到直线流程如图 5-5 所示。

图 5-4　包含回运的流程　　　　　　　　图 5-5　不包含回运的直线流程

这样的安排没有回运，效率极高，缩短了途经距离。在该例中，重新布置前要途经 6 个块（1 个块是指相邻的两个部门之间的一个步骤）。而在直线流程中，如果仅途经 4 个块，生产效率将得到 33% 的提升。

(3) 途经距离。距离消耗运输成本，途经距离越短，消耗成本越少。物流路径图印制在布局图上，而且布局图能很容易地标定比例，因此，途经距离就能被计算出来。通过重新布置机器和部门，可以尽可能地缩短途经距离。

由于物流路径图是在工厂布置图上制作的，因此不用什么标准的形式，几乎没有什么规矩约束设计者。其目的是显示通过每一部分的所有途经距离，并找出缩短总体距离的方法。

物流路径图是从货运安排信息表、装配线平衡和蓝图发展而来的。货运安排表详细指定产品每个部件的生产顺序。这些步骤的顺序安排既要使各部分符合实际，又要有一定的灵活性。一个步骤可能在另一步之前或之后，这要视具体情况而定。各步骤的顺序应修改到符合布局图为止，因为这仅需做出书面修改，也可能是行不通的。但如果操作顺序无法修改，并且物流路径图有回运，就需要移动设备。最终目的是"尽可能地以最经济、最高效的方式生产优质的产品"。

2. 物流流程图

物流流程图显示了从收货、储存、各部件生产、预装配、总装、打包到仓库及运输每个环节所途经的路线（见图 5-6）。这些路线可画在工厂的布局图上。

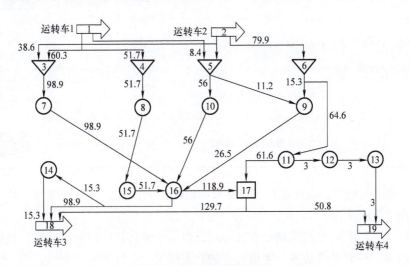

图 5-6　某车间物流流程图

物流流程图的制作步骤如下：

步骤1：物流流程图可从已制好或计划中有标度的平面布局图开始。平面图上各设施、设备、储存地、固定运输设备等要用工业工程（IE）标准符号（国际通用标准）标明，并且进行阿拉伯数字编码。常用的IE符号如表5-7所示。系统内每一项与物流作业有关的活动都用上述符号表达，经过标定并编码成平面图。

步骤2：得到经过IE符号表达并编码的平面图后，根据物料分类和当量物流量，任意一条物流路径均可用编码表示其物流流程路线。如果将表5-7中的各条物流流程绘制在一张图上，则该图即为所研究系统的物流流程图（见图5-6）。该图的画法不受平面图限制，任意物流的起点和终点之间的物流量大小取决于两点之间的权数，即通过两点之间的所有物流量（当量物流量）之和。根据货运表，生产每个部件的每一步都被规划并且与生产线联系，用颜色代码或其他方法来分辨各部分。

表5-7 常用的IE符号

工艺过程图表符号及作用		说明作业单位区域的扩充符号		颜色区别	黑白图纹
操作	○	成形或处理加工区	○	绿	
		装配、部件装配拆卸	○	红	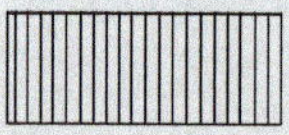
运输	⇨	与运输有关的作业单位/区域	⇨	橘黄	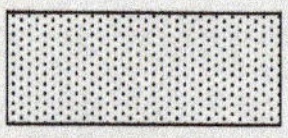
储存	▽	储存作业单位/区域	▽	橘黄	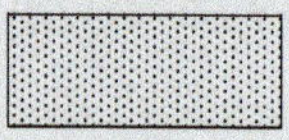
停滞	⌒	停放或暂存或区域	⌒	橘黄	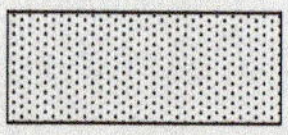
检验	□	检验、测试、检查区域	□	蓝	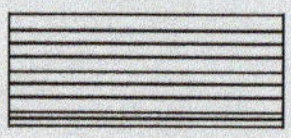
		服务及辅助作业单位/区域	⌂	蓝	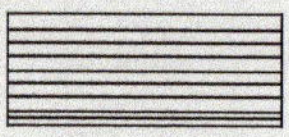
		办公室或规划面积、建筑特区	⇧	棕（灰）	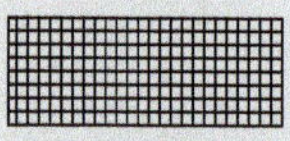

步骤3：物流流程图的画法也可不受平面图限制。当没有工厂布局图时，某拖拉机厂物流流程图如图5-7所示。

在装配线上，所有的物流线路汇合在一起，以一个整体传向打包、仓库、装运点。对于工厂布局图而言，一张思考成熟、考虑周全的物流图就是最好的技术资料；而一张周全的工厂布局图又是物流图开发的蓝图。

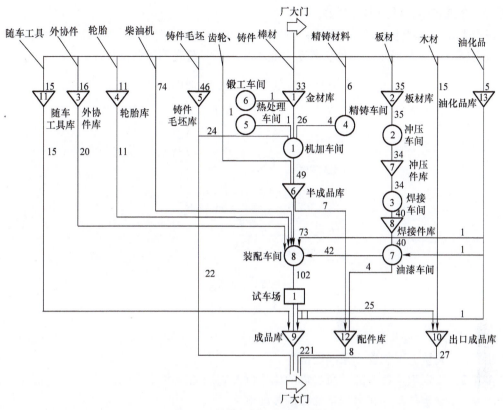

图 5-7 某拖拉机厂物流流程图

3. 操作表

（1）**操作表的内容**。操作表上的圆圈表示生产、部件装配、总装、打包直到结束生产的每个必需的操作。每个生产操作、每个工种和每个部分都包括在该表内。操作表的顶部在一条水平线上（见图 5-8）。部件的数目将决定操作表的大小和复杂程度。

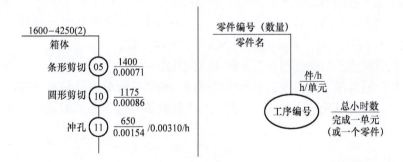

图 5-8 操作表

在原材料线下面，用一条垂直线来连接这些圆圈（从原材料生产到部件完成的步骤），图 5-8 显示出这些点。当生产每个部件的步骤规划好以后，将这些部件在装配线上集合到一起。通常，开始装配的第一部件在该图的最右侧显示出来，在其左边显示第二部件，因此，流动是自右向左的（见图 5-9）。有些部件不需要生产步骤，这些部件称为外购件。外购件在它们被用到的操作步骤上方被介绍（如图 5-9 下方的包装用纸箱）。在包装操作中，把产品放入一个纸箱中，并用绑带扎好。

操作表在一页纸上显示了原材料、外购件、生产顺序、装配顺序、设备需求、时间标准，甚至还有工厂布局图的一角、劳动力成本和工厂一览表等诸多信息。

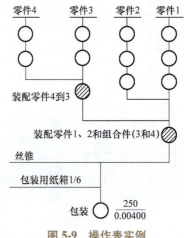

图 5-9 操作表实例

（2）操作表的制作步骤

步骤 1：确认需要制造和采购的部件。

步骤 2：确定生产每个部件所必需的操作以及它们的顺序。

步骤 3：确定外购件和需加工部件的装配顺序。

步骤 4：找出基本部件。这是装配过程开始的第一步。把这部分放在操作表的右远端的横线上。在横线右端延伸下来的横线上，为每一步操作设置一个圆圈。以第一个操作开始，列出所有操作直到最后一步。

步骤 5：在第一部件的左边放置第二部件，在第二部件左边放置第三部件，直到所有需制造的部件都以相反的装配顺序在操作表顶部列出。所有的生产步骤都列在这些部件的下面，每个圆圈代表一步操作。

步骤 6：在相关部件的最后一步操作之间画一条横线，这条线正好在最后一步生产操作之下、第一步装配操作之上，表示把多少个部件集中在一起。

步骤 7：在装配操作圆圈的横线上介绍所有的外购件。

步骤 8：把时间标准、操作数目和操作说明填入相邻的圆圈内（如前所述）。

步骤 9：总计所有单元的小时数，并把这些小时数填入位于底部的最终装配或包装的过程下方。

5.3.2 工艺过程图

在大批量生产中，产品品种很少，用标准符号绘制的工艺流程图能直观地反映出工厂生产的详细情况。此时，进行物流分析只需要在工艺过程图上注明各道工序之间的物流量，就可以清楚地显示工厂生产过程中的物料搬运情况。另外，对于某些规模较小的工厂，不论年产量如何，只要产品比较单一，均可以用工艺过程图进行物流分析。

5.3.3 多种产品工艺过程表

在多品种且批量较大的情况下，如产品品种为 10 种左右，各产品的生产工艺流程汇总在一张表中，就形成了多种产品工艺过程表。在这张表上各产品工艺路线并列绘出，可以反映各个产品的物流路径（见表 5-8）。

表 5-8 多种产品工艺过程表

工序号	工序	轴	凸轮	法兰盘	弹簧套
1	锯床	①	①	①	① → ②
2	钻床	②		③	
3	车床	③	②	②	③
4	卧铣			④	④
5	立铣	④	③		
6	热处理	⑤	④		⑤
7	外圆磨		⑥		⑥
8	内圆磨	⑥	⑤		
9	检验		⑦	⑤	⑦

5.3.4 成组方法

当产品品种达到数十种时，若生产类型为中、小批量生产，进行物流分析时就有必要采用成组方法，按产品结构与工艺过程的相似性进行归类分组，然后对每一类产品采用工艺过程图进行物流分析；或者采用多种产品工艺过程表表示各组产品的生产工艺过程，再做进一步的物流分析。

5.3.5 从至表

1. 从至表的含义

当产品品种很多、产量很小，且零件、物料数量很大时，可以用一张方阵图表来表示各作业之间物料移动的方向和物流量。表中方阵的行表示物料移动的源，称为从；列表示物料移动的目的地，称为至；行列交叉点标明由源到目的地的物流量。这就是从至表，从中可以看出各作业单位之间的物流状况。

2. 从至表的画法

从至表是一张方格图，左边为"从"（From）边，用作业单位表示，从上到下按生产顺序排列；上边为"至"（To）边，也用作业单位表示，从左到右按生产顺序排列。行、列相交的方格中记录从起始作业单位到终止作业单位的各种物料搬运量的总和，有时也可同时注明物料种类代号。当物料沿着作业单位排列顺序正向移动时，即没有倒流物流现象时，从至表中只有上三角方阵有数据，这是一种理想状态。

当存在物流倒流现象时，倒流物流量出现在从至表中的下三角方阵中（见图 1-6）。

5.3.6 相关图

相关图又称相关分析图,它将系统中的所有物流部门与非物流部门均绘制在一张表达相互关系的图上,以便分析与设计。相关图中的英文字母表示两部门之间的密切关系,称为密切度,分为五个等级(见图 5-10)。最重要的密切度为 A(Apparently Important,绝对重要),其他从高到低依次为 E(Especially Important,特别重要)、I(Important,重要)、O(Ordinary Important,一般重要)、U(Unimportant,不重要)。

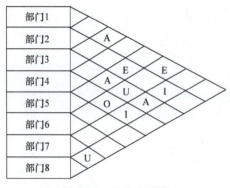

图 5-10 相关分析图

5.4 基于当量物流量的设备系统平面布置设计

在生产制造系统中,由于在制品的几何形状、密度、物理化学性质的不同,其可运性差异很大,直接影响物流成本。本节以一个应用实例分析当量物流量在设备系统平面布置设计中的应用。

5.4.1 目前设备系统平面布置设计的主要方法

对于制造与服务企业布置设计而言,要考虑多种因素,如充分利用有限的场地空间、满足生产过程的工艺要求、满足服务过程的流程要求、缩短物料搬运距离、缩短人员行走距离、提高设备利用率和生产与服务效率、降低成本等。目前常用的方法有:

1. 从至表方法

从至表方法是根据各种零件在生产线各设备上加工的顺序,编制零件从某设备到另一设备移动的次数。按设备数 n 作一个以主对角线元素为 0 的 $n×n$ 矩阵 A,矩阵中的元素 A_{ij} 表示从 i 设备到 j 设备加工零件移动的次数。这种方法是基于两台设备之间零件移动次数最多为优先原则布置的,经过有限次数的改进,求得近似最优的设备单行布置方案。

2. 线性规划法

可以求出 n 个不同的零件在 m 台不同的设备上加工,而设备成单行布置的近优解。

$$\begin{cases} \sum_{i=1}^{m-1}\sum_{j=1}^{n-1} a_{ij}x_{ij} = \min \\ x_{ij} \geq 0 \quad (i=1,2,\cdots,m;j=1,2,\cdots,n) \end{cases} \quad (5\text{-}6)$$

式中，a_{ij} 表示任两台设备之间零件移动的次数；x_{ij} 表示任两台设备之间零件移动的距离。

其模型的物理意义是使全系统零件总的移动距离之和最小。

3. CRAFT 法

借助计算机用 CRAFT 程序进行辅助设计，是在分析物料流量的基础上以物料的总运输成本最低为原则，逐步对初始布置方案进行优化。

上述方法都是以物料重量作为物流量的设计方法。实际上，物料的几何形状、物化性质、表面状态、易损程度等方面差别很大，相互之间难以直接定量比较，将其物流量用重量来表达是十分不准确的。

5.4.2　设备系统布置分析与设计

对一个制造企业物流系统的分析与设计，可采用如下步骤和计算方法：

（1）考虑物料输入输出系统的情况，包括运载方式、容器、路线、物料进出频率及外部环境。

（2）考虑输入因素 P（Product）、Q（Quantity）、R（Routing）、S（Service）、T（Timing），进行资料与数据收集工作的系统调研。

（3）物料分类及当量的流量计算。系统中的物料差别很大，必须根据其重要性（价值和数量）进行分类，一般采用 ABC 分类法，分类前先进行物料的当量物流量计算。

（4）物流系统流程分析

1）绘制平面图。平面图上的各设计、设备、储存地、固定运输设备等，均用工业工程流程分析的标准符号标明，并用阿拉伯数字编码。

2）物流流程图。根据分类和当量折算后的各种物流量，用列表和工业工程中流程图的形式表达。

3）物流图。将各物流的流量大小（在物流图中用线的宽度表示）和所经过的物流点绘制在编码后的平面图上。

4）相关图。将系统中的所有部门绘制在一张表示相互关系的图上，以便分析和设计之用。用符号 A、E、I、O、U 表示两个部门之间的密切程度。

（5）物流系统状态分析

1）流量矩阵

$$\boldsymbol{F} = (f_{ij})_{n \times n}$$

式中，f_{ij} 表示从 i 点到 j 点的当量物流量；n 表示系统平面图编码的数量；$i, j \in n$。

当从 i 点到 j 点无物流量关系时，$f_{ij} = 0$。

2）距离矩阵

$$\boldsymbol{D} = (d_{ij})_{n \times n}$$

式中，d_{ij} 表示从 i 点到 j 点的距离，可用 m、km 表达其量纲。

计算系统搬运工作量，即系统量距积和 S

$$S = \sum_{i=1}^{n} \sum_{j=1}^{n} f_{ij} d_{ij} \tag{5-7}$$

3）F-D 图，将各两点之间的物流按其流量大小和距离远近绘制在一直角坐标系上。对物流量大且距离远的两个设施应适当调整。

4）搬运设备、容器的标准化设计及统计表。

（6）可行性方案的建立。根据上述分析，按式（5-7）即可计算出每一个方案的 S，经调整后可得 $S_1 = \sum_{i=1}^{n}\sum_{j=1}^{n} f_{ij}^{(1)} d_{ij}^{(1)}$，如果 $S_1 < S$，则新方案的物流设计优于原方案。如果条件和环境允许，进行 l 次调整，可得到 S_1，S_2，…，S_l 不同数值的系统搬运工作量，$S_k = \min(S_1, S_2, …, S_l)$ 可能为最优物流系统方案。

（7）方案评价及选择。除要根据计算得出的结果，还要充分考虑工艺、搬运设备及容器、环境管理等方面的约束条件，可采用模糊综合评价法确定最佳方案。其方法为：

设有因素集 $u = \{u_1, u_2, …, u_n\}$，又设 $A = (a_1, a_2, …, a_n)$ 为对各因素的权分配在 u 上的模糊子集，其中 a_i 为 u_i 所对应的权，且 $\sum_{i=1}^{n} a_i = 1$，评价矩阵 R 为 n 个因素对 l 个方案进行的评价，即

$$R = \begin{pmatrix} r_{11} & r_{12} & \cdots & r_{1l} \\ r_{21} & r_{22} & \cdots & r_{2l} \\ \vdots & \vdots & & \vdots \\ r_{n1} & r_{n2} & \cdots & r_{nl} \end{pmatrix}, AR = (b_1, b_2, \cdots, b_l) \tag{5-8}$$

则最佳设计方案为

$$b^* = \max\{b_1, b_2, \cdots, b_l\} \tag{5-9}$$

5.4.3 实例解析

某制造企业为了提高产品的加工精度，增加整个生产系统的柔性，投资 2 000 万元将一个旧厂房改建为数控机床车间，已订购 15 台不同型号和用途的设备。为此，企业进行了该车间设备系统平面布置的初步设计，但对初步设计方案 A 的合理性、物流成本控制等方面缺乏可靠的理论依据。企业运用上述计算方法对 A 方案进行了优化，得出两个新方案 B 和 C，供企业高层决策。三个不同方案的设备系统平面设计布置如图 5-11 所示。

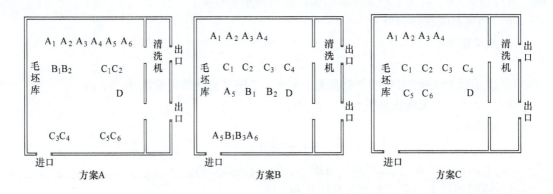

注：A_i、B_i、C_i、D 表示不同的设备

图 5-11 三个不同方案的设备系统平面设计布置

(1) 将数控车间视为一个系统，由于它是由旧厂房改建而成的，因此，图 5-11 中标明的进出口已经固定，对所有加工的零部件根据其几何形状分类，分别设计塑料盒、托盘、托架三种标准容器进行搬运，它们的最大装载质量分别为 150kg、450kg 和 1 000kg。

(2) 将加工零部件简单分为圆盘、圆棒和长方形，进行各种零部件的产量统计，并计算每种零部件的当量质量（见表 5-9）。

表 5-9 零部件当量质量及物流量计算

序号	零件名称	几何形状	装载容器	当量质量/kg 产量（个）	每个容器装载件数 流动容器数（个）	物流量 /（t/个）
1	输入轴	圆棒	塑料盒	1.5 800	100 80	12
2	弹簧垫	圆盘	塑料盒	0.75 800	200 40	6
3	外齿轮	圆盘	托架	5.56 1600	180 45	45
4	齿条块	长方形	托架	1.0 800	100 80	80
5	起动片	圆盘	托盘	2.25 800	200 40	18
6	速动片	圆盘	托盘	1.125 800	400 20	9
⋮				⋮		

(3) 按工艺过程细分，进行 P-Q 分析和 ABC 分类，编制物流流程汇总表，汇制流程图。

(4) 对单一物流进行流程分析，然后对全车间系统的物流进行分析，针对 A 方案计算 F 阵（流量矩阵）、D 阵（距离矩阵）和 S 值，得到 $S_A = 137\ 072.375$。

(5) 对 A 方案的物流系统及约束条件进行分析。

(6) 按系统分析模式考虑综合因素，按照物流合理化的原则，得到优化后的新方案 B 和 C（在这两个方案中，为计划购买的刨床、磨床和插齿机预留了位置）。

$$S_B = \sum_{i=1}^{15} \sum_{j=1}^{15} f_{ij} d_{ij} = 119\ 490.1$$

$$S_C = \sum_{i=1}^{15} \sum_{j=1}^{15} f_{ij} d_{ij} = 117\ 003.9$$

由于 $S_B < S_A$，$S_C < S_A$，因此两个新方案均优于原设计方案。

B 方案物流量下降的百分比为 $(137\ 072.375 - 119\ 490.1)/137\ 072.375 = 12.8\%$，C 方案物流量下降的百分比为 $(137\ 072.375 - 117\ 003.9)/137\ 072.375 = 14.6\%$。

(7) 考虑工艺、生产、管理的满足程度、物流的合理性、环保及安全因素的设计方案评价表，如表 5-10 所示。对上述三个方案采用模糊综合评价方法进行评价。

表 5-10 方案评价表

因素名称	权重 a_i	A方案	B方案	C方案
工艺	0.4	3	4	4
物流	0.4	2	4	5
管理	0.1	4	4	4
环境	0.1	4	4	4
各方案加权值 $\sum_{i=1}^{n} a_i r_{ij}$	1	60	82	84

注：1. 权重 a_i ($i=1, 2, 3, 4$) 的取值范围为 0~1，因素越重要，其取值越大，且 $a_1+a_2+a_3+a_4=1$。

2. 评价值为方案 j ($j=1, 2, 3$，分别对应 A 方案、B 方案、C 方案) 对应因素 i 由专家组给出的评价值，其取值范围为 0~100（或 1~5）。

（8）将评价结果递交企业决策层。

由此案例可知，科学合理的设备系统平面布置设计可以降低搬运物流量、缩短搬运距离、提高产品质量、降低生产成本，具有较为显著的经济效益。因而，设备系统平面布置设计方法的研究和各种物料当量物流量的计算，对于企业技术改造具有广泛的应用前景和十分重要的现实意义。

复习思考题

1. 什么是物流分析？物流分析的内容和方法有哪些？
2. 简述物流相关图的含义和具体应用。
3. 物流分析所得到的是定量的相互关系，非物流分析研究的是哪些内容？具有什么意义？
4. 物流流程分析的具体过程是怎么样的？

运营设计——锦囊妙计

《三国演义》（明·罗贯中）第五十四回："汝保主公入吴，当领此三个锦囊。囊中有三条妙计，依次而行。"

对现状进行分析，预知未来发展可能出现的困境，通过科学的分析与论证，提出科学而有效的优化策略和应对措施——实乃妙计。

第 6 章
生产设施的布置与设计

生产设施的布置与设计是从"工厂设计"发展而来，重点探讨各类工业设施布置与设计的范围、理论及方法，也是企业物流系统规划的基本理论与基本方法。本章重点阐述设施布置与设计的目标和设计结构、典型的布置形式、生产系统布置设计、物流分析和方案的评价与选择等内容。

[学习目的]

1. 理解设施布置与设计的研究范围与目标。
2. 掌握各种典型的布置形式。
3. 掌握系统布置设计 SLP 模式（程序）。
4. 掌握物流分析的方法。
5. 掌握方案评价与选择的方法。

6.1 设施布置与设计概述

6.1.1 设施布置与设计的研究范围

从工业工程的角度考察，设施布置由厂（场）址选择与设施设计两部分组成，设施设计又分为布置设计、物料搬运系统设计、建筑设计、公用工程设计及信息系统设计五个相互关联的部分，如图 6-1 所示。

（1）**厂（场）址选择**。任何一个生产或服务系统都不能脱离环境而单独存在。外界环境对生产或服务系统输入原材料、劳动力、能源、科技和社会因素；同时，生产或服务系统又对外界环境输出其产品、服务、废弃物等。因此，生产系统或服务系统不断受外界环境影响而改变其活动；同时，生产或服务系统的活动结果又不断改变其周围环境。因此，生产或

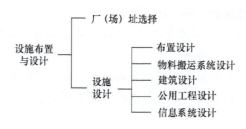

图 6-1 设施布置与设计的组成

服务系统所在的地区和具体的位置对系统的运营是非常重要的。

厂（场）址选择就是对可供选择的地区和具体位置的有关影响因素进行分析和评价，以达到厂（场）址最优化。

（2）**布置设计**。生产系统由建筑物、机器设备、运输通道等组成，各种系统内各组成部分相互之间的位置关系又直接决定了系统的运营效率。对系统的各组成部分进行位置布置是设施布置与设计中的中心内容。布置设计就是通过对系统物流、人流、信息流进行分析，对建筑物、机器、设备、运输通道和场地进行有机组合与合理配置，从而达到系统内部布置最优化。

（3）**物料搬运系统设计**。根据资料统计分析，产品制造成本的 20%~50% 用于物料搬运，因此，现代管理理论非常注重物料搬运系统。物料搬运系统设计就是对物料搬运路线、运量、搬运方法和设备、储存场地等做出合理安排。

在物料搬运系统设计中，物料搬运系统分析（Systematic Handling Analysis，SHA）是一种重要的设计分析方法，其分析方法、分析程序与系统布置设计都与 SLP 非常相似。

（4）**建筑设计**。在设施布置与设计中，要根据建筑物和构筑物的功能与空间的需要，满足安全、经济、适用、美观的要求，进行建筑和结构设计。建筑设计需要土木建筑的各项专业知识。

（5）**公用工程设计**。生产或服务系统中的附属系统包括热力、煤气、电力、照明、给水排水、采暖通风及空调等系统，通过对这类公用设施进行系统、协调的设计，可为整个系统的高效运营提供可靠的保障。

（6）**信息系统设计**。对于工矿企业而言，各生产环节生产状况的信息反馈直接影响生产调度、管理，反映企业管理的现代化水平。随着计算机技术的应用，信息系统的复杂程度也大幅提高，信息系统设计成为设施设计的一个组成部分。

6.1.2 设施布置与设计的目标及原则

1. 设施布置与设计的目标

一个设施是一个有机的整体，由相互关联的子系统组成，因此，必须以设施系统自身的目标作为整个布置设计活动的中心。设施布置总的目标是使人力、财力、物力和人流、物流、信息流得到最合理、最经济、最有效的配置和安排，即要确保企业能以最小的投入获取最大的效益。不论是对新设施的布置还是对旧设施的再布置，典型的目标是：

（1）简化加工过程。

（2）有效地利用设备、空间、能源和人力资源。

(3) 最大限度地减少物料搬运。
(4) 缩短生产周期。
(5) 力求投资最低。
(6) 为员工提供方便、舒适、安全和卫生的条件。

上述目标往往相互之间存在冲突，必须选用恰当的指标对每一个方案进行综合评价，以达到总体目标的最优化。

2. 设施布置与设计的原则

为了达到上述目标，现代设施布置与设计应遵循如下原则：

(1) 减少或消除不必要的作业，这是提高企业生产率和降低消耗最有效的方法之一。只有在时间上缩短生产周期，空间上减少占地面积，物料上减少停留、搬运和库存，才能保证投入资金最少、生产成本最低。

(2) 以流动的观点作为设施布置的出发点，并贯穿于规划设计的始终，因为生产系统的有效运行依赖于人流、物流、信息流的合理化。

(3) 运用系统的概念，用系统分析的方法求得系统的整体优化。

(4) 重视人的因素，运用人机工程理论进行综合设计，并要考虑环境条件，包括空间大小、通道配置、色彩、照明、温度、湿度、噪声等因素对人的工作效率和身心健康的影响。

(5) 设施布置设计是从宏观到微观，又从微观到宏观的反复迭代、并行设计的过程。要先进行总体方案布置设计，再进行详细布置；而详细布置设计方案又要反馈到总体布置方案中，对总体方案进行修正。

总之，设施布置与设计要综合考虑各种相关因素，对生产系统或服务系统进行分析、规划、设计，使系统资源得到合理的配置。

6.1.3 设施布置与设计的阶段结构

如表 6-1 所示，设施布置与设计工作贯穿于工程项目发展周期中的前期可行性研究与设计阶段，因此，设施布置与设计必然也存在与时间有关的阶段结构。

表 6-1 设施布置与设计的阶段结构

阶 段	0	I	II	III	IV	V
阶 段 名 称	预规划	确定方案	总体规划	详细规划	规划实施	规划后
成果	确定目标	分析并确定位置及其外部条件	总体规划	详细规划	设施布置实施计划	竣工试运转
主要工作内容	制定设施要求，预测、估算生产能力及需求量	确定设施要求、生产能力及需求量	按规划要求做总体规划及总布置图	按规划要求做详细规划及详细布置图	制定进度表或网络图	项目管理（施工、安装、实施及总结）
财务工作	财务平衡	财务再论证	财务总概算比较	财务详细概算	筹集投资	投资

缪瑟指出，设施布置与设计"有一个与时间有关的阶段结构"，并且各阶段是依次进行的；阶段与阶段之间应互相搭接；每个阶段应有详细进度；阶段中自然形成若干个审核点（见图6-2）。这种结构形成了从整体到局部、从全局到细节、从设想到实际的设计次序，即前一阶段工作在较高层次上进行，而后一阶段工作以前一阶段的工作成果为依据，在较低层次上进行，各阶段之间相互影响，交叉并行进行。因此，设施布置与设计应按照"顺序交叉"方式进行操作。

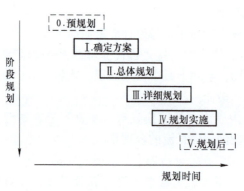

图 6-2　设施布置与设计的阶段结构

6.2　典型的布置形式

6.2.1　生产设施的四种布置形式

1. 按产品原则布置

按产品原则布置（Product Layout），又称流水线布置或对象原则布置，是指一种按照产品的加工工艺过程顺序来配置设备，形成流水线生产的布置方式（见图6-3）。例如，鞋、化工设备和汽车的制造等。

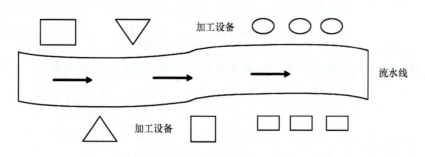

图 6-3　按产品原则布置示意图

按产品原则布置的特点是：产品产出率高，单位产品成本低，加工路程最短，生产管理相对简单，设备的利用率相对较低，对市场的柔性反应较差，对设备故障的响应较差。

2. 按工艺原则布置

按工艺原则布置（Process Layout）又称车间或功能布置，是指一种将功能相同或相似的一组设施排布在一起的布置方式。例如，将所有的车床放在一处，将压力机放在另一处。被加工的零件根据预先设定好的流程顺序从一个地方转移到另一个地方，每项操作都是由适宜的机器来完成的（见图6-4）。医院是采用工艺原则布置的典型。

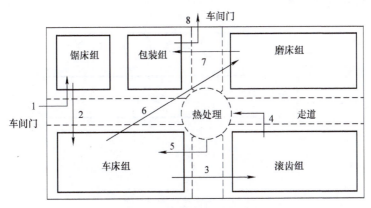

图6-4 按工艺原则布置示意图

按工艺原则布置的特点是：具有较高的柔性，设备的利用率较低，在制品的数量较多，成本高，生产周期长，物流比较混乱，对工人的技术水平要求高，组织和管理比较困难。

3. 按成组制造单元布置

按成组制造单元布置（Layouts Based on Group Technology）就是首先根据一定的标准将结构和工艺相似的零件组成一个零件组，确定零件的典型工艺流程，再根据典型工艺流程的加工内容选择设备和工人，由这些设备和工人组成一个生产单元（见图6-5）。

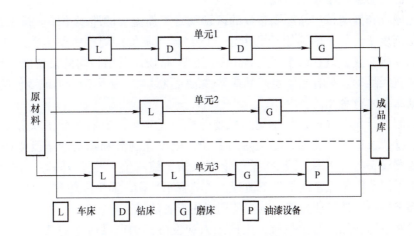

图6-5 按成组制造单元布置示意图

按成组制造单元布置的特点是：设备利用率较高，流程通顺，运输距离较短，搬运量较少，有利于发挥班组合作精神和拓展工人的作业技能，兼有产品原则布置和工艺原则布置的优点等。

4. 固定式布置

固定式布置（Fixed-Position Layout）又称项目布置，主要是工程项目和大型产品生产所采用的一种布置形式（见图6-6）。

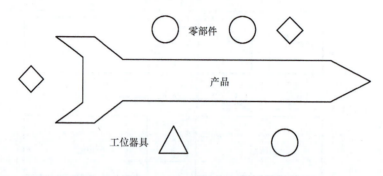

图6-6 固定式布置示意图

固定式布置的特点是：场地空间有限；不同的工作时期，物料和人员需求不一样，生产组织和管理困难较大；物料需求量是动态的。

6.2.2 四种布置形式的比较

按工艺原则布置适合处理小批量、定制化程度高的生产与服务。其优点是：设备和人员安排具有灵活性。其缺点是：设备使用的通用性要求劳动力具有较高的熟练程度和创新，在制品较多。

按产品原则布置适合大批量的、高标准化的产品的生产。其优点是：单位产品的可变成本低，物料处理成本低，存货少，对劳动力标准要求低。其缺点是：投资巨大，不具备产品弹性，一处停产会影响整条生产线。

按工艺原则布置与按产品原则布置的区别就是工作流程的路线不同。按工艺原则布置，物流路线是高度变化的，因为用于既定任务的物流在其生产周期中要多次送往同一加工车间；按产品原则布置，设备或车间服务于专门的产品线，采用相同的设备能避免物料迂回，实现物料的直线运动。只有当给定产品或零件的批量远大于所生产产品或零件的种类时，采用产品原则布置才有意义。

按成组制造单元布置则是将不同的机器分成单元来生产具有相似形状和工艺要求的产品。其优点是：改善人际关系，增强参与意识；减少在制品和物料搬运及生产过程中的存货；提高机器设备的利用率，减少机器设备的投资，缩短生产准备时间等。其缺点是：需较高的控制水平以平衡单元之间的生产流程，若流程不平衡，需中间储存，增加物料搬运；班组成员需要掌握所有的作业技能；减少使用专用设备的机会等。

固定式布置适合加工对象位置、生产工人和设备都随产品所在的某一位置而转移的情形，如飞机和船舶等的制造。

制造业布置、办公室布置与零售/服务业布置强调的重点不同。制造业布置强调的是物料的流动，而办公室布置强调的是信息的传递，零售/服务业布置则追求的是使单位面积产生的利润最大。

6.3 生产系统布置设计

6.3.1 工厂总平面布置设计原则

1. 满足生产要求，工艺流程合理

工厂总平面布置应满足生产要求，符合工艺过程，减少物流量，同时重视各部门之间的关系密切程度。具体模式有以下两种：

（1）按功能划分厂区。对各部门按生产性质、卫生、防火与运输要求的相似性划分，将工厂划分为若干功能区段。例如，大中型机械工厂的厂区划分为加工装配区，备料（热加工）区、动力区、仓库设施区及厂前区等。这种模式的优点是各区域功能明确，相互干扰少，环境条件好；但是，这种模式难以完全满足工艺流程和物流合理化的要求。

（2）采用系统设计模式。按各部门之间物流与非物流相互关系的密切程度进行系统布置。这种模式可以避免物料搬运路线的往返交叉，节省搬运时间与成本，最终达到增加经济效益的目的。

2. 适应工厂内外运输要求，线路短捷顺直

工厂总平面布置要与工厂的内部运输方式相适应。根据生产产品的产量特点，可以采用铁路运输、公路运输、带式运输或管道运输等，然后根据选定的运输方式、运输设备及技术要求等，合理地确定运输线路以及与之有关部门的位置。

厂内道路承担着物料运输、人流输送、消防通行的任务，还具有划分厂区的功能；道路系统的布置对厂区绿化美化、排水设施布置、工程管线铺设也有重大影响。

工厂内部运输方式、道路布置等应与厂外运输方式相适应，这也是工厂总平面布置应重视的问题。

3. 合理用地

节约用地是我国的一项基本国策。工业企业建设中，在确保生产和安全的前提下，应尽量合理地节约建设用地。在进行工厂总平面布置时，可以采取如下措施：

（1）根据运输、防火、安全、卫生、绿化等要求，合理确定通道宽度以及各部门建筑物之间的距离，力求总体布局紧凑合理。

（2）在满足生产工艺要求的前提下，将联系密切的生产厂房进行合并，建成联合厂房。此外，还可以采用多层建筑或适宜的建筑物外形。联合厂房是现代制造总装厂的一种重要的布置模式，受到各国企业家的重视。

（3）适当预留发展用地。企业的生产规模总是由小到大逐步发展的。远期发展的占地面积应根据远期发展的规模进行计算；近期建设要集中紧凑，并减少初期征地。对远期发展，不仅要考虑主体车间，同时应考虑辅助车间、仓库、堆场、公用设施、工程管线、交通运输等，以便与主体车间适应，并尽可能做到功能分区与一期工程相协调。

4. 充分注意防火、防爆、防振与防噪声

安全生产是进行工厂总平面布置时首先要考虑的问题，在某些危险部门之间应留出适当的防火、防爆间距。振动会影响精密作业车间的生产，因此，精密车间必须远离振源或采取必要的防振措施，如机械厂的精加工车间及计量部门应远离锻造车间或冲压车间。噪声不仅影响工作，而且会摧残人的身体健康。因此，工厂总平面布置要考虑防噪声问题：①可以采取隔声措施，降低噪声源发出的噪声级；②可以采取使人员较多的部门远离噪声源等方法。

5. 利用气候等自然条件，减少环境污染

生产中产生的有害烟雾和粉尘会严重影响作业人员的身体健康，并会造成环境污染。进行工厂总平面布置前，必须了解当地全年各季节风向的分布、变化转换规律，利用风向变化规律避免空气污染。另外，建筑物的朝向也是进行工厂总平面布置时应注意的问题，特别是对日照、采光和自然通风要求较高的建筑物，更应注意这个问题。

此外，还应充分利用地形、地貌、地质条件，考虑建筑群体的空间组织和造型，注意美学效果，考虑建筑施工的便利条件。

上述设计原则的涉及面非常广，往往存在相互矛盾的情况，应该结合具体条件加以考虑。

6.3.2 车间布置设计的原则

1. 确定设备布置形式

根据车间的生产纲领，分析产品-产量关系，确定生产类型是大量生产、成批生产还是单件生产，由此决定车间设备布置形式是采用流水线式、成组单元式还是机群式。

2. 满足工艺流程要求

车间布置应保证工艺流程顺畅、物料搬运方便，减少或避免往返交叉物流现象。

3. 实行定置管理，确保工作环境整洁、安全

进行车间布置时，除对主要生产设备安排适当位置外，还需对其他所有组成部分，包括在制品暂存地、废品废料存放地、检验试验用地、工人工作地、通道、辅助部门如办公室、生活卫生设施等安排合理的位置，确保工作环境整洁及生产安全。

4. 选择适当的建筑形式

根据工艺流程要求及产品特点，配备适当等级的起重运输设备，进一步确定建筑物的高度、跨度、柱距及外形。

此外，还应注意采光、照明、通风、采暖、防尘、防噪声，并应使布置具备适当的柔性，以适应生产的变化。

6.3.3 系统布置设计的基本要素

如图 6-7 所示，为了完成工厂总平面布置和车间布置，需从产品（P）及产量（Q）出发，首先对产品组成进行分析，确定各零部件的生产类型，制定出各个零部件的加工、装配工艺流程，根据工艺流程各阶段的特点，划分出生产车间，并根据生产需要设置必要的职能管理部门及附属的生产与生活服务部门。整个工厂就是由生产车间、职能管理部门、附属生产及生活服务部门和为使生产连续进行而设置的仓储部门这几类作业单位所构成的。然后，由设施布置设计人员来完成工厂总平面及车间的布置。

在如图 6-7 所示的工厂设计过程中，基本给定条件（要素）为产品（P）及产量（Q），涉及除平面布置设计以外的如制定加工、装配工艺过程等多种专业技术问题，要求不同的专业技术人员通过配合协作来完成。

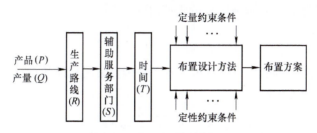

图 6-7　工厂设计过程

为了突出平面布置设计，把平面布置前各段工作的结果作为给定要素来处理，包括生产路线（R）、辅助服务部门（S）及时间（T），这样就形成了单纯的工厂布置模型，如图 6-8 所示。

在缪瑟提出的系统布置设计（SLP）中，正是把产品（P）、产量（Q）、生产路线（R）、辅助服务部门（S）及时间（T）作为给定的基本要素（原始资料），以及布置设计工作的基本出发点。

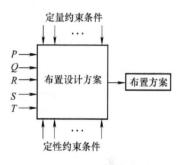

图 6-8　工厂布置模型

1. 产品（P）

产品（P）是指待布置工厂将生产的产品、原材料或者加工的零件和成品等。这些资料由生产纲领和产品设计提供，包括项目、品种类型、材料、产品特征等。产品这一要素影响着生产系统的组成及其各作业单位之间的相互关系、生产设备类型、物料搬运方式等方面。

2. 产量（Q）

产量（Q）是指所生产产品的数量，它也由生产纲领和产品设计方案决定，可以用件数、重量、体积等来表示。产量（Q）这一要素影响着生产系统的规模、设备的数量、运输量、建筑物的面积等方面。

3. 生产路线（R）

为了完成产品的加工，须制定加工工艺流程，形成生产路线（R），可以用工艺过程表（卡）、工艺过程图、设备表等表示。它影响着各作业单位之间的联系、物料搬运路线、仓库及堆放地的位置等方面。

4. 辅助服务部门（S）

在实施系统布置工作以前，必须就生产系统的组成情况有一个总体的规划，大体上可以分为生产车间、职能管理部门、辅助生产部门、生活与服务部门及仓储部门等。可以把除生产车间以外的所有作业单位统称为辅助服务部门（S），包括工具、维修、动力、收货、发运、铁路专用线、办公室、食堂等，由这些作业单位构成生产系统的生产支持系统部分，在某种意义上加强了生产能力。有时辅助服务部门的占地总面积接近甚至大于生产车间的占地面积，因此布置设计时应给予足够的重视。

在 SLP 中，S 也常用来表示工厂作业单位的部门划分情况。

5. 时间（T）

时间（T）是指在什么时候、用多少时间生产出产品，包括各工序的操作时间以及更换批量的次数。在工艺过程设计中，根据时间因素确定生产所需各类设备的数量、占地面积的大小和操作人员的数量,以平衡各工序的生产时间。

6.3.4 系统布置设计(SLP)的模式(程序)

依照系统布置设计(SLP)思想,阶段Ⅱ和阶段Ⅲ采用相同的设计步骤——系统布置设计(SLP)程序,如图6-9所示。

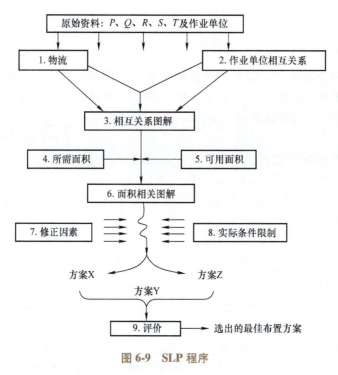

图 6-9 SLP 程序

在SLP程序中,一般经过下列步骤:

(1)准备原始资料。在系统布置设计开始时,首先须明确给出基本要素——产品(P)、产量(Q)、生产路线(R)、辅助服务部门(S)及时间(T)等原始资料;同时需要对作业单位的划分情况进行分析,通过分解与合并,得到最佳的作业单位划分状况。所有这些均作为系统布置设计的原始资料。

(2)物流分析与作业单位相互关系分析。针对某些以生产流程为主的工厂,当物料移动是工艺过程的主要部分时,如一般的机械制造厂,物流分析是布置设计中最重要的方面;对某些辅助服务部门或某些物流量小的工厂而言,各作业单位之间的相互关系(非物流联系)对布置设计就显得更重要了;介于上述两者之间的情况,则需要综合考虑作业单位之间物流与非物流的相互关系。

物流分析的结果可以用物流强度等级及物流相关表来表示。非物流的作业单位之间的相互关系可以用量化的关系等级及相互关系表来表示。在需要综合考虑作业单位之间物流与非物流的相互关系时,可以采用简单加权的方法将物流相关表及作业单位之间的相互关系表综合成综合相互关系表。

(3)绘制作业单位位置相关图。根据物流相关表与作业单位相互关系表,考虑每对作业单位之间相互关系等级的高或低,决定两个作业单位相对位置的远或近,从而得出各作业单位之间的相对位置关系，有些资料上也称之为拓扑关系。这时并未考虑各作业单位具体的占地面积，得到的仅是作业单位的相对位置，称为位置相关图。

（4）作业单位占地面积计算。各作业单位所需占地面积与设备、人员、通道及辅助装置等有关，计算出的面积应与可用面积相适应。

（5）绘制作业单位面积相关图。把各作业单位占地面积附加到作业单位位置相关图上，就形成了作业单位面积相关图。

（6）修正。作业单位面积相关图只是一个原始布置图，还需要根据其他因素进行调整与修正。此时需要考虑的修正因素包括物料搬运方式、操作方式、储存周期等，同时还需要考虑实际限制条件，如成本、安全和员工倾向等方面是否允许。

考虑了各种修正因素与实际限制条件以后，对面积图进行调整，即可得出数个有价值的可行工厂布置方案。

（7）方案评价与择优。针对前面得到的数个方案，需要进行技术、成本及其他因素评价，通过对各方案比较评价，选出并修正设计方案，得到布置方案图。

6.3.5 基本要素分析

1. 产品(P)-产量(Q)分析

企业生产产品品种的多少以及每种产品产量的高低，决定了工厂的生产类型，直接影响着工厂的总体布置及生产设备的布置形式。在新建、改建、扩建企业时，首先要确定企业未来生产的产品及其生产纲领，对企业的未来产品与产量关系——生产类型进行深入分析，进一步优化设计制造系统和确定其最优工艺过程，这是工厂布置设计的前提。

产品品种的多少以及产量的高低直接决定了设备布置的形式，图 6-10 直观地反映了产品-产量与设备布置形式的关系。因此，只有对产品-产量关系进行深入分析，才能找到恰当的设备布置形式。在产品-产量分析过程中，将产品-产量的关系绘制成 P-Q 曲线，如图 6-10 所示。绘制曲线时，按产量递减顺序排列所有产品。

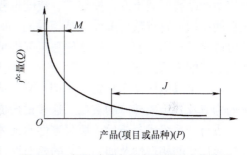

图 6-10 产品-产量与设备布置形式的关系

由图 6-10 可知，在产品-产量分析过程中，将各产品按数量递减的顺序绘制 P-Q 曲线，M 区域的产品产量大、品种少，适于采用大量生产方式，即流水线型；J 区域的产品产量小、品种多，适于采用单件小批量生产方式，即单件生产型或机群型；而介于 M 区域和 J 区域之间的产品生产方式应为成批生产，即成组型。

随着社会的进步，社会需求正朝着多样化发展，因而工厂的生产类型也在朝着多品种、中小批量方向发展，只生产单一品种产品的工厂不再具有竞争力。对于一个工厂而言，对不同产品的生产也是不均衡的，往往 30%的产品品种占了 70%的产量，而 30%的产量却分散在 70%的产品品种中。准确地把握产品-产量的关系是工厂布置的基础。

一般而言，产品-产量分析分为两个步骤：①将各种产品、材料或有关生产项目分组归类；②统计或计算每一组或类的产品产量。需要说明的是，产量的计算单位应该反映出生产过程的重复性，如件数、重量或体积等。

生产类型与品种、产量、生产系统的关系如图 6-11 所示。

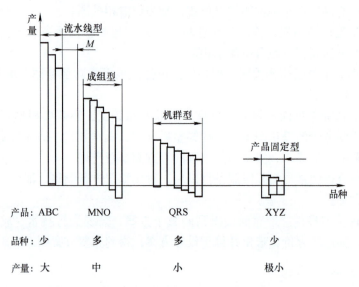

图 6-11　生产类型与品种、产量、生产系统的关系

2. 产品组成分析

在机械制造业中，产品大多是机器设备，因而其组成是很复杂的，一般由许多零部件构成一个产品，因此，产品生产的工艺过程也因其组成的不同而千变万化。对于每一种产品，都应由产品装配图出发，按加工、装配过程的相反顺序对产品进行分解。完整的产品可以按其功能结构分解成数个部件（或组件），每个部（组）件又是由多个零件组合而成。有些零件可能需要自制，而另一些零件甚至部件可能需要外购得到，只有自制的零部件才需要编制加工、装配工艺过程。

在这里以电瓶叉车总装厂为例，来说明产品组成的分析过程。用图 6-12 来表示电瓶叉车的构成及各组成部分的重量，这些重量值将直接被用于后续的物流分析。

进行产品组成分析后，填写零件明细表。如果工厂生产类型为多品种成批生产，根据零件外形尺寸的相似性及加工工艺的相似性，对不同产品的零件进行分组归类，以便于采用成组技术来组织、管理生产。

3. 工艺过程设计与分析

以机械制造业为例，一种产品由不同的零部件组成，不同种的零件加工工艺过程又是不一样的。例如，轴类零件往往采用锻—粗车—精车—磨的加工工艺过程；齿轮类零件往往采用锻—车—制齿—磨齿的加工工艺过程；箱体类零件一般采用铸造或焊接—铣或刨—镗孔的加工工艺过程。在各类零件的加工过程中，还需要适时安排时效处理、热处理及检验等工序。一般而言，零件的加工工艺过程设计需要考虑零件类型、使用场合、尺寸大小、几何公差、尺寸精度、表面粗糙度等因素以及现有可行的加工设备与加工方法。

产品制造工艺过程的制定需要专门的制造工艺技术知识，由专业技术人员来完成。在制定过程中，布置设计技术人员应全面跟踪了解相关情况，并准确掌握相关数据。

例如，在电瓶叉车总装厂的布置设计过程中，机械制造技术人员首先制定出加工制造工艺。电瓶叉车总的生产工艺过程为零部件加工阶段—总装阶段—试车阶段—成品储存阶段。

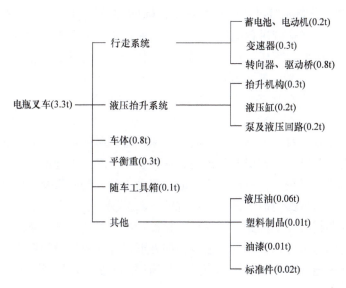

图 6-12 电瓶叉车的构成

同时，确定由总厂负责完成重点零部件的加工及总装工作，主要包括变速器的加工与组装、抬升液压缸的加工、随车工具的制作、车身的加工及电瓶叉车总装等工作。其他如转向桥、驱动桥、液压回路及平衡重由协作厂负责制造，并需存放在总厂的标准件及半成品库中。零部件加工阶段分为多条加工工艺路线，包括变速器的加工与组装、随车工具箱的加工、车体加工、液压缸加工。典型的加工工艺路线可以分为原材料下料—粗加工—热处理—精加工—组装等。详细的加工工艺过程将在物流分析过程中给出。

6.3.6 作业单位的划分

任何一个工厂都是由多个生产车间、职能管理部门、仓储部门及其他辅助服务部门组成的，工厂的各级组成部分统称为作业单位。每一个作业单位又可以细分成更小一级的作业单位（或称作业单元），如生产车间可以细分成几个工段，每个工段又是由几个加工中心或生产单元构成的，则生产单元就是更小一级的作业单位。在进行工厂总平面布置时，作业单位是指车间、科室一级的部门。

一个好的工厂应该有一个良好的组成结构，每个作业单位承担着明确的任务，作业单位之间既相互独立又相互联系，共同为工厂整体利益服务。

(1) **生产车间**。生产车间也称生产部门，直接承担着加工、装配生产任务，是将原材料转化为产品的部门。生产部门是工厂的基本组成部分。

一般根据产品制造工艺过程的各个阶段划分生产车间。例如，机械制造厂往往设置备料车间、机加工车间和总装车间。一般还把机加工车间按工件种类及加工工艺流程的相似性分解成某些零件加工车间，如箱体车间、轴加工车间、齿轮加工车间等。这些车间分别承担某一类零件的加工任务，一般这些零件可以采用相似的工艺及相同的设备进行加工。装配车间可以分为部件装配和总装两部分，负责把零部件组装成产品的工作。此外，根据生产性质不同，可将热处理、铸造、锻造、焊接等热加工部门独立划分为热处理车间、铸造车间、锻造车间和焊接车间。

(2) **仓储部门**。仓储部门包括原材料仓库、标准件与外购件库、半成品中间仓库及成品库等。仓库是工厂生产连续进行的保证。然而，库存不但占用工厂的空间，更重要的是占用大量的流动资金，因此，现代生产都把减少库存作为经营管理方面追求的目标。

(3) **辅助服务部门**。辅助服务部门一般可分为辅助生产部门（如工具机修车间）、生活服务部门（如食堂）及其他服务部门（如车库、传达室）等。

(4) **职能管理部门**。职能管理部门包括生产、技术、质检、人事、供销等部门，负责生产协调与控制等工作。对于大中型工厂而言，职能管理机构常常是非常庞大的。一般工厂的办公室都集中安排在同一个多层办公楼内，这样有利于减小占地面积，且方便内部联系。

在工厂布置与设计过程中，生产车间的地位容易受到人们的重视，而往往忽视了其他部门的重要性。但是，这些部门恰恰是生产系统的保障系统，它们布置的好坏会直接影响全厂的人流、信息流的顺畅程度。因此，在系统布置设计中，对所有部门都应进行相应的考虑。

工厂各个部门的占地面积大小及其建筑物的外形尺寸对布置设计影响很大，需要根据生产工艺流程、设备占地面积大小、物流模式及其通道、人员活动区域、建筑结构等各种因素加以确定。

根据生产工艺过程需要，电瓶叉车总装厂由表6-2所列作业单位构成。

表6-2 电瓶叉车总装厂作业单位汇总

序号	作业单位名称	用途	建筑面积/m²	跨距/m	备注
1	原材料库	存储原材料	72×36	12	
2	油料库	存储油漆油料	36×36	12	
3	标准件外购件库	存储标准件半成品	48×36	12	
4	机加工车间	零件切削加工	72×36	18	
5	热处理车间	零件热处理	90×30	30	
6	焊接车间	焊接车身	90×30	30	
7	变速器车间	组装变速器	72×36	18	
8	总装车间	总装	180×96	24	
9	工具车间	制造随车工具箱	60×24	12	
10	油漆车间	车身喷漆	48×30	30	
11	试车车间	试车	48×48	24	
12	成品库	存储电瓶叉车成品	100×50		露天
13	办公服务楼	办公室、生活服务	300×60		
14	车库	车库、停车场	80×60		露天

6.4 物流分析

产品制造成本的20%～50%是用于物料搬运的，而物料搬运工作量直接与工厂的布置情况有关，合理的布置大约能减少搬运成本的30%。工厂布置的优劣不仅直接影响整个生产系统的运转，而且通过对物料搬运成本的影响，成为决定产品生产成本的关键因素之一，即在满足生产工艺流程的前提下，减少物料搬运工作量是工厂布置设计中最为重要的目标之一。因此，在实现工厂布置之前，要对生产系统各作业单位之间的物流状态做深入分析。

物流分析包括确定物料在生产过程中每个必要工序之间移动的最有效顺序及其移动的强度和数量。一个有效的工艺流程是指物料在工艺过程内按顺序一直不断地向前移动直至完成，中间没有过多的迂回或倒流。

根据前面的定义，物流分析包括确定物料移动的顺序和移动量两个方面。如果通过工艺流程分析能够正确地安排各工序或作业单位之间的相互关系（前后顺序），则各条路线上的物料移动量就是反映工序或作业单位之间相互关系密切程度的基本衡量标准。把一定周期内的物料移动量称为物流强度。对于相似的物料，可以用重量、体积、托盘或货箱作为计量单位。当比较不同性质的物料搬运状况时，各种物料的物流强度大小应酌情考虑物料搬运的难易程度。

6.4.1 工艺过程图

在工厂设计中，应使用表 6-3 中的符号及图 6-13 所示图例绘制工艺过程图。

表 6-3 工艺过程的表示符号

编号	符号名称		符 号	意 义
1	加工		○	表示对生产对象进行加工、装配、合成、分解、包装、处理等
2	搬运		⇨	表示对生产对象进行搬运、运输、输送等，或工作人员作业位置的变化
3	检验	数量检验	□	表示对生产对象进行数量检验
		质量检验	◇	表示对生产对象进行质量检验
4	停放		D	表示生产对象在工作地附近的临时停放
5	储存		▽	表示生产对象在保管地有计划地存放
6	流程线		∣	表示工艺过程图中工序间的顺序连接
7	分区		∿	表示在工艺过程图中对管理区域的划分
8	省略		╪	表示对工艺过程图做部分省略

工艺过程图可以用来详细描述产品生产过程中各工序之间的关系，也可以用来描述全厂各部门之间的工艺流程。在描述全厂各部门之间产品工艺流程时，用操作符号表示加工与装配等生产车间，用储存符号表示仓储部门，用检验符号表示检验、试车部门。

下面以电瓶叉车总装厂为例，说明运用工艺过程图来进行物流分析的方法与步骤。前面

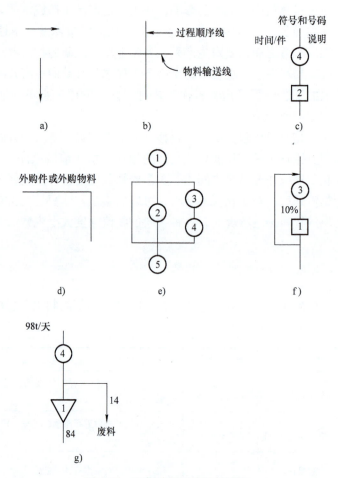

图 6-13 工艺过程图的绘制图例

a) 水平线表示物料送入工艺过程，垂直线表示工艺过程的先后顺序 b) 路线交叉时，水平线让路
c) 典型工艺过程图解 d) 绘制装配图时，以最大的部件或操作最多的部件从图样的右上角开始绘制
e) 表示分开和重新合并的交错路线 f) 物料返回进行再加工 g) 包括实产、损耗或废料的物料流程

已经提到，电瓶叉车总的生产工艺过程为零部件加工阶段—总装阶段—试车阶段—成品储存阶段。由总厂负责完成重点零部件的加工及总装工作，其他如转向桥、驱动桥、液压回路及平衡重由协作厂负责制造。因此，总厂设置了原材料库、机加工车间、总装车间等14个部门。依照工艺过程，各部门分别负责不同阶段的工作。由于要完成的是电瓶叉车总装厂的总体布置设计，只需要了解部门与部门之间的联系，因此，在这里不必深入研究详细工艺过程的各道工序的工作细节，只是将工艺过程划分到部门级的工艺阶段即可。

（1）变速器的加工与组装。变速器由箱体、轴类零件、齿轮类零件及其他杂件和标准件等组成。变速器的制作工艺过程分为零件制作和组装两个阶段。轴类零件及齿轮类零件经过备料、退火、粗加工、热处理、精加工等工序；箱体毛坯由协作厂制作，经机加工车间加工送变速器组装车间；杂件的制作经备料、机加工两个阶段。整个变速器成品重0.31t，其中标准件重0.01t，箱体、齿轮、轴及杂件总重0.3t，加工过程中金属利用率为60%，即毛坯总重为0.3t/60% = 0.5t。其中需经退火处理的毛坯重量为0.2t，机加工中需返回热处理车间再进行热处理的为 0.1t，整个机加工过程中金属切除率为 40%，则产生的铁屑等废料重约 0.5t×40%＝0.2t。变速器加工工艺过程如图 6-14 所示。

（2）随车工具箱的加工。随车工具箱共重 0.1t，其中一部分经备料、退火、粗加工、热处理、精加工等工艺流程完成加工，而另一部分只进行简单的冲压加工即可。随车工具箱加工工艺过程如图 6-15 所示。

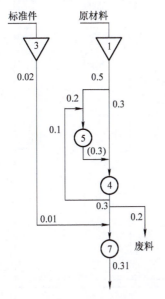

图 6-14　变速器加工工艺过程（单位：t）　　图 6-15　随车工具箱加工工艺过程（单位：t）

（3）车体加工。车体为焊接件，经备料、焊接、喷漆完成加工。车体加工工艺过程如图 6-16 所示。

（4）液压缸加工。液压缸经备料、退火、粗加工、热处理、精加工等工序完成加工。液压缸加工工艺过程如图 6-17 所示。

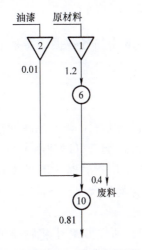 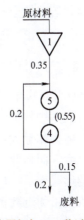

图 6-16　车体加工工艺过程（单位：t）　　图 6-17　液压缸加工工艺过程（单位：t）

将上述零部件加工阶段—总装阶段—试车阶段—成品储存阶段工艺流程绘制在一起，就得到了电瓶叉车总装厂的生产工艺过程图，如图 6-18 所示。该图清楚地表现了电瓶叉车生产的全过程及各作业单位之间的物流情况，为下一步深入物流分析奠定了基础。

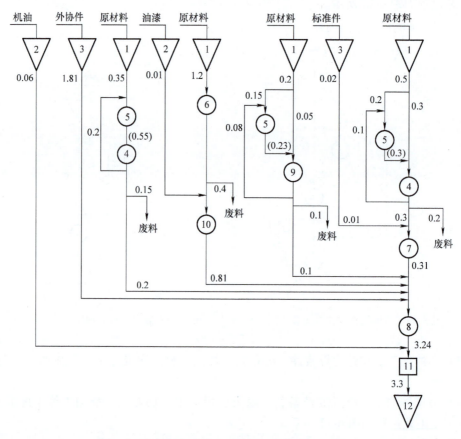

图 6-18 电瓶叉车总装厂的生产工艺过程（单位：t）

需要说明的是，若要按全年的物流量计算，图 6-18 中的各数据还需乘上全年电瓶叉车总产量。

6.4.2 物流强度与物流相关表

由上所述，P-Q 关系决定了所采用的初步物流分析的方式：当产品品种很少但产量很大时，应采用工艺过程图进行物流分析；随着产品品种的增加，可以利用多种产品工艺过程表或从至表来统计具体物流量大小。在采用 SLP 法进行工厂布置时，不必关心各作业单位对之间具体的物流强度，而是通过划分等级的方法来研究物流状况，在此基础上引入物流相关表，以简洁明了的形式表示工厂的总体物流状况。

由于直接分析大量物流数据比较困难且没有必要，所以 SLP 中将物流强度转化成五个等级，分别用符号 A、E、I、O、U 来表示，其物流强度逐渐减小，分别对应超高物流强度、特高物流强度、较大物流强度、一般物流强度和可忽略搬运五种物流强度。作业单位对或称为物流路线的物流强度等级应按物流路线比例或承担的物流量比例来确定，可参考表 6-4 来划分。

表 6-4 物流强度等级比例划分表

物流强度等级	符　　号	物流路线比例（%）	承担的物流量比例（%）
超高物流强度	A	10	40
特高物流强度	E	20	30
较大物流强度	I	30	20
一般物流强度	O	40	10
可忽略搬运	U	0	0

针对前述电瓶叉车总装厂的实例，讨论物流强度等级划分的具体步骤。首先根据图 6-18，利用表 6-5 来统计存在物料搬运的各作业单位对之间的物流总量（即正反两向物流量之和），应注意必须采用统一的计量单位来统计物流强度。然后将表 6-5 中的各作业单位对按物流强度大小排序，绘制成如表 6-6 所示的物流强度分析表进行物流分析，根据表 6-4 中给出的数据划分出物流强度等级。表 6-5 和表 6-6 中未出现的作业单位对不存在固定的物流，因此物流强度等级为 U 级。

表 6-5 电瓶叉车总装厂物流强度汇总表

序　号	作业单位对（物流路线）	物流强度
1	1-4	0.3
2	1-5	0.7
3	1-6	1.2
4	1-9	0.05
5	2-10	0.01
6	2-11	0.06
7	3-7	0.01
8	3-8	1.82
9	4-5	1.15
10	4-7	0.3
11	4-8	0.2
12	5-9	0.31
13	6-10	0.8
14	7-8	0.31
15	8-9	0.1
16	8-10	0.81

(续)

序 号	作业单位对（物流路线）	物 流 强 度
17	8-11	3.24
18	11-12	3.3

表 6-6 物流强度分析表

序号	作业单位对（物流路线）	物流强度 1 2 3 4 5	物流强度等级
1	11-12		A
2	8-11		A
3	3-8		E
4	1-6		E
5	4-5		E
6	8-10		E
7	6-10		E
8	1-5		E
9	5-9		I
10	7-8		I
11	1-4		I
12	4-7		I
13	4-8		O
14	8-9		O
15	2-11		O
16	1-9		O
17	2-10		O
18	3-7		O

为了能够简单明了地表示所有作业单位之间的物流相互关系，仿照从至表结构构造一种作业单位之间物流相互关系表，称为原始物流相关表，如表 6-7 所示。在这个表中不区分物料移动的起始与终止作业单位，在行与列的相交方格中填入行作业单位与列作业单位间的物流强度等级。因为行作业单位与列作业单位排列顺序相同，故得到的是右上三角矩阵表格与左下三角矩阵表格对称的方阵表格。除掉多余的左下三角矩阵表格，将右上三角矩阵变形，就得到了 SLP 中著名的物流相关表，如表 6-8 所示。

表 6-7　电瓶叉车总装厂原始物流相关表

作业单位序号	作业单位名称	1 原材料库	2 油料库	3 标准件、外购件库	4 机加工车间	5 热处理车间	6 焊接车间	7 变速器车间	8 总装车间	9 工具车间	10 油漆车间	11 试车车间	12 成品库	13 办公服务楼	14 车库
1	原材料库		U	U	I	E	E	U	U	O	U	U	U	U	U
2	油料库	U		U	U	U	U	U	U	U	O	O	O	U	U
3	标准件、外购件库	U	U		U	U	U	O	E	U	U	U	U	U	U
4	机加工车间	I	U	U		E	U	I	O	U	U	U	U	U	U
5	热处理车间	E	U	U	E		U	U	U	I	U	U	U	U	U
6	焊接车间	E	U	U	U	U		U	U	U	U	U	U	U	U
7	变速器车间	U	U	O	I	U	U		I	U	U	U	U	U	U
8	总装车间	U	U	E	O	U	U	I		O	E	A	U	U	U
9	工具车间	O	U	U	U	I	U	U	O		U	U	U	U	U
10	油漆车间	U	O	U	U	U	E	U	E	U		U	U	U	U
11	试车车间	U	O	U	U	U	U	U	A	U	U		A	U	U
12	成品库	U	U	U	U	U	U	U	U	U	U	A		U	U
13	办公服务楼	U	U	U	U	U	U	U	U	U	U	U	U		U
14	车库	U	U	U	U	U	U	U	U	U	U	U	U	U	

　　进行工厂布置时，从物流系统优化的角度讲，物流相关表中物流强度等级高的作业单位之间的距离应尽量缩短，即彼此相互接近，而物流强度等级低的作业单位之间的距离可以适当加长。

6.4.3　作业单位相互关系分析

　　当物流状况对企业的生产有重大影响时，物流分析就是工厂布置的重要依据，但是也不能忽视非物流因素的影响。尤其是当物流对生产影响不大或没有固定的物流时，工厂布置就不能依赖物流分析，而应当考虑其他因素对各作业单位之间相互关系的影响。

1. 作业单位相互关系的决定因素及相互关系等级的划分

　　在 SLP 中，产品（P）、产量（Q）、生产过程（R）、辅助服务部门（S）及时间（T）是影响工厂布置的基本要素。其中，P、Q 和 R 是物流分析的基础，P、Q 和 S 则是作业单位相互关系分析的基础，而 T 对物流分析与作业单位相互关系分析都有影响。

表 6-8　电瓶叉车总装厂作业单位物流相关表

序号	作业单位名称	关系（与后续作业单位）
1	原材料库	U,U,U,U,E,U,U,I,U,U,U,U,U
2	油料库	U,I,U,U,I,U,U,U,U,U,U,U
3	标准件、外购件库	E,E,U,U,I,E,U,U,U,U,U
4	机加工车间	U,U,U,U,U,U,U,U,U,U
5	热处理车间	U,O,U,O,U,U,U,U,U
6	焊接车间	O,U,O,U,U,U,U,U
7	变速器车间	U,O,U,U,U,U,U
8	总装车间	E,U,U,U,A,U
9	工具车间	A,U,U,U,U
10	油漆车间	U,U,U,U
11	试车车间	A,U,U
12	成品库	U,U
13	办公服务楼	U
14	车库	

作业单位之间相互关系的影响因素与企业的性质有很大关系。不同的企业，其作业单位的设置是不一样的，作业单位间相互关系的影响因素也是不一样的。作业单位之间相互关系密切程度的典型影响因素一般可以考虑以下方面：

（1）物流。

（2）工艺流程。

（3）作业性质相似。

（4）使用相同的设备。

（5）使用同一场所。

（6）使用相同的文件档案。

（7）使用相同的公用设施。

（8）使用同一组人员。

（9）工作联系的频繁程度。

（10）监督和管理方便。

(11) 噪声、振动、烟尘、易燃易爆危险品的影响。
(12) 服务的频繁和紧急程度。

根据缪瑟在 SLP 中的建议,每个项目中重点考虑的因素不应超过 10 个。

确定了作业单位相互关系密切程度的影响因素以后,就可以给出各作业单位之间的相互关系密切程度等级。在 SLP 中,作业单位之间的相互关系密切程度等级划分为 A、E、I、O、U、X,其含义及比例如表 6-9 所示。

表 6-9 作业单位相互关系密切程度等级

符号	含义	说明	比例(%)
A	绝对重要	密切程度为绝对必要靠近	2~5
E	特别重要	密切程度为特别重要	3~10
I	重要	密切程度为重要	5~15
O	一般的密切程度	密切程度为一般	10~25
U	不重要	密切程度为不重要	45~80
X	负的密切程度	不希望接近,酌情而定	

2. 作业单位相互关系表

作业单位相互关系密切程度的评价,可以由布置设计人员根据物流量计算、个人经验或与有关作业单位负责人讨论后进行;也可以把相互关系统计表格发给各作业单位负责人填写;或者由有关负责人开会讨论决定,由布置设计人员记录汇总。作业单位相互关系分析的结果最后要经主管人员批准。

在评价作业单位相互关系时,首先应制定出一套"基准相互关系",其他作业单位之间的相互关系通过对照"基准相互关系"来确定。表 6-10 给出的基准相互关系可供实际工作中参考。

表 6-10 基准相互关系

符号	一对作业单位	关系密切程度的理由
A	钢材库和剪切区域 最后检查和包装 清理和油漆	搬运物料的数量 类似的搬运问题 损坏没有包装的物品 包装完毕以前检查单不明确 使用相同的人员、公用设施、管理方式和相同形式的建筑物
E	接待处和参观者停车处 金属精加工和焊接 维修和部件装配	方便、安全 搬运物料的数量和形状 服务的频繁和紧急程度
I	剪切区和冲压机 部件装配和总装配 保管室和财会部门	搬运物料的数量 搬运物料的体积、共用相同的人员 报表运送安全、方便

(续)

符号	一对作业单位	关系密切程度的理由
O	维修和接收 废品回收和工具室 收发室和厂办公室	产品的运送 共用相同的设备 联系的频繁程度
U	维修和自助食堂 焊接和外购件仓库 技术部门和发运	辅助服务不重要 接触不多 不常联系
X	焊接和油漆 焚化炉和主要办公室 冲压车间和工具车间	灰尘、火灾 烟尘、臭味、灰尘 外观、振动

确定了各作业单位相互关系的密切程度以后，利用与物流相关表相同的表格形式建立作业单位相互关系表，表中的每一个菱形框格填入相应的两个作业单位之间的相互关系密切程度等级，上半部用密切程度等级符号表示密切程度，下半部用数字表示确定密切程度等级的理由。

针对前述电瓶叉车总装厂，选择如表 6-11 所示的作业单位相互关系等级的理由。在此基础上建立如表 6-12 所示的各作业单位的非物流相互关系表。

表 6-11　电瓶叉车总装厂作业单位相互关系等级的理由

编　码	相互关系等级的理由
1	工作流程的连续性
2	生产服务
3	物料搬运
4	管理方便
5	安全与污染
6	共用设备及辅助动力源
7	振动
8	人员联系

6.4.4　作业单位综合相互关系表

在大多数工厂中，各作业单位之间既有物流联系也有非物流联系，两个作业单位之间的相互关系应包括物流关系与非物流关系。因此在 SLP 中，要将作业单位之间物流的相互关系与非物流的相互关系进行合并，求出合成的相互关系——综合相互关系，然后从各作业单位之间综合相互关系出发，实现各作业单位的合理布置。

1. 作业单位综合相互关系表的建立步骤

一般按照下列步骤建立作业单位综合相互关系表：

(1) 进行物流分析，求得作业单位物流相关表。

(2) 确定作业单位之间非物流相互关系影响因素及等级，求得作业单位相互关系表。

(3) 确定物流与非物流相互关系的相对重要性。一般而言，物流与非物流的相互关系的相对重要性的比值 $m:n$ 不应超过 $1:3 \sim 3:1$ 这个范围，当比值小于 $1:3$ 时，说明物流对生产的影响非常小，工厂布置时只需考虑非物流的相互关系；当比值大于 $3:1$ 时，说明物流关系占主导地位，工厂布置时只需考虑物流相互关系的影响。在实际工作中，根据物流与非物流相互关系的相对重要性，取 $m:n=3:1, 2:1, 1:1, 1:2, 1:3$，把 $m:n$ 称为加权值。

(4) 量化物流强度等级和非物流的密切程度等级。对于表 6-8 及表 6-12，一般取 A=4，E=3，I=2，O=1，U=0，X=-1，得出量化以后的物流相互关系表及非物流相互关系表。

表 6-12 电瓶叉车总装厂作业单位非物流相互关系表

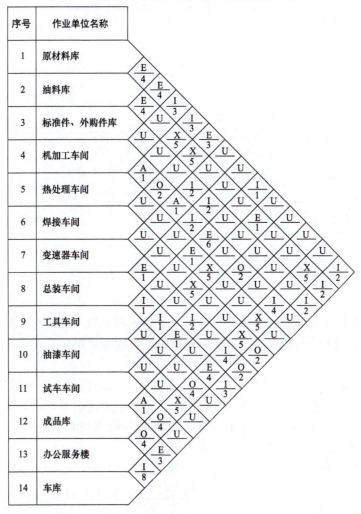

(5) 计算量化的所有作业单位之间的综合相互关系。具体方法如下：

设任意两个作业单位分别为 A_i 和 A_j ($i \neq j$)，其量化的物流相互关系等级为 MR_{ij}，量化的非物流的相互关系密切程度等级为 NR_{ij}，则作业单位 A_i 与 A_j 之间的综合相互关系密切程度数量值为

$$TR_{ij} = mMR_{ij} + nNR_{ij}$$

（6）综合相互关系等级划分。TR_{ij} 是一个量值，需要经过等级划分，才能建立与物流相互关系表相似的符号化的作业单位综合相互关系表。综合相互关系的等级划分为 A、E、I、O、U、X，各级别 TR_{ij} 值递减，且各级别对应的作业单位对数应符合一定的比例。表 6-13 给出了综合相互关系等级与划分比例。

需要说明的是，将物流与非物流相互关系进行合并时，应该注意 X 级关系等级的处理。任何一级物流相互关系等级与 X 级非物流相互关系等级合并时，都不应超过 O 级；对于某些极不希望靠近的作业单位之间的相互关系可以定为 XX 级，即绝对不能相互接近。

表 6-13 综合相互关系等级与划分比例

综合相互关系等级	符　号	作业单位对比例（%）
绝对必要靠近	A	1~3
特别重要靠近	E	2~5
重要	I	3~8
一般	O	5~15
不重要	U	20~85
不希望靠近	X	0~10

（7）经过调整，建立综合相互关系表。

2. 示例

下面仍然以电瓶叉车总装厂为例，分析建立作业单位综合相互关系表的步骤。

由表 6-8 和表 6-12 给出的电瓶叉车总装厂作业单位物流相互关系表与作业单位非物流相互关系表显示出两表并不一致。为了确定各作业单位之间综合相互关系的密切程度，需要将两个表进行合并。

（1）**加权值选取**。加权值的大小反映了工厂布置时考虑的侧重点，对于电瓶叉车总装厂而言，物流影响并不明显大于其他因素的影响，因此取加权值 $m:n=1:1$。

（2）**综合相互关系计算**。根据各作业单位对之间的物流与非物流关系等级高低进行量化及加权求和，求出综合相互关系，详见表 6-14。

当作业单位数目为 N 时，总的作业单位对数可用下式计算

$$P = \frac{N(N-1)}{2}$$

对于上例而言，$N=14$，则 $P=91$，因此表 6-14 中共有 91 个作业单位对，即 91 个相互关系。

表 6-14 电瓶叉车总装厂作业单位综合相互关系计算表

序号	作业单位对			相互关系密切程度				综 合 关 系	
	单位1	-	单位2	物流关系（加权值：1）		非物流关系（加权值：1）		分值	等级
				等级	分值	等级	分值		
1	1	-	2	U	0	E	3	3	I
2	1	-	3	U	0	E	3	3	I
3	1	-	4	I	2	I	2	4	E
4	1	-	5	E	3	I	2	5	E
5	1	-	6	E	3	E	3	6	E
6	1	-	7	U	0	U	0	0	U
7	1	-	8	U	0	U	0	0	U
8	1	-	9	O	1	I	2	3	I
9	1	-	10	U	0	U	0	0	U
10	1	-	11	U	0	U	0	0	U
11	1	-	12	U	0	U	0	0	U
12	1	-	13	U	0	U	0	0	U
13	1	-	14	U	0	I	2	2	I
14	2	-	3	U	0	E	3	3	I
15	2	-	4	U	0	U	0	0	U
16	2	-	5	U	0	X	-1	-1	X
17	2	-	6	U	0	X	-1	-1	X
18	2	-	7	U	0	U	0	0	U
19	2	-	8	U	0	U	0	0	U
20	2	-	9	U	0	U	0	0	U
21	2	-	10	O	1	E	3	4	E
22	2	-	11	O	1	U	0	1	O
23	2	-	12	U	0	U	0	0	U
24	2	-	13	U	0	X	-1	-1	X
25	2	-	14	U	0	I	2	2	I
26	3	-	4	U	0	U	0	0	U
27	3	-	5	U	0	U	0	0	U
28	3	-	6	U	0	U	0	0	U
29	3	-	7	O	1	I	2	3	I
30	3	-	8	E	3	I	2	5	E
31	3	-	9	U	0	U	0	0	U
32	3	-	10	U	0	U	0	0	U
33	3	-	11	U	0	U	0	0	U
34	3	-	12	U	0	U	0	0	U

（续）

序号	作业单位对			相互关系密切程度				综合关系	
	单位1	-	单位2	物流关系（加权值：1）		非物流关系（加权值：1）			
				等级	分值	等级	分值	分值	等级
35	3	-	13	U	0	U	0	0	U
36	3	-	14	U	0	I	2	2	I
37	4	-	5	E	3	A	4	7	A
38	4	-	6	U	0	O	1	1	O
39	4	-	7	I	2	A	4	6	E
40	4	-	8	O	1	I	2	3	I
41	4	-	9	U	0	E	3	3	I
42	4	-	10	U	0	U	0	0	U
43	4	-	11	U	0	O	1	1	O
44	4	-	12	U	0	U	0	0	U
45	4	-	13	U	0	I	2	2	I
46	4	-	14	U	0	U	0	0	U
47	5	-	6	U	0	U	0	0	U
48	5	-	7	U	0	U	0	0	U
49	5	-	8	U	0	U	0	0	U
50	5	-	9	I	2	E	3	5	E
51	5	-	10	U	0	X	-1	-1	X
52	5	-	11	U	0	U	0	0	U
53	5	-	12	U	0	U	0	0	U
54	5	-	13	U	0	X	-1	-1	X
55	5	-	14	U	0	U	0	0	U
56	6	-	7	U	0	U	0	0	U
57	6	-	8	U	0	U	0	0	U
58	6	-	9	U	0	U	0	0	U
59	6	-	10	E	3	X	-1	2	U*
60	6	-	11	U	0	U	0	0	U
61	6	-	12	U	0	U	0	0	U
62	6	-	13	U	0	X	-1	-1	X
63	6	-	14	U	0	O	1	1	O
64	7	-	8	I	2	E	3	5	E
65	7	-	9	U	0	U	0	0	U
66	7	-	10	U	0	U	0	0	U
67	7	-	11	U	0	I	2	2	I

(续)

序号	作业单位对			相互关系密切程度				综合关系	
				物流关系（加权值：1）		非物流关系（加权值：1）			
	单位1	-	单位2	等级	分值	等级	分值	分值	等级
68	7	-	12	U	0	U	0	0	U
69	7	-	13	U	0	I	2	2	I
70	7	-	14	U	0	O	1	1	O
71	8	-	9	O	1	I	2	3	I
72	8	-	10	E	3	I	2	5	E
73	8	-	11	A	4	E	3	7	A
74	8	-	12	U	0	U	0	0	U
75	8	-	13	U	0	E	3	3	I
76	8	-	14	U	0	I	2	2	I
77	9	-	10	U	0	U	0	0	U
78	9	-	11	U	0	U	0	0	U
79	9	-	12	U	0	U	0	0	U
80	9	-	13	U	0	O	1	1	O
81	9	-	14	U	0	U	0	0	U
82	10	-	11	U	0	U	0	0	U
83	10	-	12	U	0	U	0	0	U
84	10	-	13	U	0	X	-1	-1	X
85	10	-	14	U	0	U	0	0	U
86	11	-	12	A	4	A	4	8	A
87	11	-	13	U	0	O	1	1	O
88	11	-	14	U	0	U	0	0	U
89	12	-	13	U	0	O	1	1	O
90	12	-	14	U	0	E	3	3	I
91	13	-	14	U	0	I	2	2	I

（3）划分关系等级。在表 6-14 中，综合相互关系分值取值范围为 1~8，按表 6-15 统计出各段分值段作业单位对的比例，参考表 6-13 划分综合相互关系等级。当分值为 7~8 时，综合相互关系定为 A 级；分值为 4~6 时，综合相互关系定为 E 级；分值为 2~3 时，综合相互关系定为 I 级；分值为 1 时，综合相互关系定为 O 级；分值为 0 时，综合相互关系定为 U 级；分值为 -1 时，综合相互关系定为 X 级。

应该注意，综合相互关系应该是合理的，是作业单位之间物流相互关系与非物流相互关系的综合体现，不应该与前两种相互关系矛盾。如表 6-14 中所注 * 一栏，作业单位 6 与 10 之间的物流关系为 E 级，而非物流关系为 X 级，计算结果为 I 级，即出现了重要的相互关系等级，与 X 级的非物流相互关系矛盾，这显然是不合理的，所以表中最后调整为 U 级。

进一步统计各级作业单位综合相互关系等级的划分，如表 6-15 所示。

表 6-15 综合相互关系等级的划分

总　　分	综合相互关系等级	作业单位对数	百分比（%）
7~8	A	3	3.3
4~6	E	9	9.9
2~3	I	18	19.8
1	O	8	8.8
0	U	46	50.5
-1	X	7	7.7
合计		91	100

（4）建立作业单位综合相互关系表。将表 6-14 中的综合相互关系总分转化为相互关系密切程度等级，绘制成作业单位综合相互关系表，如表 6-16 所示。

表 6-16 作业单位综合相互关系表

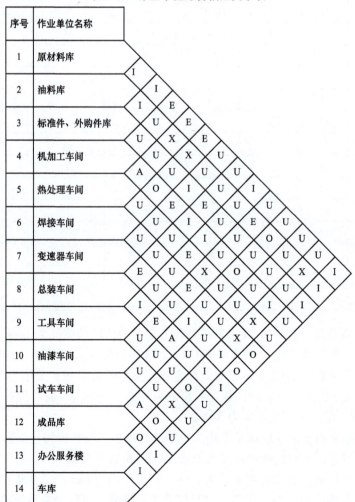

6.4.5 作业单位位置相关图

在 SLP 中，工厂总平面规划并不直接考虑各作业单位的建筑物占地面积及其外形的几何形状，而是从各作业单位之间的相互关联度出发，安排各作业单位之间的相对位置，关联度高的作业单位之间距离近，关联度低的作业单位之间距离远，由此形成作业单位位置相关图。当作业单位数量较多时，作业单位之间的相互关系数目就非常多，为作业单位数量的平方量级，因此即使只考虑 A 级关系，也有可能同时出现很多个，这就给如何入手绘制作业单位位置相关图带来了困难。为了解决这个问题，可引入综合接近程度的概念：某一作业单位的综合接近程度等于该作业单位与其他所有作业单位之间量化后的相互关系等级的总和。这个值的高低反映了该作业单位在布置图上应该处于中心位置还是处于边缘位置，即综合接近程度高的作业单位与其他作业单位的相互关系总体上是比较密切的，即与大多数作业单位都比较接近，当然，这个作业单位就应该处于布置图的中央位置；反之，这个作业单位就应该处于布置图的边缘位置。为了计算各作业单位的综合接近程度，把作业单位综合相互关系表变换成右上三角矩阵与左下三角矩阵表格对称的方阵表格，然后量化相互关系等级，并按行或列累加相互关系等级分值，其结果就是某一作业单位的综合接近程度。表 6-17 就是电瓶叉车总装厂作业单位综合接近程度计算结果。

综合接近程度分值越高，说明该作业单位越应该靠近布置图的中心位置；分值越低，说明该作业单位越应该处于布置图的边缘位置。处于中央区域的作业单位应该优先布置，即依据 SLP 思想，首先根据综合相互关系等级高低按 A、E、I、O、U 等级顺序先后确定不同等级作业单位的位置，而同一等级的作业单位则按综合接近程度分值高低顺序来进行布置。为此，要按综合接近程度分值的高低顺序为作业单位排序，其结果如表 6-17 所示。

在作业单位位置相关图中，采用号码来表示作业单位，用如表 5-7 所示符号来表示作业单位的工作性质与功能，可以利用表中推荐的颜色来绘制作业单位，表示作业单位的工作性质，以使图形更为直观。作业单位之间相互关系用相互之间的连线类型来表示，如表 6-18 所示。表中实线连线多表示作业单位相对位置应该彼此接近，而波浪线可以形象化地理解成为弹簧，将连线两端的作业单位彼此推开。同样，可以利用表中推荐的颜色来绘制连线，来表示作业单位之间的相互关系等级，以使图形更为直观。有时为了绘图简便，往往采用"○"内标注号码的形式来表示作业单位而不严格区分作业单位性质。当然，也可以用虚线来代替波浪线表示 X 级的相互关系等级。

绘制作业单位位置相关图的过程是一个逐步求精的过程，整个过程须条理清楚、系统性强，一般应按下列步骤进行：

（1）从作业单位综合相互关系表出发，求出各作业单位的综合接近程度，并按其高低将作业单位排序。

（2）按图幅大小选择单位距离长度，并规定相互关系等级为 A 级的作业单位对之间的距离为一个单位距离长度，E 级为两个单位距离长度，依此类推。

（3）作业单位综合相互关系表中，取出相互关系等级为 A 级的作业单位对，并将所涉及的作业单位按综合接近程度分值高低排序，得到作业单位序列 A_{k_1}, A_{k_2}, …, A_{k_n}，其中下标为综合接近程度排序序号，且有 $k_1<k_2<\cdots<k_n$。

表 6-17 电瓶叉车总装厂作业单位综合接近程度排序表

作业单位代号	1	2	3	4	5	6	7	8	9	10	11	12	13	14
1		I/2	I/2	E/3	E/3	E/3	U/0	U/0	I/2	U/0	U/0	U/0	U/0	I/2
2	I/2		I/2	U/0	X/-1	X/-1	U/0	U/0	U/0	E/3	O/1	U/0	X/-1	I/2
3	I/2	I/2		U/0	U/0	U/0	I/2	E/3	U/0	U/0	U/0	U/0	U/0	I/2
4	E/3	U/0	U/0		A/4	O/1	E/3	I/2	I/2	U/0	O/1	U/0	I/2	U/0
5	E/3	X/-1	U/0	A/4		U/0	U/0	U/0	E/3	X/-1	U/0	U/0	X/-1	U/0
6	E/3	X/-1	U/0	O/1	U/0		U/0	U/0	U/0	U/0	U/0	U/0	X/-1	O/1
7	U/0	U/0	I/2	E/3	U/0	U/0		E/3	U/0	U/0	U/0	U/0	U/0	O/1
8	U/0	U/0	E/3	I/2	U/0	U/0	E/3		I/2	E/3	A/4	U/0	I/2	I/2
9	I/2	U/0	U/0	I/2	E/3	U/0	U/0	I/2		U/0	U/0	U/0	O/1	U/0
10	U/0	E/3	U/0	U/0	X/-1	U/0	U/0	E/3	U/0		U/0	U/0	X/-1	U/0
11	U/0	O/1	U/0	O/1	U/0	U/0	I/2	A/4	U/0	U/0		A/4	O/1	U/0
12	U/0	U/0	U/0	U/0	U/0	U/0	U/0	U/0	U/0	U/0	A/4		O/1	I/2
13	U/0	X/-1	U/0	I/2	X/-1	X/-1	I/2	I/2	X/-1	O/1	O/1			I/2
14	I/2	I/2	I/2	U/0	U/0	O/1	O/1	I/2	U/0	U/0	U/0	I/2	I/2	
综合接近程度	17	7	11	18	7	3	13	21	18	4	13	7	7	14
排序	3	12	7	2	11	14	5	1	8	13	6	10	9	4

表 6-18 作业单位之间相互关系等级的表示方式

符 号	系 数 值	线 条 数	密切程度	颜色规范
A	4	≡	绝对必要	红
E	3	≡	特别重要	橘黄
I	2	=	重要	绿

(续)

符　号	系　数　值	线　条　数	密切程度	颜色规范
O	1	╱	一般	蓝
U	0		不重要	不着色
X	-1	∿	不希望	棕
XX	-2, -3, -4	∿∿	极不希望	黑

（4）将综合接近程度分值最高的作业单位 A_{k_1} 布置在布置图的中心位置。

（5）按 A_{k_2}、A_{k_3}、…、A_{k_n} 顺序依次把这些作业单位布置到图中。布置时，应随时检查待布置的作业单位与图中已布置的作业单位之间的相互关系等级，选择适当的位置进行布置，出现矛盾时，应修改原有布置。用不同的连线类型表示图上各作业单位之间的相互关系等级。

（6）按 E、I、O、U、X、XX 等级顺序选择当前处理的相互关系等级，假设为 F 级。

（7）从作业单位综合相互关系表中，取出当前处理的 F 级涉及的作业单位对，并将所涉及的作业单位按综合接近程度分值高低排序，得到作业单位序列 A_{k_1}、A_{k_2}、…、A_{k_n}。

（8）检查 A_{k_1}、A_{k_2}、…、A_{k_n} 是否已在布置图中出现，若出现，则要进一步查看作业单位位置是否合理，若不合理，则需要修改原有位置，然后从序列中删除已出现的作业单位，得到需要布置的作业单位序列 A'_{k_1}、A'_{k_2}、…、A'_{k_n}。

（9）按 A'_{k_1}、A'_{k_2}、…、A'_{k_n} 顺序依次把作业单位布置到图中，布置时，应随时检查待布置作业单位与图中已布置的作业单位之间的相互关系等级，选择适当的位置进行布置，若出现矛盾，应修改原有布置。注意用不同类型的连线表示图上各作业单位之间的相互关系等级。

（10）若 F 为 XX，则布置完毕，得到作业单位位置相关图；否则取 F 为下一个相互关系等级，重复步骤（7）~（10）。

在绘制作业单位位置相关图时，设计者一般须绘制 6~8 次图，每次不断增加作业单位和修改其布置，最后才能达到满意的布置图。

具体针对电瓶叉车总装厂而言，作业单位位置相关图的绘制步骤如图 6-19 和图 6-20 所示。

6.4.6 作业单位面积的确定

将各作业单位的占地面积与其建筑物的空间几何形状结合到作业单位位置相关图上，即可得到作业单位面积相关图。在这个过程中，首先需要确定各作业单位建筑物的实际占地面积与外形（空间几何形状）。作业单位的基本占地面积由设备占地面积、物流模式及其通道、人员活动场地等因素决定。

1. 物料的基本流动模式

对于生产、储运部门而言，物料一般沿通道流动，而设备一般也是沿通道两侧布置的，通道的形式决定了物料和人员的流动模式。选择车间内部流动模式的一个重要因素是车间入

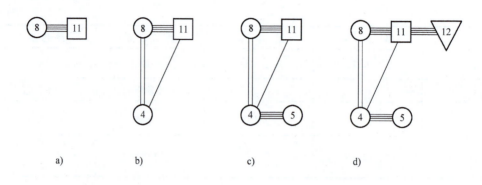

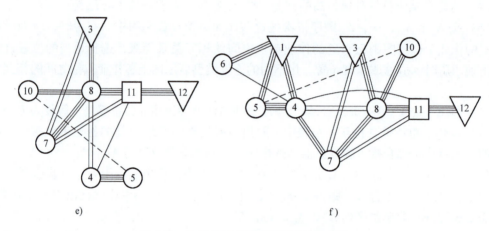

图 6-19 作业单位位置相关图的绘制步骤

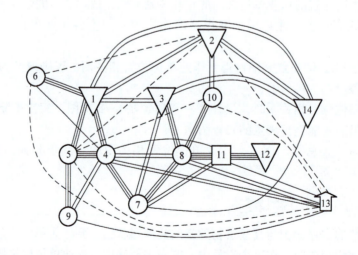

图 6-20 作业单位位置相关图

口和出口的位置。常常由于外部运输条件或原有布置的限制,需要按照给定的入、出口位置来规划流动模式。此外,流动模式还受到生产工艺流程、生产线长度、场地、建筑物外形、物料搬运方式与设备、储存要求等方面的影响。

物料的基本流动模式通常有五种,如图 6-21 所示。

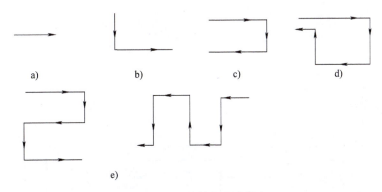

图 6-21 物料的基本流动模式
a) 直线形 b) L 形 c) U 形 d) 环形 e) S 形

(1) 直线形。 直线形是最简单的一种流动模式，入口与出口位置相对，建筑物只有一跨，外形为长方形，设备沿通道两侧布置。

(2) L 形。 适用于现有设施或建筑物不允许直线流动的情况，设备布置与直线形相似，入口与出口分别位于建筑物两相邻侧面。

(3) U 形。 适用于入口与出口在建筑物同一侧面的情况，生产线长度基本上相当于建筑物长度的 2 倍，一般建筑物为两跨，外形近似于正方形。

(4) 环形。 适用于要求物料返回到起点的情况。

(5) S 形。 在一固定面积上，可以安排较长的生产线。

实际的流动模式常常是由五种基本流动模式组合而成的。新建工厂时，可以根据生产流程要求及各作业单位之间的物流关系选择流动模式，进而确定建筑物的外形及其尺寸。

2. 作业单位面积相关图的绘制步骤

确定了作业单位建筑物的占地面积与外形后，可以在坐标纸上绘制作业单位面积相关图。

（1）选择适当的绘图比例，一般比例为 1∶100，1∶500，1∶1 000，1∶2 000，1∶5 000，绘图单位为毫米（mm）或米（m）。

（2）将作业单位位置相关图放大到坐标纸上，各作业单位符号之间应留出尽可能大的空间，以便安排作业单位建筑物。为了图面简洁，只需绘出重要的关系，如 A、E 及 X 级连线。

（3）按综合接近程度分值大小的顺序，由大到小依次把各作业单位布置到图上。绘图时，以作业单位符号为中心，绘制作业单位建筑物外形。作业单位建筑物一般都是矩形的，可以通过外形旋转角度获得不同的布置方案。当预留空间不足时，需要调整作业单位位置，但必须保证调整后的位置符合作业单位位置相关图的要求。

（4）经过数次调整与重绘，得到作业单位面积相关图。图 6-22 所示为电瓶叉车总装厂作业单位面积相关图。

3. 作业单位面积相关图的调整

作业单位面积相关图是直接从位置相关图演化而来的，只能代表一个理论的、理想的布置方案，尚需通过调整修正才能得到可行的布置方案。即需要从前述工厂总平面布置设计原则出发，考虑除产品（P）、产量（Q）、工艺过程（R）、辅助服务部门（S）和时间（T）

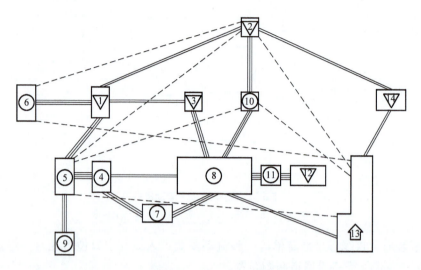

图 6-22 电瓶叉车总装厂作业单位面积相关图

五个基本要素以外的其他因素对布置方案的影响，按 SLP 的观点，这些因素可以分为修正因素与实际条件限制因素两类。

（1）修正因素

1）物料搬运方法。物料搬运方法对布置方案的影响主要包括搬运设备种类特点、搬运系统基本模式以及运输单元（箱、盘等）。

在面积相关图上，只是反映作业单位之间的直线距离，但由于道路位置、建筑物的规范形式的限制，实际搬运系统并不总能按直线距离进行。物料搬运系统通常有三种基本形式，即直线道路的直接型、按规定道路搬运的渠道型以及采用集中分配区的中心型，如图 6-23 所示，图 a 为直接型，图 b 和图 c 为间接型，分别是渠道型和中心型。

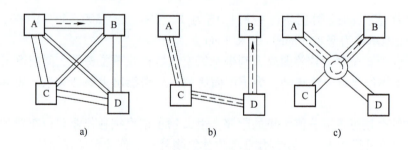

图 6-23 物料搬运系统的基本形式
a) 直接型　b) 渠道型　c) 中心型

对于每一种搬运系统而言，都有与之相适应的搬运方法——设备及容器的形式。

2）建筑特征。作业单位的建筑应保证道路的直线性与整齐性、建筑物的整齐规范以及公用管线的条理性。

3）道路。由于道路运输机动灵活，适用于绝大多数货物品种的运输，因此，道路运输是各类工厂的基本运输方式。另外，厂内道路除承担运输任务外，还起到划分厂区、绿化美化厂区、排除雨水、架设工程管道等作用，同时也具备消防、卫生、安全等环境保护功能。

厂内道路按其功能分为主干道、次干道、辅助道路、车间引道及人行道。各类道路可根据工厂规模大小、厂区占地多少及交通运输量大小酌情设置。厂内道路布置设计应满足以下基本要求：

①满足物流、人流的要求。在进行厂内道路布置设计时，必须对全厂各部门之间的物流、人流状况进行分析，以明确物流、人流的流向和流量，这是进行厂内道路布置的主要依据。在系统布置设计过程中，经过物流分析、非物流相互关系（特别是人流）分析、位置相关图布置和面积相关图布置以后，基本了解了各部门之间的物流与人流状况，此时则可在面积相关图上进行厂内道路布置。当物流与人流均较多时，要合理分散物流和人流，避免主要物流与主要人流的合流和交叉，确保货运与人员安全；当物流与人流不多时，可兼顾物流与人流。总之，道路布置应能满足生产物流与人流运输的要求，并达到物流通畅、运距短捷，人流方便、确保安全。

②使厂区道路布置与工厂总平面布置协调一致。由于道路起着分隔各部门、划分工厂功能分区的作用，决定着大多数建筑物的朝向、工程管线的铺设及厂区绿化模式，因此，厂区主要道路布置应与工厂总平面布置协调一致。一般情况下，厂内主干道路与大多数建筑物的长轴和主要出入口的位置相适应。

③厂内道路一般应为正交和环形布置。厂内道路应采用环状布置形式，以便于各部门之间的运输。道路交叉时应采用正交方式，同时，在道路交叉口或转弯处应满足运输视距的要求，在视野范围内不应布置有碍瞭望的建（构）筑物及高大的树木，以确保运输行车的安全。

④满足消防、卫生、安全等环境保护及排除雨水要求。道路布置应能使消防车直接通向厂内各主要车间。对于那些道路不能直接到达的车间、堆料场、仓库和其他设施，应设置消防通道并使消防通道能与厂区道路方便衔接，以使消防车能迅速到达所去地点，减少火灾损失。道路布置应合理地分隔不同生产性质的各部门，减少相互之间的干扰；同时，应避免由于道路布置不合理而使危险品、易燃品、易爆品的运输穿过与其无关的生产区及生活区。布置道路时，还应尽量缩短厂外运输在厂内的运输距离，以减少汽车运输的噪声、振动、尾气对厂区环境的污染，保护厂区环境。

⑤应尽量避免或减少与铁路线的交叉。大型冶金及矿山企业通常是同时采用道路运输与铁路运输，应尽量减少运输繁忙的道路与运输繁忙的铁路的交叉，以避免道路、铁路运输之间的相互干扰。

⑥满足艺术和美化要求。厂内道路布置应与绿地、广场、行道树、自然环境综合考虑，以提高道路系统和整个厂区的艺术和美化效果。

根据工厂的生产工艺流程和物料搬运特点，厂内道路布置形式有环状式、尽端式和混合式三种。

厂内道路应按《厂矿道路设计规范》进行设计。不同道路的宽度是不一样的，通常，主干道路宽为9m，次干道路宽为6m，车间之间、车间与围墙之间的消防通道一般为3~4.5m，车间引道为3m。另外，道路与建筑物之间应留有一定的距离，供排雨水沟渠、管线布置、绿化等占用。

4）公用管线布置。在工业生产过程中，各车间或工段所需要的水、气（汽）、燃油以及由水力或风力运输的物料，一般均采用管道输送。同时，生产过程中产生的污水、废液以及由水力或风力运输的废渣，再加上雨水，也常用管道（或沟、渠）排出。各种机电设备、电器照明、通信信号所需要的电能，都用输电线路输送。所谓管线，就是各种管道和输电线路的统称。工业企业内的管线很多，有水、气（汽）、燃油管道、输电线路以及运输物料及废渣的管渠等，同一种管线又有很多条。各种管线的性质、用途、技术要求各不相同，又往往交织在一起，既互相联系又互相影响。它们当中任何一条发生故障，都有可能造成停水、停电、停气（汽）、断料，直接或间接影响生产的正常进行。因此，布置时要遵循各种管线自身的技术条件要求，满足管线与管线之间、管线与建（构）筑物之间的各种防护间距要求，还应注意节约用地。要从全局出发，统筹兼顾，适当安排，合理地进行综合布置，确保各种管线的安全运行。管线综合布置就是根据要求确定各管线的平面位置，是工厂总平面布置的组成部分，需要协调各管线的专业技术要求进行规划设计。

5) 厂区绿化规划。在条件允许的情况下，厂内空地都应绿化。一般情况下，工厂主要出入口及厂级办公楼所在的厂前区、生产设施周围、交通运输线路的一侧或双侧，都是厂区绿化的重点。因此，在进行工厂总平面布置时，应在上述区域留出绿化地带。

厂前区的绿化应与厂前区的建筑相一致，可以设置花坛、绿地及建筑小品，形成优美的环境。在车间周围应种植一些乔木或灌木树种，可以减小车间生产产生的烟雾、粉尘及噪声对其他部门的影响。道路绿化是带状绿化，形成全厂绿化骨架。道路绿化的主要作用是给路面遮阴、分隔车道、吸收交通灰尘、减少交通噪声、引导视线、美化路容和厂区环境。道路绿化一般选用高大乔木或矮小灌木树种，不同树种占用的空间是不一样的，因此在进行总平面布置时，应为绿化留有适当的平面面积，同时，还应确保树木与建（构）筑物之间留有一定的距离，以避免树木与建（构）筑物、铁路、道路和地下管线之间的相互影响。

6) 场地条件与环境。厂区内外的社会环境、公共交通情况、环境污染等方面因素都会影响布置方案。为便于与外界联系，常常把所有职能管理部门甚至生活服务部门集中起来，布置在厂门周围，形成厂前区。而厂门应尽可能便于厂内外运输，便于实现厂内道路与厂外公路的衔接。注重合理利用厂区周围的社会条件。

同时，要充分考虑自然地理条件对工厂布局的影响。

①充分利用地形、地质等自然条件。进行工厂总平面布置时，应充分利用地形、地貌条件，选择合理的竖向布置形式，确定各建筑物、构筑物的朝向及物料运输方式等，还应根据工程地质和水文地质情况布置建筑物和构筑物。

②充分考虑气象、气候因素的影响。对于存在有害烟尘的生产企业，要充分考虑风向对总平面布置的影响。

(2) **实际条件限制**。前述修正因素是布置设计中应考虑的事项，此外还存在一些对布置设计方案有约束作用的其他因素，包括给定厂区的面积、建设成本、厂区内现有条件（建筑物）的利用、政策法规等方面的限制因素。这些因素统称为实际条件限制因素。确定布置设计方案时，同样需要考虑这些因素的影响，根据这些限制因素进一步调整方案。

6.4.7 工厂总平面布置图的绘制

通过考虑多种方面因素的影响与限制，形成了众多布置方案，抛弃所有不切实际的想法后，保留2~5个可行布置方案供选择。采用规范的图例符号，将布置方案绘制成工厂总平面布置图，如图6-24a、图6-24b和图6-24c所示，分别对应电瓶叉车总装厂三种总平面布置方案。

对于上述三种方案，需要进行全面的评价与选择。

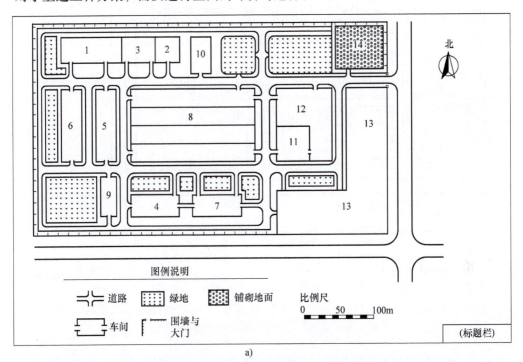

a)

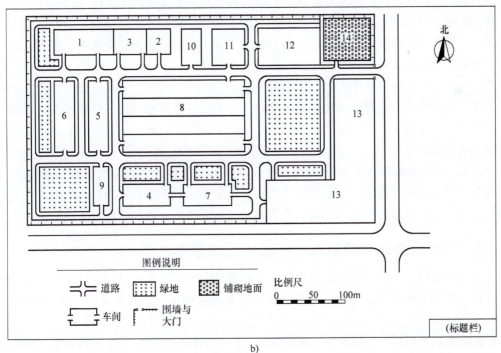

b)

图6-24 电瓶叉车总装厂总平面布置图

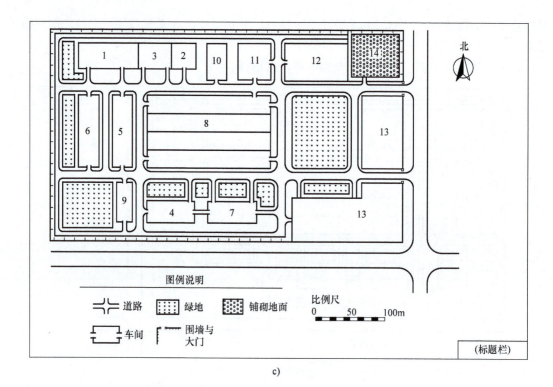

c)

图 6-24 电瓶叉车总装厂总平面布置图（续）

方案 a：该方案的试车车间与成品库安排在厂区中心，靠近出入口，与总装车间较近，便于内部搬运，通过工厂主干道路直接与社会公路相连，运输也非常方便。但是，由于与办公楼接近，噪声大，影响办公环境，而且只设立了一个厂门，人流、物流都交汇在这里，故该方案不是最佳方案。

方案 b：该方案的特点是试车车间与成品库安排在厂区北部，与其他仓库接近，远离办公楼。由于各种仓库均布置在这个区域，通过工厂主干道路直接与社会公路相连，运输非常方便。但是，与方案 a 一样，这个方案只设立了一个厂门，人流、物流都交汇在这里，故该方案也不是最佳方案。

方案 c：该方案是在方案 b 的基础上将办公楼分为两部分，设立另外的主干道路及厂门。因此，可以规定北部厂门承担主要物流任务，南部厂门承担人流任务，此外，在非人流高峰期，两个门都可以通行运输车辆，使厂内、外运输更加合理，故该方案是最佳方案。

6.4.8 方案评价选择并绘制工厂总平面布置图

通过对作业单位面积相关图的调整，可以获得数个可行方案。通过考虑多方面因素的影响与限制，形成了众多布置方案，抛弃所有不切实际的想法后，保留 2~3 个可行布置方案供选择。

采用规范的图例符号，将布置方案绘制成工厂总平面布置图。对于各种方案，需要进行全面的评价与比较，选择出最佳方案，作为最终的工厂总平面布置方案。

方案评价是系统布置设计程序中的最后环节，也是非常重要的环节。只有做好方案评价，才能确保规划设计的成功，因此必须重视评价阶段的工作。常用的布置方案的评价方法有技术指标评价法（如物流-距离图分析）以及综合评价法（如加权因素法和成本比较法）。

6.5 方案的评价与选择

6.5.1 概述

在布置设计过程中，如何把自然规律和社会经济规律统一起来，如何把自然因素、社会因素及技术本身的内在因素合理地结合起来，如何把先进性与现实性、需要和可能统筹兼顾，是布置设计取得成功的基本保证。这是在进行布置设计过程中进行工程技术经济分析的客观必要性。

工程技术经济分析和评价是研究技术与经济的关系以及它们之间的最优结合。因此，在生产系统的开发与建设过程中，应在市场调查和需求预测的基础上，对提出的各种技术方案进行分析、论证，针对技术上的先进性、生产上的可行性、经济上的合理性进行综合评价、比较，选择最优方案。

在布置设计过程中要反复进行方案论证工作，即在规划的每一个阶段和每一个层次都要对有关问题进行若干方案的评价和选择。这是规划中全面、综合地进行分析、对比并选择最优方案的重要活动——择优活动。

评价与选择必须明确问题的性质，确定问题的范围。通过对多个方案进行比较，按既定的目标或要求，选择技术先进、生产可行、经济合理的方案。本书前面各部分涉及的物流网络技术方案的评价与选择、厂（场）址方案的评价与选择、设施总体规划方案的评价与选择、物料搬运系统布置方案的评价与选择等，都需要在各个规划阶段进行方案评价与选择。总之，方案的综合评价是系统规划过程中寻求最佳技术、经济方案的决策手段。

布置设计与设施规划研究的问题都是多因素、多目标的问题，既要考虑问题自身所具有的各种因素，又要考虑各种与之相关的因素；既要达到主要技术经济指标要求，又要满足各种其他相关目标的要求。这就使得评价与选择具有综合性、系统性的特点。在规划与设计过程中进行方案评价与选择时，一般分为两种情况：一是单项指标比较评价；二是综合指标比较评价。

当多个方案中的其他指标基本相同或不重要，而只有某项主要指标不同或重要时，则可根据该项主要指标的优劣情况来评价方案，如在工厂总平面布置中常用物流-距离图来评价设计方案的好坏。这种方法将在后面重点论述。单项指标比较评价还包括经济比较评价、技术水平评价等。

由于企业物流是一个复杂系统，影响因素很多，而且极为复杂，因此，在决策中一般应进行多种因素、多个指标的综合评价比较。综合指标比较评价方法有非经济因素的优缺点比较法和加权因素比较法等。

1. 财务评价

财务评价就是对项目进行财务可行性分析，主要是对企业获利能力的分析，并对各种方案进行经济效益分析、比较，以便从中选出成本低、收效大的最佳方案。因此，技术方案能否为决策者采用，很大程度上取决于这种方案能否给企业带来经济效益。要提高经济效益，则应力求节约人力、物力资源,即要求产出大于投入,从价值形态上看,则要求收入大于支出。因此对企业的财务状况做出评价是十分重要的。

财务评价是根据国家现行财税制度和现行价格,分析预测项目的效益和成本,考察项目的获利能力、清偿能力及外汇效果等财务状况,以判别方案在财务上是否可行,为决策者提供依据。

财务是否可行,一般以财务内部收益率、投资回收期和固定资产投资借贷偿还期等作为主要评价指标。产品出口创汇及替代进口节汇的项目要计算财务外汇净现值、财务换汇和节汇成本等指标。根据项目的特点及实际需要,也可计算财务净现值、财务净现值率、投资利润率、投资利税率等辅助指标。

财务盈利性分析可分为动态分析和静态分析。进行评价时,应以动态分析为主、静态分析为辅。

动态分析法又称现值法。这种方法既考虑了项目的整个生命周期,也考虑了资金的时间价值。动态分析法采用复利计算方法,将不同时期内的资金流入和流出换算成同一时点的价值,为不同方案和不同项目的经济比较提供了时间方面的可比性,并能反映出未来时期的发展变化情况,从而比较正确地对项目的财务可行性做出评价。动态分析的主要指标有财务内部收益率、净现值和净现值率,以及财务外汇净现值、财务换汇成本或节汇成本。

静态分析法又称简单分析法。这种方法不考虑项目的生命周期及资金的时间价值,一般比较简单、直观,使用方便。采用静态分析法评价的主要指标有投资利润率、投资利税率、投资回收期、固定资产投资借贷偿还期。

2. 国民经济评价

国民经济评价是项目经济评价的核心部分,即通过对比项目对国民经济的贡献和国民经济付出的代价,来分析投资行为的合理性。国民经济评价的主要内容包括国民经济盈利能力分析和外汇效果分析,主要评价指标是经济内部收益率、经济净现值和净现值率。

6.5.2　综合指标比较评价

对于设施布置建设项目,由于影响因素很多而且极为复杂,因此在进行项目决策时一般应进行综合指标比较评价。综合指标比较评价应根据具体情况和项目的特点确定需要评价的指标体系。

综合评价的指标体系中,有的是定性指标,有的是定量指标,而且定量指标的计量单位又多不相同。因此,在进行综合指标比较评价时,对定性指标应划分满足程度等级,对定量指标也应划分数量级别,以便专家评审时,按规定标准,针对不同指标具体打分。同时,由于各种指标对方案的重要程度不完全相同,因此还应对各指标规定其加权值,以便汇总得到最终结论。

在设施布置中,综合指标比较评价的具体做法有优缺点比较法和加权因素比较法。

1. 优缺点比较法

在初步方案的评价与筛选过程中,由于设计布置方案并不具体,各种因素的影响不易准确确定,此时常采用优缺点比较法对布置方案进行初步评价,舍弃那些存在明显缺陷的布置方案。

为了确保优缺点比较法的说服力,首先应确定出影响布置方案的各种因素,特别是有关人员所考虑和关心的主导因素,这一点对决策者尤其重要。一般做法是编制一个内容齐全的常用的系统规划评价因素点检表,供设施布置人员结合设施的具体情况逐项点检并筛选出需要的比较因素。表 6-19 为设施布置方案评价因素点检表。

在确定了评价因素以后,应分别对各布置方案分类列举出优点和缺点并加以比较,最终给出一个明确的结论——可行或不可行,供决策者参考。

表 6-19 设施布置方案评价因素点检表

序号	因 素	点 检 记 号	重 要 性
1	初次投资		
2	年经营费		
3	投资收益率		
4	投资回收期		
5	对生产波动的适应性		
6	调整生产的柔性		
7	发展的可能性		
8	工艺过程的合理性		
9	物料搬运的合理性		
10	机械化、自动化水平		
11	控制检查的便利程度		
12	辅助服务的适应性		
13	维修的方便程度		
14	空间利用程度		
15	需要储存的物料、外购件数量		
16	安全性		
17	潜在事故的危险性		
18	影响产品质量的程度		
19	设备的可得性		
20	外购件的可得性		
21	与外部运输的配合		
22	与外部公用设施的结合		
23	经营销售的有利性		
24	自然条件的适应性		
25	环境保护条件		
26	职工劳动条件		
27	对施工安装投产进度的影响		
28	施工安装对现有生产的影响		
29	熟练工人的可得性		
30	公共关系效果		

2. 加权因素比较法

加权因素比较法的基本思想是把布置方案的各种影响因素,无论是定性的还是定量的,都划分等级,并赋予每个等级一个分值,使之定量化,用等级或分值来定量表示该因素对布置方案的满足程度;同时,根据不同因素对布置方案取舍的影响及重要程度设立加权值。从而能够确定不同因素对布置方案的影响,并计算出布置方案的评分值,根据评分值的高低来评价方案的优劣。

与优缺点比较法一样,加权因素比较法也需要确定评价因素,一般设施布置的要求与目标都应列为评价因素。**评价因素通常包括:**

(1) **适应性及通用性**。如布置方案对产品品种、产量、加工设备、加工方法、搬运方式变更的适应能力;适应未来生产发展的能力等。

(2) **物流效率**。如各种物料、信息、人员按照流程的流动效率,有无必需的倒流、交叉流动、转运和长距离运输;最大物流强度;相互关系密切程度高的作业单位之间的接近程度等。

(3) **物料运输效率**。如物料运入、运出厂区所采用的搬运路线、方法和搬运设备及容器的简易程度;搬运设备的利用率、运输设备的维修性等。

(4) **储存效率**。如物料库存(包括原材料库存、半成品库存、成品库存等)的工作效率;库存管理的难易程度;储存物品的识别及防护;储存面积是否充足等。

(5) **场地利用率**。通常包括建筑面积、通道面积及立体空间的利用程度。

(6) **辅助部门的综合效率**。如布置方案对公用、辅助管线及中央分配或集中系统(如空压站、变电所、蒸汽锅炉及附属管路等)的适应能力;布置方案与现有生产管理系统和辅助生产系统(如生产计划、生产控制、物料分发、工作统计、工具管理、半成品及成品库存等)有效协调的程度等。

(7) **工作环境及职工满意程度**。如布置方案的场地、空间、噪声、光照、粉尘、振动、上下班及人力分配等对职工生产和工作效率的影响程度。

(8) **安全管理**。如布置方案是否符合有关安全规范;人员和设备的安全防范设施(如防火、隔离和急救等),足够的安全通道和出口;废料清理和卫生条件等。

(9) **产品质量**。如布置方案中的运输设备对物料的损伤;检验面积;检验设备、检验工作站的设置位置对质量控制的影响等。

(10) **设备利用率**。如生产设备、搬运设备、储存设备的利用率;是否过多地采用重复设备而忽略了在布置方案时设法对某一设备的共同利用。

(11) **与企业长远规划相协调的程度**。如布置方案与企业长远发展规划、长远厂(场)址总体规划、总体系统规划的符合程度。

(12) **其他**。如布置方案对建筑物和设备维修的方便程度;保安和保密;节省投资;布置方案外观特征及宣传效果等。

然后,依据某一因素与其他因素的相对重要性,确定该因素的加权值。一般做法是:首先,把最重要的因素确定下来,定出该因素的加权值,一般取10;然后,把每个因素的重要程度与该因素进行比较,确定合适的加权值。

应该指出的是,加权值的确定应采取集体评定然后求平均值的方式,最终结果应得到大多数参与布置方案评价人员的认可。

对于每一个评价因素都应独立地评价该因素对布置方案的满足程度，评价结果一般划分成评价等级。仿照设施布置设计方法，评价等级划分为 A、E、I、O、U 五个等级，每个等级的含义及评价分值如表 6-20 所示。

表 6-20 评价等级的含义及评价分值

等 级	符 号	含 义	评价分值 w
优	A	近于完美	4
良	E	特别好	3
中	I	达到主要效果	2
尚可	O	效果一般	1
差	U	效果欠佳	0

针对待评价的数个方案（一般取 3~5 个），确定评价因素及其加权值，制成如表 6-21 所示的评价表。将每个因素对各方案的评价等级 W 及评价分值 w 填入表中，最终求出各布置方案的各因素评价等级加权和，即

$$T_i = \sum_{j=1}^{n} a_j w_{ij} \qquad (i=1,2,\cdots,m)$$

式中，n 为评价因素总数；j 为评价因素序号，且 $j=1,2,\cdots,n$；a_j 为 j 号评价因素加权值；m 为方案数目；i 为方案序号；w_{ij} 为第 j 个因素对第 i 个方案的评价等级分值；T_i 为第 i 个方案的总分。

表 6-21 布置方案加权因素评价表

序号	评价因素	布置方案及其评价等级					备注
		I	II	III	IV	V	
1	因素 1 (f_1)	$\dfrac{W_{11}}{w_{11}}$	$\dfrac{W_{21}}{w_{21}}$	$\dfrac{W_{31}}{w_{31}}$	$\dfrac{W_{41}}{w_{41}}$	$\dfrac{W_{51}}{w_{51}}$	
2	因素 2 (f_2)	$\dfrac{W_{12}}{w_{12}}$	$\dfrac{W_{22}}{w_{22}}$	$\dfrac{W_{32}}{w_{32}}$	$\dfrac{W_{42}}{w_{42}}$	$\dfrac{W_{52}}{w_{52}}$	
⋮	⋮	⋮	⋮	⋮	⋮	⋮	
j	因素 j (f_j)	$\dfrac{W_{1j}}{w_{1j}}$	$\dfrac{W_{2j}}{w_{2j}}$	$\dfrac{W_{3j}}{w_{3j}}$	$\dfrac{W_{4j}}{w_{4j}}$	$\dfrac{W_{5j}}{w_{5j}}$	
⋮	⋮	⋮	⋮	⋮	⋮	⋮	
n	因素 n (f_n)	$\dfrac{W_{1n}}{w_{1n}}$	$\dfrac{W_{2n}}{w_{2n}}$	$\dfrac{W_{3n}}{w_{3n}}$	$\dfrac{W_{4n}}{w_{4n}}$	$\dfrac{W_{5n}}{w_{5n}}$	
	总分	T_1	T_2	T_3	T_4	T_5	

一般认为，如果某一方案得分高于其他方案 20%，则可确认该方案为最佳方案。若比较方案得分比较相近，应对这些方案进行再评价，评价时增加一些因素，并对加权值和等级划分进行更细致的研究，还可以邀请更多的人员参加评价。

对于选中的最佳方案，还应根据评价表中的数据加以修正。

复习思考题

1. 设施布置设计的内容是什么?
2. 设施布置中,若出现目标冲突如何解决?
3. 如何选取设施布置形式来适应市场的变化?
4. 如何避免工序交错流动、制成品混杂?
5. 如何进行布置的定量分析?

一切科学的伟大目标，即要从尽可能少的假说或者公理出发，通过逻辑的演绎，概括尽可能多的经验事实。

——爱因斯坦

服务设施的布置与设计必须通过实施前严谨的归纳与推理，确定其合理性和可行性，才能在后续的实施中获得最佳效果。

第 7 章
服务设施的布置与设计

设施布置是指在已经选定的厂（场）址范围内，对厂房、车间、设备、办公楼、仓库、公用设施等物质实体进行合理的位置安排，确保系统中工作流（顾客或材料）的畅通，以便以最经济的方式满足生产服务能力和质量的要求，有效地为企业的生产运作服务。由于设施布置与设计需要投入大量的资金和人力，而设施布置与设计完毕后具有长期性，不容易改变，并且设施布置与设计的优劣还会影响到生产服务运作过程中的成本和效率，因此，设施布置与设计对于服务企业运作也具有重要的意义。

在服务业中，也存在上面提到的制造业中类似的设施布置与设计问题。服务设施的布置与设计主要应用于办公室、零售业态、餐饮、医院和仓库等方面。

[学习目的]

1. 了解生产型与服务型设施布置与设计的特点。
2. 理解服务设施布置与设计的主要决策内容。
3. 掌握零售店、医院和仓库布置的方法。
4. 了解各类服务设施布置与设计的实例。

 7.1 服务设施的布置与设计概述

7.1.1 制造业与服务业的区别

制造业与服务业的最主要区别在于制造业生产的是有形产品，而服务业生产的是无形产品（见表 7-1）。

表 7-1 制造业与服务业的区别

制 造 业	服 务 业
·产品是有形的、耐久的	·产品是无形的、不可触的、不耐久的
·产出可储存	·产出不可储存
·顾客与生产系统极少接触	·顾客与服务系统接触频繁
·响应顾客需求周期较长	·响应顾客需求周期很短
·服务范围广泛	·主要服务于有限区域范围内
·设施规模较大	·设施规模较小
·质量易于度量	·质量不易度量

7.1.2 生产型与服务型设施布置与设计的特点比较

生产型与服务型设施布置与设计的特点比较如表 7-2 所示。

表 7-2 生产型与服务型设施布置与设计的主要特点比较

生产型设施布置与设计的特点	服务型设施布置与设计的特点
·直线型流动、回溯最少 ·生产时间可以预先估计 ·在制品少 ·开放的车间，人人都可以看到车间里生产的情况，瓶颈操作可被控制 ·工作地之间距离较近 ·物料的搬运和储存有序 ·没有不必要的物料搬运 ·易于根据条件的变化进行调整	·一目了然的服务流程 ·拥有足够的供顾客等待时使用的设施 ·拥有足够的服务窗口和明确的进出口 ·部门的安排和商品摆放合理，顾客能轻易看到商家想让其看到的东西 ·休息区和服务区面积平衡 ·人流和物流最少，物品摆放有序 ·面积利用充分

7.1.3 服务设施布置与设计的基本原则

（1）**整体结合原则**。设计时应尽可能将与设施布置有关的所有因素都考虑进去，以达到最优化的方案。

（2）**移动距离最小原则**。设计时应考虑到工作人员作业时的效率问题，从布置与设计层面对其进行优化。

（3）**流动性原则**。良好的设施布置与设计应保证工作流程的持续性。

（4）**空间利用原则**。在设计时注意空间的合理利用，力求提高空间的利用率。

（5）**柔性原则**。在布置与设计前应考虑各种因素变化可能带来的布置变更，以便于以后的扩展和调整。

（6）**人性化原则**。设施布置与设计应考虑让作业人员有安全感、舒适、安全。

7.1.4 服务设施布置与设计的主要决策内容

服务设施布置与设计不仅要根据服务类型和服务特点等确定其平面或立体的位置，还要相应确定服务流程、服务方式和移动路线。主要包括如下四个方面的决策：

1. 服务类型需要的空间、形状和位置

由于不同企业的服务类型、规模、服务特点、服务水平（专业化水平和协作化水平）

不同，因此运作单位的构成各不相同，占用的空间、形状和位置也有很大差别。例如，服务协作化水平较高的企业，员工的移动频率较高，所有相关联的运作单位集中布置为宜。**影响企业服务单位构成的要素主要包括：**

(1) **企业的产品和服务**。企业的经营目标最终是通过提供的产品和服务来实现的，因此，企业的产品和服务从根本上决定了企业运作单位的构成。具体而言，与服务类型和服务特点等有密切关系。

(2) **企业的规模**。企业的规模是指企业劳动力、生产资源和产品服务在企业中集中的程度，如员工人数、资产总值、服务产值等。企业规模越大，需要布置的工作单位就越多。如大型办公室往往会根据不同的职能划分不同的工作区域和面积。

(3) **企业服务的专业化和协作化水平**。服务的专业化是指服务部门中根据服务的不同过程而划分的各业务部分，这个划分过程就是专业化。服务的专业化能够大幅度提高劳动生产率，显著降低服务成本，有效提高服务质量，是目前许多企业广泛采用的工作方式。由于服务专业化的形式不同，相应的工作单位也不同。企业的协作化水平也会影响工作单位的数量和类型。协作化水平越高，企业内部的服务单位就越少。

2. 设施布置与设计的要求、原则和类型

设施布置与设计是企业运作的物质要素的有机组合，这种组合的合理性和有效性对运作系统功能的实现、效率和效益有着决定性的影响。因此，设施布置必须从系统分析入手，统筹兼顾，全面规划，合理部署，讲究整体的最优效果。为此，首先要明确设施布置与设计的目标、要求和基本原则，正确选择设施布置与设计类型是至关重要的前提和保证条件。**设施布置与设计的基本要求主要有：**

(1) **符合服务流程的要求**。设施布置与设计是为了服务流程的顺利进行，因此，对设施布置与设计的首要要求就是能够满足服务的运作过程要求。

(2) **尽可能使员工的移动距离最短**。员工的移动距离越短，工作效率就越高。

(3) **设施布置与设计应尽可能紧凑，有效利用面积**。布置紧凑不仅可以减少移动距离，还可以节约用地，减少工作量，降低基建投资成本。

(4) **保证工作生活环境和质量**。设施布置与设计中必须考虑防火、防盗、防爆、防毒等安全文明的生产要求，工作地要有足够的照明和良好的通风，减少噪声和振动，为员工创造良好的工作环境，保护员工的身心健康。还要注意设施布置与设计的美观性和艺术性，做好绿化工作。

(5) **合理划分区域，便于服务运作单位之间的联系、协作和管理**。

(6) **充分利用外部环境的便利条件，如供水、供电和公用设施等**。

(7) **要具有可扩展性，以满足再布置的要求**。

(8) **注意与周围环境的协调**。在大型写字楼区这一点需要特别注意，为企业树立良好的形象。

3. 设施布置与设计采用的方法与步骤

设施布置与设计是一个复杂系统的决策问题，受到众多因素的影响：既要保证满足服务要求，又要考虑经济因素；既要考虑当前情况，又要保证一定的灵活性，以便适应未来的改进。在设施布置与设计中还常常会遇到资金和物质上的限制，其中物质上的限制包括场地问题、大小、形状等。此外，各地法律法规所规定的安全措施也是必须考虑的限制因素。因此，进行设施布置与设计应有严谨精细的态度、严密的程序步骤和科学的方法。

4. 设施布置与设计的技术和经济评估

由于设施布置与设计是一项较为长期的投资，所耗费资金和人力、物力很大，因此必须对所提出的各种设施布置与设计方案进行技术和经济评估，对它们进行分析、比较，从而选出最优布置方案。

7.2　办公室的布置与设计

7.2.1　办公室布置与设计的内容

办公室布置与设计的内容主要是确定人员座位的位置和办公室物质条件的合理配置。布置与设计时一般要了解办公室工作的性质与内容、办公室内部组织与人员分工、办公室与其他单位的联系；可绘制业务流程图，作为布置的依据；还要了解办公室定员编制，以及根据工作需要应配备的家具、通信工具和主要办公用品等。在充分掌握情况的基础上，按办公室的位置和面积进行合理布置，并绘制平面图，经讨论、比较和修改后，即可正式按图进行布置与设计。

7.2.2　办公室布置与设计的要点

在进行办公室布置与设计时，通常考虑的因素很多。其中，如下两个主要因素须重点考虑：

1. 信息传递与交流的迅速、方便

信息的传递与交流既包括各种书面文件、电子信息的传递，也包括人与人之间的信息传递和交流。对于需要跨越多个部门才能完成的工作，部门之间的相对地理位置也是一个重要问题。在这里，应用工作设计和工作方法研究中"工作流程"的概念来考虑办公室布置与设计是很有帮助的，而工作设计和工作方法研究中的各种图表分析技术同样可以应用于办公室布置与设计。

2. 人员的劳动生产率

办公室布置与设计中要考虑的另一个主要因素是办公室人员的劳动生产率。当办公室人员主要是由高智力、高工资的专业技术人员所构成时，劳动生产率的提高就具有更重要的意义，而办公室布置与设计会在很大程度上影响办公室人员的劳动生产率。但也必须根据工作性质、工作目标的不同，来考虑什么样的布置与设计更有利于生产率的提高。例如，在银行营业部、贸易公司、快餐公司的办公总部等，开放式的大办公室布置与设计使人们感到交流方便，会促进工作效率的提高；而在一个出版社中，这种开放式的办公室布置与设计可能会使编辑们感到无端的干扰，无法专心致志地工作。

7.2.3　办公室布置与设计的形式

办公室布置与设计主要有如下四种形式：

1. 封闭式布置

传统的封闭式办公室，办公楼被分割成多个小房间，伴之以一堵堵墙、一扇扇门和长长的走廊（见图7-1）。这种布置可以使工作人员保持足够的独立性，但不利于信息交流和传递，人与人之间容易产生疏远感，也不利于上下级之间的沟通，而且几乎没有调整和改变布局的余地。

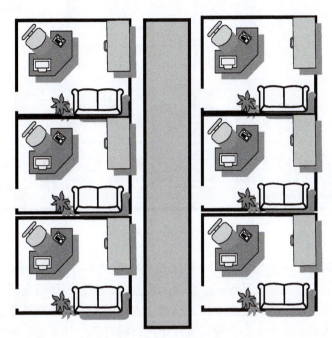

图 7-1 封闭式布置

2. 开放式布置

开放式布置是最近 20 多年来发展起来的一种办公室布置与设计形式。在一间很大的办公室内，可同时容纳一个或几个部门的十几人、几十人甚至上百人共同工作（见图 7-2）。这种布置不仅方便了同事之间的交流，也方便了部门领导与一般员工的交流，在某种程度上消除了等级的隔阂。但这种形式的一个弊端是有时会相互干扰，或者带来员工之间的闲聊等。

3. 模块式布置

在开放式布置的基础上，进一步发展起来的一种布置与设计形式就是带有半截屏风的组合办公模块。这种布置与设计既利用了开放式布置的优点，又在某种程度上避免了开放式布置情况下的相互干扰、闲聊等弊病。而且，这种模块使布置与设计有很强的柔性，可随时根据情况的变化重新调整和布置。据估计，采用这种形式的办公室布置，建筑成本比传统的封闭式布置节省 40%，改变布置的成本也低得多。

4. 活动中心式布置

在每一个活动中心，有会议室、讨论间、电视电话、接待处、打字复印机、资料室等进行一项完整工作所需的各种设备。楼内有若干个这样的活动中心，每一项相对独立的工作集中在一个活动中心进行，员工可根据工作任务的不同而在不同的活动中心之间移动，但每人仍保留有一个小的传统式个人办公室。显而易见，这是一种比较特殊的布置形式，较适合项目型的工作。

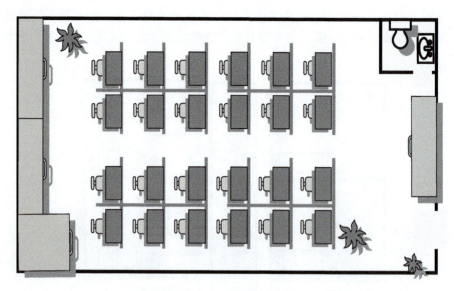

图 7-2 开放式布置

此外，随着信息技术的迅猛发展，一种新型办公形式——"远程办公"也正在从根本上冲击着传统的办公室布置与设计形式。所谓远程办公，是指利用信息网络技术，将处于不同地点的人们联系在一起，共同完成工作。例如，人们既可以坐在家里办公，也可以在出差地的另一个城市或飞机、火车上办公等。可以想象，随着信息技术进一步普及，其使用成本进一步降低以后，办公室的工作方式、人们对办公室的需求以及办公室布置与设计等，均会发生很大的变化。

7.3 零售店的布置与设计

7.3.1 零售店布置与设计的目标

零售服务业（如商店、银行、饭店等）布置与设计的目标就是使店铺的每平方米净收益达到最大。在实际应用中，这个目标经常被转化为"最小搬运成本"或"产品与顾客的接触最大化"等标准；同时还应该考虑其他许多人性化的因素。这里以零售店的布置与设计为例进行探讨。

零售店布置与设计总的目标是单位面积的获利能力最大化。一旦知道商店的空间价值后就能正确地布置商品，放在高价值区的商品应当产生足够的销售量，以匹配其位置。

零售店的布置与设计应考虑以下三个方面要素：

(1) 环境条件。环境条件是指背景特征，如噪声、音乐、照明、温度等。环境条件会影响顾客对服务的满意程度、停留时间及其花费，也会影响员工的表现和态度。虽然其中许多特征主要受建筑设计（即照明布置、排风扇空调布置、吸音板布置等）的影响，但建筑内的布置也对其有影响，如食品柜台的食物气味、剧院外走廊的灯光等。

(2) 空间布置与设计及其功能。空间布置与设计需要实现两个重要功能：设计出顾客的行走路径以及将商品分组摆放。行走路径的设计目的是给顾客提供一条路径，使顾客能够尽可能看到更多的商品，并沿着这条路径按需要程度为顾客提供各项服务。例如，银行服务柜台应该布置在顾客一进银行就能立即看到的地方。空间布置与设计中，路径中的通道数量和宽度也非常重要，因为它们会对服务便利性和服务流的方向产生影响。图7-3提供了零售店通道设计的一个示范：当顾客沿着主通道行进时，为了扩大他们的视野，使他们看到更多的商品，沿主通道分布的次通道可以按照一定角度进行菱形布置。

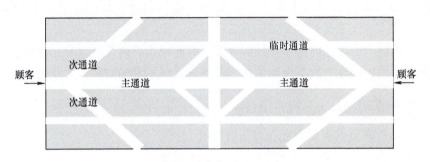

图7-3 零售店的菱形通道

对于商品摆放，目前流行的做法是将商品进行分类，将相关联的物品摆在一起，而不是按商品的物理特性或者货架大小与服务条件来摆放。例如，百货商店通常会将服装、鞋帽、电器、珠宝等类别分别放置于店面的不同区域或者不同楼层，即使在同一楼层的服装，也会按照西服、夹克、毛衣等类别分别集中摆放。这种布置在超市中也很常见。

对于通道规划和商品分类，以下几点值得参考：

1）人们比较倾向于以一种环形的方式购物，如果将利润高的商品沿墙摆放会提高他们购买的可能性。

2）超市中，摆放在通道尽头的降价商品总是比存放在通道里面的相同物品卖得快。

3）在付账、收银台或者其他服务性非卖区（如熨裤间、抽奖处），顾客需要排队等候服务，容易拥挤而影响其他顾客购物，因此这些区域应当布置在顶层或"死角"。

4）在百货商店中，离入口最近和邻近前窗展台处的位置最有销售力。

5）一般摆放珠宝等高档物品的区域客流量较小，顾客很容易通过并进入鞋帽等商品区。

（3）**标志和装饰品的布置**。标志和装饰品等是服务零售业中可以作为某种意义的标示物。例如，在某些百货商场，可通行的通道通常铺上瓷砖，而铺地毯的区域则是浏览区。对于某些需要容易识别的位置或者区域，要合理地设置标示物。

7.3.2 零售店布置与设计的要点

零售店布置与设计（Layout for Retailers）是指店内展示商品的安排方法，它不仅考虑各商品的摆放位置，还要考虑展示能吸引顾客，包含很多艺术的因素。例如，零售店应当通过橱窗展示吸引顾客进入店里，并通过对商品的合理分区、摆放和展示，让顾客易于找到所需要的商品；此外，零售店布置与设计还应让顾客经过通道时，能看到冲动性购买的商品。限于本书范围，这里主要介绍零售店布置与设计的一些主要方法和原则，不涉及艺术的因素。

具有一定规模的零售店内总有一些位置是"黄金铺面"，而顾客的交通路线就是毛利最高的商品摆放的最佳位置。冲动性购买的商品和方便货物应当摆放在店的前部；需要仔细挑选的商品及特殊商品自然会吸引购货的人，也不应放在黄金位置。总之，零售店应尽可能地使商品展示吸引人。最好的效果是顾客一看到展示，就知道该店出售商品的类型。公开展示主打商品，可以创建一个吸引人的销售区域；而将互补的商品一起展示，则能够促进销售。

空间充裕的展示为商品提供了开放的视野，并能减少店内失窃情况的发生；另外，货架高度也很重要，因为顾客一般不会购买他们看不到或够不着的商品，尤其是在超市。

7.3.3 零售店布置与设计的原则

（1）将购买频率高的商品布置在卖场的四周。
（2）将吸引力大和利润高的商品放在醒目的地方。
（3）将"能量商品"放在通道两旁。
（4）很好地利用通道末端，因为它们有较高的展示率。
（5）仔细布置卖场的出入口，会带来意想不到的效果。

常见的零售店布置与设计如图7-4所示。

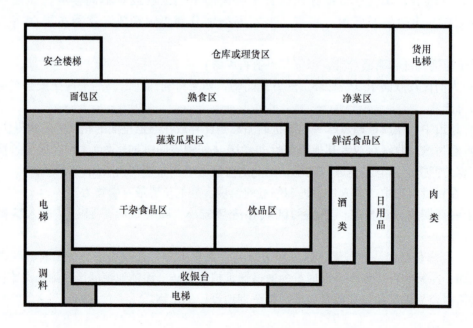

图 7-4 常见的零售店布置与设计

零售店布置与设计应充分考虑顾客的购买习惯。如果顾客进店购买特定的商品，并趋向于直接走向这些商品，则可在路途中布置一些附属的商品。观察顾客行为有助于确定热销商品和滞销商品。经过对客流量、灯光、通道、展示位置、声音、招牌和颜色等多种因素的综合考虑，即可得出最佳布置与设计形式。

7.3.4 零售店布置与设计的形式

零售店的布置与设计主要有如下三种形式：

1. 网格式布置

网格式（Grid Layout）布置以矩阵网格形式安排柜台，通道都是平行的（见图7-5）。大多数超市和相当数量的折扣店都采用网格式布置，因为它适合自选购物方式，容易控制客流量。网格式布置能有效利用销售空间，创造整洁的环境，并能简化购物活动。

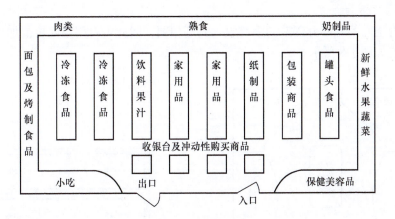

图7-5 网格式布置

2. 自由式布置

自由式（Freestyle Layout）布置与网格式布置有很大不同，它采用不同形状和大小的柜台（货架）展示商品（见图7-6）。自由式布置的主要优点是能营造一种轻松、愉快的购物

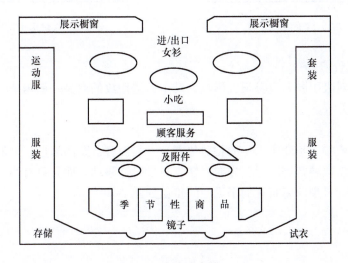

图7-6 自由式布置

气氛,从而刺激顾客更长时间地逗留和购买,并增加顾客冲动性购买的机会。但是,自由式布置的空间利用率较低,而且如果规划不好还可能产生安全问题。

3. 精品店式布置

精品店式(Boutique Layout)布置将零售店划分为一系列相对独立的购物区,每一区域都有自己的主题,就像在一个大店里布置一系列专卖店一样(见图7-7)。精品店式能为顾客提供一种独特的购物环境。一些规模小的百货商店常采用这种布置。

一般而言,普通的商品按网格式布置,食品中间区域采用自由式布置,而奶类、面包、蔬菜和水果等则采用精品店式布置。

7.3.5 零售店内的价值区分

1. 楼层区位价值

零售店内空间的各部分创造的销售收入并不相同,因此可以用空间价值加以区分。一般楼层区位价值如图7-8所示。

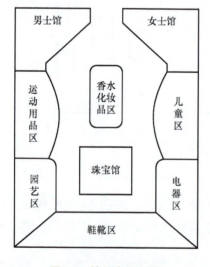

图7-7 精品店式布置

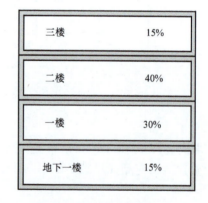

图7-8 楼层区位价值示例

2. 通道区位价值

通道的布置对吸引顾客也有很大影响,沿主通道摆放的商品一般销量较高,其客流量分布一般如图7-9所示。

3. 空间价值

空间价值也依赖于与商店入口的相对位置。一般而言,距离越远,价值越低。另外,统计规律表明,大多数顾客进店后,先向右转,再反时针移动,而且只有约1/4的顾客会逛完超过一半的店面。典型商店布置的平面空间价值如图7-10所示。

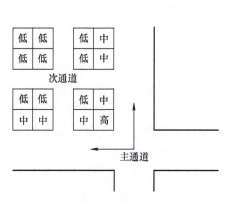

图 7-9　通道区位价值示例

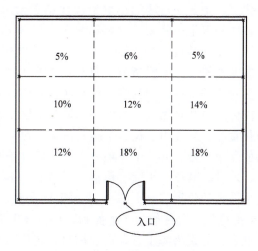

图 7-10　空间价值示例

7.3.6　零售店布置与设计实例分析

1. 沈阳家乐福文化路店布局介绍

沈阳家乐福文化路店（以下简称"文化路店"）由三层卖场构成，总面积约为 4 500m²，长度约为 90m，宽度约为 50m，因此长与宽的比例大约为 1.8∶1。

如图 7-11 所示，文化路店卖场的服务处、存包处和卫生间位于二层，三层卖场商品主要以条形货架和方形展柜摆放，入口处正前方为卫生纸的促销区，向左转后看到的是

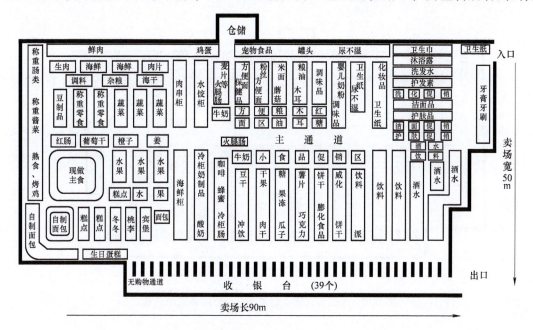

图 7-11　沈阳家乐福文化路店三层卖场平面图

日化区，主要由较矮的小货架和促销平台组成。左边靠墙是牙膏牙刷货架，前方从右到左依次是卫生巾货架、沐浴露货架、洗发水货架、护发素货架、洗化促销平台、洁面品货架、护肤品货架、洁面促销平台和护肤促销平台；再往前是化妆品专柜、卫生纸货架和婴儿奶粉、尿不湿货架。日化区左侧是主通道，主通道将整个卖场分为两部分。和日化区对应的卖场左侧为酒水饮料区，其中酒水有 3 个货架，饮料有 2 个货架。再往前卖场的左侧是包装食品区，右侧是米面粮油区。包装食品区有 7 个大型货架，主要包括饼干、膨化食品、巧克力、糖、果冻、干果、咖啡、蜂蜜等，每个货架的右侧都有相应包装食品的促销平台，共 7 个，还有 1 个牛奶促销平台。米面粮油区有 6 个大型货架，包括调味品、木耳、蘑菇、米面、粮油、方便面、保健品、麦片、火腿肠、牛奶等，每个货架靠近主通道的位置都有 1~2 个小型促销平台，共 11 个。再往前为冻食区，有 2 个冷藏柜、3 个冷冻柜。再往前为 4 个促销平台，分别为姜、橙子、葡萄干和红肠。蔬菜的右侧为小型展台，分别为海干、杂粮、调料、肉片、海鲜和生肉等，展台靠墙为一长条鲜肉展柜。水果的左侧为面包糕点区，有 3 个面包小货架，分别为宾堡、桃李、冬冬专柜，往前为两个现做糕点的货架和一个散装面包环形展架，左侧靠墙为生日蛋糕展柜和自制面包展柜。水果前方为一个大型的现做主食环形展柜，主要制作馒头、包子、凉皮、煎饼等主食。前方靠墙为一长条的大型熟食展柜，包括肠类、酱菜、熟食和烤鸡等。包装食品的左侧是收银台，共有 39 个收银台和 2 个无购物通道，收银台处有小型的商品促销货架。出了收银台就是三层卖场的出口。

根据文化路店三层卖场的商品布置的实际情况，可将整个卖场按商品种类划分为八个区域，如图 7-12 所示，分别为日化区、酒水饮料区、包装食品区、冻品区、生鲜区、蔬果区、熟食区和米面粮油区。各区的主要商品以及所占的面积如表 7-3 所示。

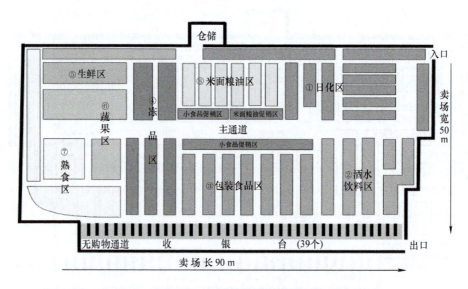

图 7-12 沈阳家乐福文化路店三层卖场的八个区域

表 7-3 商品区域明细表

区域编号	区域名称	主要经营产品种类	营业面积/m²
①	日化区	洗化产品、日用品、护肤品	692
②	酒水饮料区	酒水、饮料、香烟	463
③	包装食品区	饼干、膨化食品、干果、冲饮等	675
④	冻品区	肉串、奶制品、水饺等速冻食品	472
⑤	生鲜区	生肉、海鲜	630
⑥	蔬果区	蔬菜、水果	402
⑦	熟食区	面包糕点、熟食、主食等	486
⑧	米面粮油区	米面、粮油、方便面、保健品等	525

2. 物流分析

由于顾客进入卖场后会挑选不同区域的商品,同时会在不同区域间穿插购买,因此,这里根据卖场平面布局绘制平面图进行优化对比分析。

对卖场各区域间物流量进行统计,根据统计数据,绘制从至表(见表7-4)。

绘制作业单位非物流关系物流表(见表7-5)和各作业单位间位置相关图(见图7-13)。

表 7-4 物流量统计分析 (单位:kg)

从 \ 至	①日化区	②酒水饮料区	③包装食品区	④冻品区	⑤生鲜区	⑥蔬果区	⑦熟食区	⑧米面粮油区	⑨入口	⑩出口	⑪收银台	⑫仓储	⑬存包处	⑭服务台	合计
①日化区		25	89	38	13	25	38	10			2				240
②酒水饮料区	10		38	17	4	9	12	5			1				96
③包装食品区	21	25		91	32	50	82	32			3				336
④冻品区	5	3	27		28	43	26	10			2				144
⑤生鲜区			7	16		8	14	2			1				48
⑥蔬果区			13	21	23		28	9			2				96
⑦熟食区			81	31	6	19		6			1				144
⑧米面粮油区	10	4	14	6	3	6	6				1				48
⑨入口												1 200			
⑩出口															
⑪收银台										1 152					
⑫仓储	240	96	336	144	48	96	144	48							
⑬存包处															
⑭服务台															
合计	286	153	605	326	157	254	350	122		1 152	13	1 200			1 152

表 7-5 作业单位非物流关系物流表

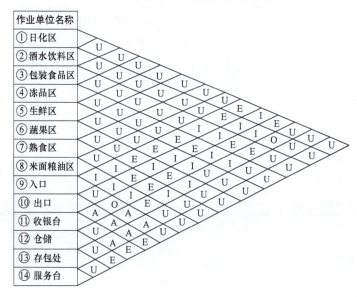

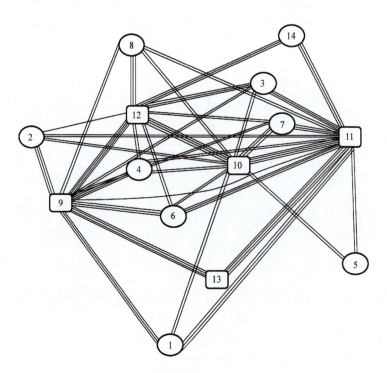

图 7-13 各作业单位间位置相关图

3. 文化路店布置上的缺点

(1) 卖场整体布局比较紧凑，促销展台较多，导致主通道被占面积较大，不方便顾客在卖场内走动。

(2) 商品关联性不强。将商品的种类按区域划分得十分精细，也非常醒目，但同时也导致商品之间的相关性不强。例如，可以把香皂和香皂盒放在一起，使顾客购买香皂时就会想起来买香皂盒，但是文化路店却把香皂盒放在二层，而香皂放在三层。

（3）服务台较少。仅在卖场的二层入口处设置服务台，在收银处却没有安放任何服务性展台，这样会对购买物品后需要向服务台索取相应商品的顾客造成不必要的麻烦，如酸奶的吸管、果冻的小勺等。

4. 文化路店三层卖场的优化方案

由于卖场收银台处没有相应的服务台，不便于顾客索取相应的配套商品，因此优化后的方案在收银台靠近出口处设立一个小型服务台，只负责配送相应的配套商品和开具发票，不进行其他工作，其他工作仍需要到二层主服务台办理。

经过对卖场各个区域的分析，得知卖场中生鲜区的销售量较大，而冻品区的销售量并不是非常乐观，因此优化后的方案决定适当增加生鲜区的面积，将生肉和海鲜区分开，方便顾客对比选购商品，同时减少冻品区的面积，将商品重新组合。

优化后的文化路店三层卖场布置如图 7-14 所示。

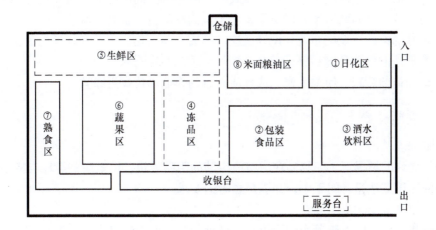

图 7-14　优化后的文化路店三层卖场布置

7.4　医院的布置与设计

7.4.1　医院布置与设计的目标

医院是现代设施布置与设计在服务业中应用的一个重要领域。按服务生产的分类，医院属于资本密集、与人群接触程度高的类型，通过对传统医院门诊的诊室布置现状、特点及就医流程的调查分析，发现诊室布置不合理是导致患者就医率和满意度低下的重要原因之一。因此，将传统医院门诊布置以自身管理方便为中心转变为以患者就医方便为中心，成为医院诊室布置与设计亟待解决的问题。

医院布置与设计的目标如图 7-15 所示。

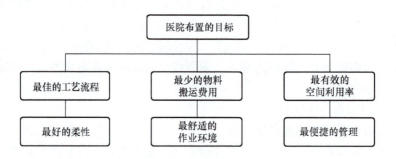

图 7-15　医院布置与设计的目标

7.4.2　医院布置与设计的要点

（1）最佳的工艺流程：保证工艺流程畅通，达到工艺流程时间短、效率高的效果。
（2）最小的物料搬运成本：简化运输路线，缩短部门间的距离，避免往返和交叉。
（3）最有效的空间利用率：建筑设备和单位制品的占有空间最小。
（4）最好的柔性：设施布置与设计适应产品需求的变化、工艺和设备的更新。
（5）最舒适的作业环境：保证安全，满足生理和心理需求。
（6）最便捷的管理：使关系密切或性质相近的作业单位靠近布置。

7.4.3　医院布置与设计的原则

1. 近距离原则

在条件允许的情况下，使物品在医院内流动的距离最短。以最少的运输与搬运量，使物品以最快的速度到达患者的手中，并满足患者的要求。

2. 设施布置与设计优化原则

应尽量将彼此之间物流量大的设施布置得近一些，而物流量小的设施与设备可布置得远一些，同时尽量避免物品运输的迂回和倒流。

3. 系统优化原则

不仅要重视作业流程的优化，而且还要重视设施规模和布局的优化。既要解决各物流环节的机械化、省力化、标准化，又要解决物流中心的整体化、合理化和系统化；既要控制成本，又要使患者/用户满意，提高服务水平，增强竞争力。

4. 柔性化原则

随着社会经济的发展，货流量及物品的种类也在发生变化，因此，设施布置与设计应随货流量的增加而逐步进行调整。为了满足国际经济形势的变化引起的货流量跳跃式增长，设施布置与设计必须留有发展的空间。如发达国家的一些医院建筑都是组合式的，设备安装也有利于变动和调整。

5. 满足物流作业流程和管理要求原则

设施布局首先要满足医院作业流程的要求：有利于货畅其流，有利于药品器械流动和管理，有利于各环节的协调配合，使设施的整体功能得到充分发挥，并获得最佳经济效益。

7.4.4 某医院布置与设计实例分析

1. 某医院的基本情况

为了了解医院设施布置与设计的实际情况,这里以某医院诊室布置与设计的基本资料为基础,探讨医院的布置与设计分析(见图7-16和图7-17)。

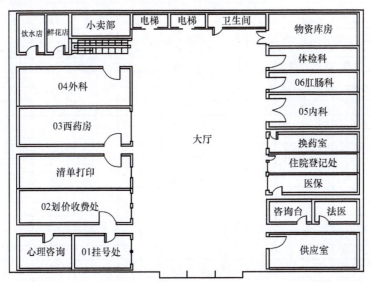

图7-16 某医院一楼平面布置

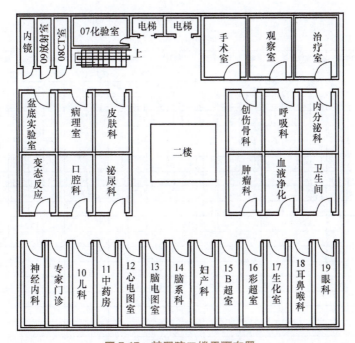

图7-17 某医院二楼平面布置

从输入与输出的角度看,医院主要输入病人,通过诊断与治疗,输出健康的人。因此,传统医院的特点更像是多品种、小批量的"生产",以分工理论为指导,以医院自身管理方便为中心，按照工艺专业化原则，实行诊室型布置。

所谓诊室型布置，是指医院的布局以不同科室的诊室为基本单位，每个病种都有各自的诊室，挂号处和划价收费处独立设置且唯一，所有患者都要在这两处挂号、缴费。

下面结合一般就医流程，挑选20种主要病症，将其流程汇总在一起，得到具体的患者就医流程示例图，如图7-18和图7-19所示。

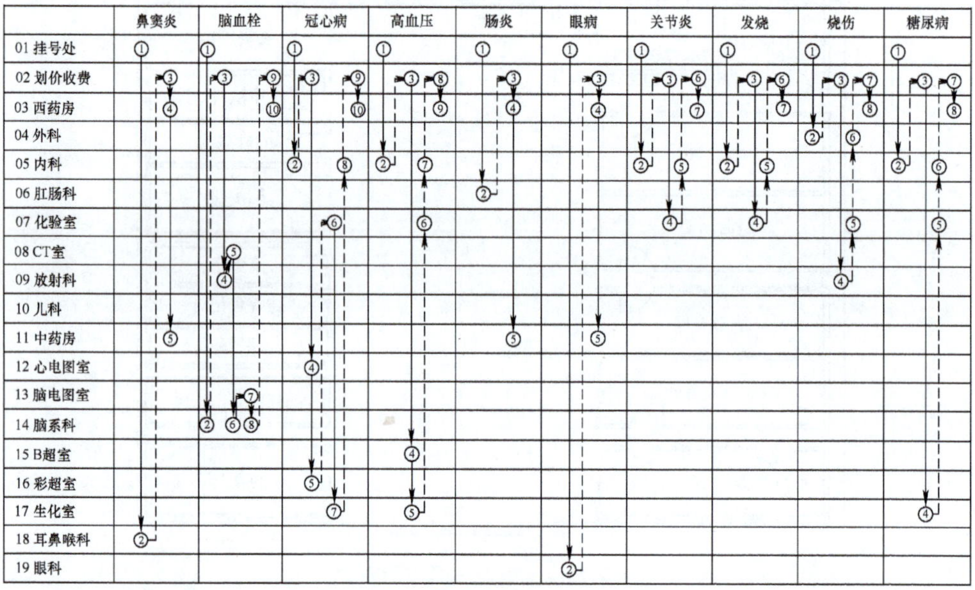

图7-18 患者就医流程（一）

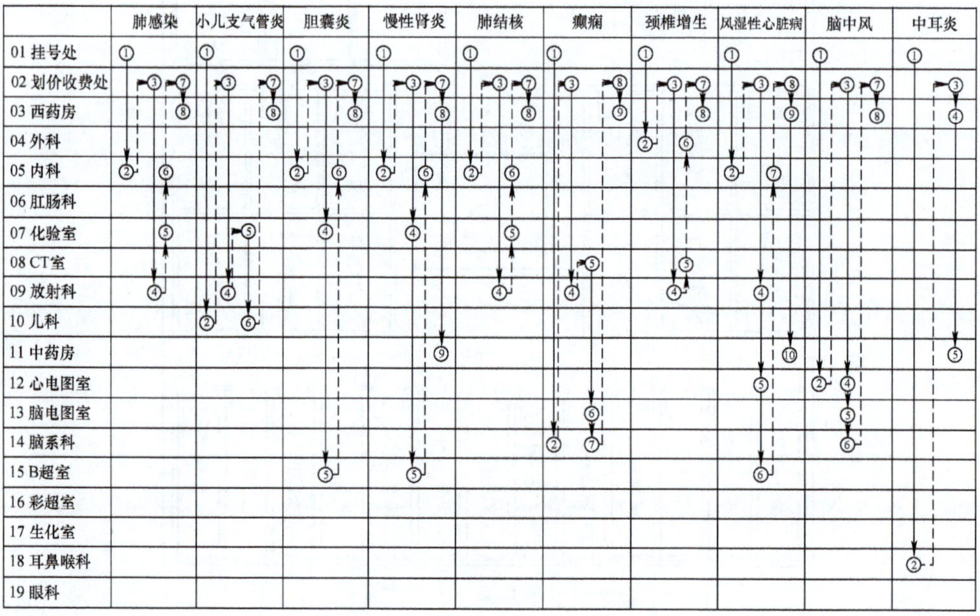

图7-19 患者就医流程（二）

说明：图 7-18 与图 7-19 中的数字表示患者就医经历的真实顺序。如看肠炎时，经历顺序如下：①挂号处→②肛肠科→③划价收费→④西药房→⑤中药房。图中，每个箭头都代表患者在两个诊室之间的一次移动。如看肠炎时，患者经历①→②，表示患者从诊室（01挂号处）到诊室（06肛肠科）移动一次。

从图 7-18 与图 7-19 中可以看到，由于诊室的分散布置，患者在就医时要不断地往返于诊室之间。以冠心病为例，患者就医的大致流程是：先到挂号处挂号，由于所有患者都要在这里排队，势必增加等待时间；接着，要到内科；之后，患者要到统一的划价收费处排队缴费；然后，患者再到心电图室，甚至要到很远的彩超室，然后再折回较远的化验室，之后又返回与彩超室相邻的生化室，最后再折回划价收费处和西药房。由于这几个诊室相互之间相距较远，患者就医期间必须经历多次较远距离的往返移动，因此，患者及其家属在诊室之间的路程上就要花费很长时间。

2. 医院诊室的相互关系分析

为了进一步了解患者在就医过程中的移动，下面利用系统布置设计（SLP）方法对患者在诊室之间的移动情况进行详尽分析，为医院的诊室布置优化提供准备。患者在诊室之间的移动情况是要分析的主要问题。这是因为患者在某两个诊室之间移动越频繁，就说明这两个诊室之间的关系越紧密，在布置时这两个诊室就应该越靠近。

在利用系统布置设计（SLP）方法进行布置时，不必关心患者在诊室之间具体的移动次数，而是通过划分移动频繁度等级的方法来研究。具体可划分为五个等级，分别用符号 A、E、I、O、U 来表示，即超高移动频繁度、特高移动频繁度、高移动频繁度、一般移动频繁度和几乎没有移动。患者移动频繁度等级对应着诊室相互之间关系密切程度等级。如患者在诊室之间有超高移动频繁度，则诊室之间的相互关系密切程度为绝对必要，依次类推，如表 7-6 所示。

表 7-6 患者移动频繁度和诊室之间相互关系密切程度的对应关系

等级	符号	患者移动频繁度	诊室之间相互关系密切程度	评分
1	A	超高移动频繁度	绝对必要	4
2	E	特高移动频繁度	特别重要	3
3	I	高移动频繁度	重要	2
4	O	一般移动频繁度	一般	1
5	U	几乎没有移动	不重要	0

3. 患者移动频繁度分析

结合上面 20 种主要病例的具体就医流程，用 20 种疾病的患者每人在每两个诊室之间的移动次数乘以每天的门诊量后，得到门诊患者平均每人每天在两个诊室之间的移动总次数，进而计算出它们各自所占的百分比，并根据这一百分比划分移动频繁度等级，如表 7-7 所示。在表 7-7 中，诊室间移动单位对表示患者从一个诊室移动到另一个诊室，如序号 1 对应的 01-04 表示患者从诊室（01 挂号处）移动到了诊室（04 外科）。20 种疾病的患者共移动了 2 次，则每人每天共移动（2/20×1 768）次 = 177 次，在移动总次数中的所占比例为 1.48%，被划分为 O 等级。

表 7-7 患者移动频繁度分析

序 号	诊室间移动单位对	患者移动总次数（次/天）	所占比例（%）	移动频繁度等级
1	01-04	177	1.48	O
2	01-05	884	7.41	E
3	01-06	88	0.74	O
4	01-10	88	0.74	O
5	01-14	265	2.22	O
6	01-18	177	1.48	O
7	01-19	88	0.74	O
8	02-03	1 768	14.81	A
9	02-04	354	2.96	I
10	02-05	1 768	14.81	A
11	02-06	88	0.74	O
12	02-07	354	2.96	I
13	02-09	707	5.93	I
14	02-10	177	1.48	O
15	02-12	177	1.48	O
16	02-14	530	4.44	I
17	02-15	88	0.74	O
18	02-17	88	0.74	O
19	02-18	177	1.48	O
20	02-19	88	0.74	O
21	03-11	530	4.44	I
22	04-07	88	0.74	O
23	04-08	88	0.74	O
24	05-07	530	4.44	I
25	05-15	265	2.22	O
26	05-17	88	0.74	O
27	07-09	354	2.96	I
28	07-10	88	0.74	O
29	07-15	177	1.48	O
30	07-16	88	0.74	O
31	07-17	265	2.22	O
32	08-09	265	2.22	O
33	08-13	88	0.74	O

4. 诊室之间相互关系分析

由于诊室之间移动频繁度等级对应着诊室之间相互关系密切程度等级，因此，将表7-7中的诊室之间移动频繁度等级填入方格中，就可以得到诊室之间相互关系密切程度（见表7-8）。

表7-8 某医院诊室之间的相互关系

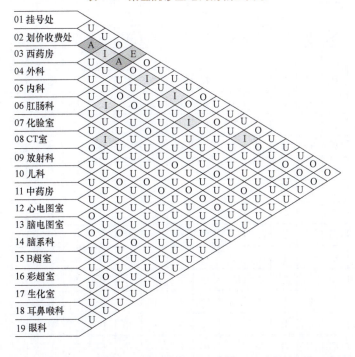

为了能够表示所有诊室之间的相互关系，将表7-8中的诊室之间相互关系等级填入行与列的相交方格中，进而得到某医院诊室之间的相互关系表（见表7-9）。

通过以上对诊室之间相互关系的分析，可以发现如下特点：①有些诊室与其他大部分诊室的关系都比较密切，如挂号处和划价收费处；②有些诊室只与特定的诊室关系密切，而与其他诊室不密切。经过优化，可以得到如图7-20和图7-21所示的结果。

5. 诊区式布置

通过上面对诊室之间相互关系及病例与诊室关系的分析，可以看到诊室型布置方式给医院管理带来了一系列的问题，将导致流程工作、设备种类、管理工作以及人员数量的大量增加及复杂性的提高，其结果是固定成本提高，质量和就医率下降，利润减少乃至亏损，同时也给患者带来诸多不便。

因此，要想提高就医率，就需要以资源优化为指导、以患者为中心，对传统医院门诊的诊室布置进行改造，按照以产品为主的混合布置原则，将治疗同一或相似疾病的诊室放在一起，使其相邻，实行诊区式布置。

表 7-9 某医院诊室之间的相互关系

至\从	挂号处	划价收费处	西药房	外科	内科	肛肠科	化验室	CT室	放射科	儿科	中药房	心电图室	脑电图室	脑系科	B超室	彩超室	生化室	耳鼻喉科	眼科
挂号处		U	U	O	E	O	U	U	O	U	O	U	U	O	U	U	U	O	O
划价收费处	U		A	I	A	O	I	U	I	O	U	O	U	I	O	U	O	O	O
西药房	U	A		U	U	U	U	U	U	U	U	U	U	U	U	U	U	U	U
外科	O	I	U		U	U	O	O	U	U	U	U	U	U	U	U	U	U	U
内科	E	A	U	U		U	I	U	U	U	U	U	U	U	U	U	U	U	U
肛肠科	O	O	U	U	U		U	U	U	U	U	U	U	U	O	U	U	U	U
化验室	U	I	U	O	I	U		U	I	U	U	U	U	U	O	O	O	U	U
CT室	U	U	U	O	U	U	U		O	U	U	O	U	U	U	U	U	U	U
放射科	U	I	U	U	U	U	I	O		U	U	U	O	U	U	U	U	U	U
儿科	O	O	U	U	U	U	U	U	U		U	U	U	U	U	U	U	U	U
中药房	U	U	I	U	U	U	U	U	U	U		U	U	U	U	U	U	U	U
心电图室	U	O	U	U	U	U	U	U	U	U	U		O	U	U	U	U	U	U
脑电图室	U	U	U	U	U	U	U	U	U	U	U	U		I	U	U	U	U	U
脑系科	O	I	U	U	U	U	U	O	U	U	U	U	I		U	U	U	U	U
B超室	U	O	U	U	U	U	O	U	U	U	U	U	U	U		U	U	U	U
彩超室	U	U	U	U	U	O	U	U	U	U	U	U	U	U	U		U	U	U
生化室	U	O	U	U	U	U	O	U	U	U	U	U	U	U	U	U		U	U
耳鼻喉科	O	O	U	U	U	U	U	U	U	U	U	U	U	U	U	U	U		U
眼科	O	O	U	U	U	U	U	U	U	U	U	U	U	U	U	U	U	U	

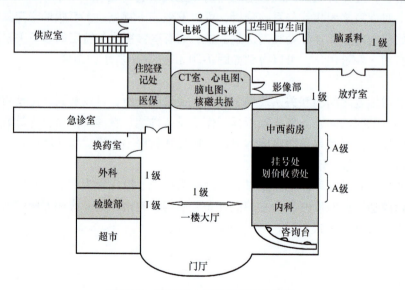

图 7-20 某医院一楼优化后的设计图

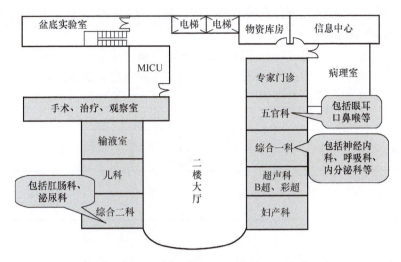

图 7-21　某医院二楼优化后的设计图

7.5　仓库的布置与设计

7.5.1　仓库布置与设计的目的

仓储业是非制造业中占比重很大的一个行业,通过合理的仓库布置与设计来缩短存取货物的时间,对降低仓储管理成本具有重要意义。从某种意义上而言,仓库类似于制造业的工厂,因为物品也需要在不同地点(单元)之间移动。因此,仓库布置与设计也可以有很多不同的方案。一般仓库布置与设计的目的都是为寻找一种合理的布置方案,使得总搬运量最小。这个目标函数与很多制造业企业设施布置与设计的目标函数是一致的。实际上,这种仓库布置与设计的情况比制造业工厂中经济活动单元的布置与设计更简单,因为全部搬运都发生在出入口和货区之间,而不存在各个货区之间的搬运。

7.5.2　物料处置成本

为了有效利用仓库的存货能力和周转货物的速度,使仓库的作业有条不紊地进行,须对仓库进行合理使用规划,进行分区分类、专业化分工、储存和作业划分,提高仓库的效率和能力,促进仓库效率的提高,提高库场利用率和作业效率、提高货物保管质量,依据专业化、规范化、效率化的原则对仓库的使用进行分工和分区,从而确定货位安排、作业路线布局。合理地使用仓库可以实现高效率,在物料处置成本和仓库空间之间寻求平衡。

物料处置成本包括物料运输入库成本、存储成本和运输出库成本。

7.5.3　仓库布置与设计的方法

仓库布置与设计是指对仓库内部通道空间、货架位置、配备设备以及设施等实物布置与设计进行决策。仓库布置与设计要综合考虑物料搬运成本、库房的建筑和维护成本的平衡。

仓库合理布置与设计的目的是充分利用存储空间，提高存货的安全性，有效利用搬运设备，提高仓库运作效率和服务水平。

仓库内存货的位置会直接影响仓库内所有货物的总搬运成本。为追求物料搬动成本和仓容利用率之间的平衡，对仓库进行内部设计时，特别需要考虑存储空间和拣货问题。

以总负荷数最小为目标的仓库货区布置与设计方法比较简单易行（见图7-22）。

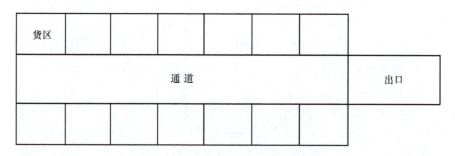

图7-22　总负荷数最小的仓库货区布置

7.5.4　仓库布置与设计的内容

所谓仓库布置与设计，就是根据库区场地条件、仓库的业务性质和规模、商品储存要求以及技术设备的性能和使用特点等因素，对仓库的主要和辅助建筑物、货场、站台等固定设施和库内运输路线进行合理安排和配置，以最大限度地提高仓库的储存和作业能力，并降低各项仓储作业成本。

仓库布置与设计的内容主要包括仓库总平面布置与设计、仓库作业区布置与设计和库房内部布置与设计。

1. 仓库总平面布置与设计

仓库总平面一般可以划分为仓储作业区、辅助作业区和行政生活区。除了上述区域之外，还包括铁路专用线和库内道路。

仓储作业区是仓库的主体，仓库的主要业务和商品保管、检验、包装、分类、整理等活动都在这个区域里进行。主要建筑物和构筑物包括库房、货场、站台以及加工、整理、包装、搬运机械存放区等；辅助作业区的主要建筑物包括维修加工以及动力车间、车库、工具设备库、物料库等。

行政生活区由办公室和生活场所组成，具体包括办公楼、警卫室、化验室、宿舍和食堂等。行政生活区一般布置在仓库的主要出入口处，并与作业区用隔墙隔开。这样既方便工作人员与作业区的联系，又避免非作业人员对仓库生产作业的影响和干扰。另外，如果作业区内来往人员过杂，也不利于仓库的安全保卫工作。仓储作业区与辅助作业区分开的目的是避免在辅助作业区内发生的灾害事故危及存货区域。

在划定各个区域时，须注意使不同区域所占面积与仓库总面积保持适当的比例。商品储存的规模决定了主要作业场所规模的大小。同时，仓库主要作业场所的规模又决定了各种辅助设施和行政生活场所的大小。各区域的比例必须与仓库的基本职能相适应，保证商品接收、发运和储存保管场所尽可能占最大的比例，以提高仓库的利用率。

在仓库总面积中需要有库内运输道路的，运输道路的配置应符合仓库各项业务的要求，方便商品入库储存和出库发运，还应适应仓库内各种机械设备的使用，方便装卸、搬运、运输等作业。库内道路的规划必须与库房、货场和其他作业场地的配置相互配合，减少各作业环节之间的重复装卸、搬运，避免库内迂回运输。各个库房和货场要有明确的进出、往返路线，避免作业过程中相互干扰和交叉，以防止因交通阻塞影响仓库作业。

2. 仓库作业区布置与设计

仓库作业区布置与设计要求以主要库房和货场为中心，对各个作业区域进行合理布局。特别是在有铁路专用线的情况下，专用线的位置和走向制约着整个库区的布局。如何合理地安排各区域，力求作业路线最短，减少库内运输距离和道路占用面积，以降低作业费用和提高面积利用率，是仓库作业区布置与设计的主要任务。**布置与设计时应该主要考虑以下几个方面：**

（1）**吞吐量**。在进行仓库作业区布置与设计时，应根据各个库房和货场的吞吐量确定它们在作业区内的位置。对于吞吐量较大的库房和货场，应使它们尽可能地靠近铁路专用线或库内运输干线，以减少搬运和运输距离。但也要避免将这类库房过分集中，以免造成交通运输相互干扰和组织作业方面的困难。

（2）**设备的使用特点**。根据储存商品的特点和装卸搬运要求，一些货场需要适当配备各种作业设备，如输送带、叉车、桥式起重机以及汽车等。为了充分发挥不同设备的功能，提高作业效率，在布置库房和货场时需要考虑所配置设备的情况。每种设备各有其不同的使用要求和合理的作业半径，因此，须从合理使用设备的角度出发，确定库房和货场在作业区内以及与铁路专用线的相对位置。

（3）**库内道路**。库内道路的配置与仓库主要建筑设施的布置与设计是相互联系、相互影响的。在进行库房、货场和其他作业场地布置与设计的同时，应该结合对库内运输路线的分析，制订不同方案，通过调整作业场地和道路的配置，尽可能减少运输作业的混杂、交叉和迂回。另外，在布置与设计时还应根据具体要求合理确定干、支线的配置，适当确定道路的宽度，最大限度地减少道路的占地面积。

3. 库房内部布置与设计

库房内部布置与设计的主要目的是提高库房内作业的灵活性，有效利用库房内部的空间。库房内部布置与设计应在保证仓库管理目标的前提下，尽可能获得最大的便利和效用。目前，随着互联网、通信设备和自动化处理设备的广泛应用，能够比较及时、有效地进行仓库的物资管理。

（1）**根据货品周转情况和作业要求，合理选择货位**。对于出入库频繁的货品，应尽可能安排在靠近出入口或专用线的位置，减少存储货品在仓库内的运输距离和运输工具的运行距离，提高整个仓库作业的运行效率。对于体大笨重的货品，应考虑装卸机械的作业是否方便，如图 7-23a 所示。

（2）**根据货品储存量的多少，比较准确地确定每种货品所需的货位数量**。如果一种货品的储存货位超过实际需要，则不利于仓容的充分利用。在规划货位时应注意保留一定的机动货位，以便当货品大量入库时可以调剂货位的使用，避免打乱货位。

（3）**库房内的储存区域应当按照存储货品的尺寸及重量来进行设计，而不是单纯地、片面地设计所有的存储货架和仓储工具，以便最大限度地满足入库货品的需要。因为货品不仅需要与每个货架的宽度相匹配，而且需要与每个存储狭槽的深度和高度相匹配，如图7-23b所示。

（4）应在库房中留出一部分空间，用于货品的包装、分拣和配货。货品在出库前一般需要经过重新包装或简单加工，或者是接受厂商或客户的退货，或者是需要进行特别处理等。

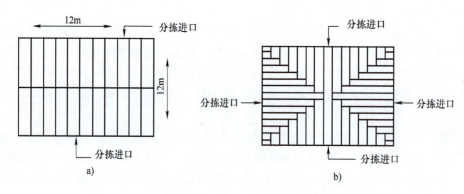

图7-23 两种仓库布置与设计

a）所有货品采用标准通道和深度　b）所有仓库的宽度和深度根据接受量（规模）、订单分拣的速度（频率和规模）以及货品尺寸（宽度）而变化

4. 库房内部平面布置与设计的形式

保管面积是库房使用面积的主体，它是货垛、货架、货箱所占面积的总和。货垛、货架的排列形式决定了库房内部平面布置与设计的形式。一般库房内部平面布置与设计可分为垂直布置和倾斜式布置两种类型。

（1）垂直布置。垂直布置又分为横列式布置、纵列式布置和纵横式布置。

1）横列式布置。横列式布置的主要优点是运输通道长，作业通道短，对库存物资的收发和查验较方便，有利于实现机械化作业，通风、采光良好；其缺点是运输通道占用的面积较多，影响仓库面积的利用率（见图7-24）。

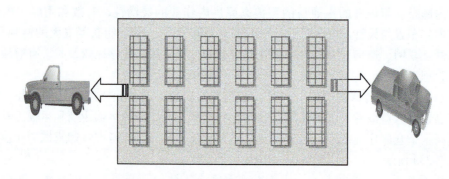

图7-24 横列式布置图

2）纵列式布置。纵列式布置的优缺点与横列式正好相反。其优点是运输通道较短，占用面积少，仓库面积利用率较高；其缺点是作业通道长，存取物资不方便，不利于通风、采

光（见图 7-25）。

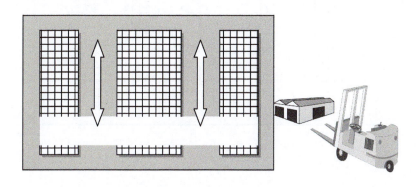

图 7-25　纵列式布置图

3）纵横式布置。纵横式布置是指在同一布置场所内，横列式布置和纵列式布置兼而有之，可以综合利用两种布置的优点（见图 7-26）。

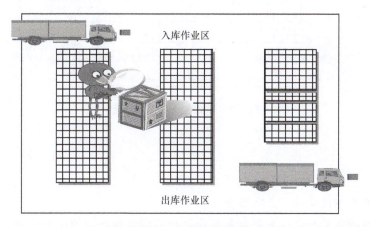

图 7-26　纵横式布置图

（2）倾斜式布置。货垛倾斜是指货垛长度方向相对于运输通道和库墙成一锐角，如 30°、45°或 60°（见表 7-10）。通道倾斜是指运输通道与库墙成一锐角，而货垛垂直于库墙排列。倾斜式布置的最大优点是便于利用叉车配合集装单元进行作业，能减少叉车作业时的回转角度，提高装卸搬运效率。比较倾斜式布置的两种不同形式可得出通道倾斜优于货垛倾斜。因为货垛倾斜式布置在货垛与墙角之间会形成不少死角，不能充分利用仓库面积。仓库堆垛倾斜式布置和仓库通道倾斜式布置如图 7-27 和图 7-28 所示。

表 7-10　通道宽度和库内平面利用率

货垛对通道的倾斜角	90°	60°	45°	30°
通道宽度/m	3.53	2.77	2.31	1.84
库内平面利用率（%）	71	67	63	57

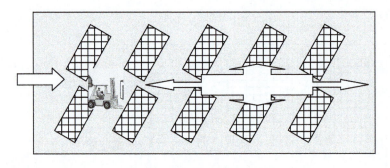

图 7-27 仓库堆垛倾斜式布置

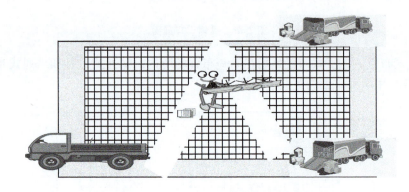

图 7-28 仓库通道倾斜式布置

复习思考题

1. 办公室布置与设计的要点有哪些？
2. 服务设施的布置与设计与制造业有很大的不同，结合你的理解谈谈它们在具体行业中的体现。
3. 医院布置与设计过程中使用的原则有哪些？
4. 假设有一个家电用品仓库，共有 M 个货区，分别存储 7 种家电。仓库有一个出入口，进出仓库的货物都要经过该口（见图 7-29）。假设该仓库每种物品每周的存取次数如表 7-11 所示，应该如何布置与设计不同物品的货区，使总搬运量最小？

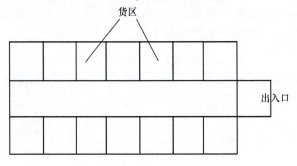

图 7-29 仓库平面示意图

表 7-11　家电用品仓库的存储信息

存储物品	搬运次数（次/周）	所需货区	存储物品	搬运次数（次/周）	所需货区
1. 电烤箱	280	1	5. 电视	800	4
2. 空调	160	2	6. 收音机	150	1
3. 微波炉	360	1	7. 其他	100	2
4. 音响	375	3			

没有什么比应用新工具更有助于知识的发展。在不同的时期，人们的业绩不同，与其说是天赋智能所致，不如说是他们拥有的工具特性和软资源（非自然资源）不同所致。

——化学家哈姆佛雷·戴维（Sir Humphrey Davy）

第8章
物料搬运系统设计

本章主要探讨物料搬运系统的分析方法、物料搬运系统的分析与设计、系统布置设计与物料搬运系统分析的融合、物料搬运与企业经济效益以及物料搬运系统设计的应用实例等内容。

[学习目的]

1. 了解物料搬运的活性理论和物料搬运系统的分析方法。
2. 掌握物料的分类方法和移动分析方法。
3. 掌握物料搬运方法的选择和初步的搬运方案设计。
4. 掌握 SLP+SHA 方法。
5. 理解降低物料搬运成本的措施。

 8.1 物料搬运系统的分析方法

8.1.1 物料搬运概述

1. 物料搬运技术的发展概况

（1）**国外物料搬运技术的兴起与发展**。据统计，1975 年美国用于搬运设备的投资占设备总投资的 7.3%，机械工业中搬运人员占全部辅助工人的 23%，占全部生产工人的 7%，其物料搬运成本占产品总成本的 20%~25%。

上述数据和资料表明，为了降低生产成本，提高生产率，仅仅致力于研究先进的加工工艺、技术和装备，如工件的装夹和定位的自动化，采用优化的切削参数来提高切削效率，借助于自动测量装置或自适应控制实现质量控制自动化等，是完全不够的。于是，以物料搬运和存放为研究对象的新技术——物料搬运技术，就应运而生了。

近年来，国外不少物料搬运专家，如美国的缪瑟等，都致力于物料搬运技术的理论与方法研究。他们研究的共同特点是，把整个工厂的物料搬运作为一个系统来考虑，试图用系统分析的方法确定物料的合理流向和流量，从而经济合理地选择运输设备和存储单元，并建立相应的物料搬运系统，以取得良好的经济效果。

上述研究又把物料搬运的发展推上了一个新的高度，但是，这些新技术和理论的出现都是围绕着一个共同的目标，即减少物料在搬运储存过程中的费用，降低生产成本。

(2) 我国物料搬运技术的发展概况。20世纪60年代以来，我国对工厂物料搬运技术开始有所重视，不少设计研究单位和工厂对物料搬运普遍存在的问题着手进行调查和改造，并取得了一些可喜的成果，其中以单元化运输推行最早。例如，上海纺织机械厂全厂已有一万多个托盘，利用电动托盘搬运车，从下料、机加工直至装箱，实现了托盘式单元运输。上海机床厂在未使用物料储存器以前，机械加工零件碰伤、拉毛、锈蚀率达76%。从1979年下半年开始，制造了1955个工位储存器具，使用后，既保证了产品质量，又提高了经济效益。上海汽车电机厂改建了两个简易立体库，不仅提高了生产效率，降低了劳动强度，而且大大减少了人工搬运而造成的工伤事故。据统计，1979年工伤事故比1978年下降了50%。1980年，第二汽车制造厂开始试行看板管理，实行"六定"，即定时、定量、定点、定路线、定人、定车的"准时生产制"，使工厂逐步走向均衡生产。这些对发展我国的物料搬运技术均起到了积极的推动作用。

综上所述，我国的物料搬运技术已开始受到有关方面的重视，在实际应用上也取得了一定成绩。但是，这些成果仅限于某一环节，是局部的，对全厂性的物料搬运系统工作却很少涉及，某些环节出现大量的重复搬运以及由于落后的搬运设备造成的损失和浪费却不被重视，从而导致企业成本增加。

2. 物料搬运的定义

物料搬运是指在同一场所范围内进行的以改变物料的存放（支撑）状态（即狭义的装卸）和空间位置（即狭义的搬运）为主要目的的活动，即对物料、产品、零部件或其他物品进行搬上、卸下、移动的活动。

物流的各环节之间和同一环节的不同作业之间，都必须进行装卸搬运作业。它起着相互转换的桥梁作用，把物的运动的各个阶段连接成为连续的"流"，使"物流"的概念名实相符。

3. 物料搬运的特点

近年来，越来越多的专家倾向于把物料搬运作为生产的有机组成部分。调查结果显示，我国机械加工厂生产1t产品，需要进行252吨次物料搬运，其成本为加工成本的15.5%。由此可见，改善物料搬运作业可以取得明显的经济效益。物料搬运具有如下特点：

(1) 具有"伴生"（伴随产生）和"起讫"性。物料搬运的目的总是与物流的其他环节密不可分（有时甚至视为其他环节的组成部分）的，不是为了搬运而搬运。如运输、储存、包装等环节，一般都以装卸搬运为起始点和终结点。因此，与其他环节相比，它具有"伴生"和"起讫"性的特点。

(2) 具有"保障"和"服务"性。物料搬运保障了生产中其他环节作业的顺利进行，在搬运过程中不消耗原材料，不排放废弃物，不大量占用流动资金，不产生有形产品，因此具有提供劳务性质的特点。

（3）**具有"闸门"和"咽喉"的作用**。物料搬运制约着生产领域其他环节的业务活动，如果这个环节处理得不好，整个生产系统都将处于瘫痪状态。

（4）**具有作业的均衡性与稳定性**。均衡性是生产的基本原则，故物料搬运作业基本上是均衡、平稳、连续的，而且作业的对象仅限于企业内部，相对稳定，若有变化也有一定规律。

8.1.2 物料搬运的活性理论

1. 搬运活性的概念

物料平时存放的状态各式各样，可以散放在地上，也可以装箱放在地上，或放在托盘上等。由于存放的状态不同，物料搬运的难易程度也不一样。人们把物料的存放状态对搬运作业的方便（难易）程度，称为搬运活性。

2. 搬运活性指数

搬运活性指数用于表示各种状态下的物品的搬运活性。其组成如下：

（1）最基本的活性是水平最低的散放状态的活性，规定其指数为 0。

（2）对此状态每增加一次必要的操作，或者与此操作后的相同状态，其物品的搬运活性指数加 1。

（3）活性水平最高状态的活性指数为 4。

图 8-1 直观地表示了物品的搬运活性指数。

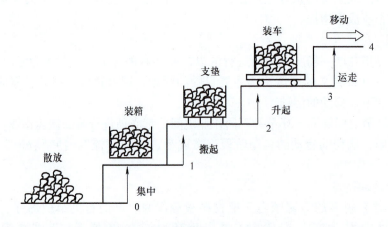

图 8-1 搬运活性指数之间的关系

从图 8-1 可知，散放在地上的物品，要经过集中（装箱）→搬起（支垫）→升起（装车）→运走（移动）四次作业才能运走，它的搬运活性指数定为 0；集装在箱中的物品，因为不需要再集中，只经过三个作业环节就能运走，其搬运活性指数为 1；放在托盘上的物品，不需要集中、搬起，只经过两个作业环节就能运走，其搬运活性指数为 2；放在车上的物品，不需要集中、搬起和升起，只经过一个作业环节就能运走，其搬运活性指数为 3；装载于正在运行的车上的物品，因为它已经在运送的过程中，不再需要进行任何其他作业环节，故其活性指数为 4。活性的区分和搬运活性指数如表 8-1 所示。

表 8-1 活性的区分和搬运活性指数

物品状态	作业说明	作业种类				还需要的作业数目	已不需要的作业数目	搬运活性指数
		集中	搬起	升起	运走			
散放在地上	集中、搬起、升起、运走	要	要	要	要	4	0	0
集装箱中	搬起、升起、运走（已集中）	否	要	要	要	3	1	1
托盘上	升起、运走（已搬起）	否	否	要	要	2	2	2
车中	运走（不用升起）	否	否	否	要	1	3	3
运动输送机	不要（保持运动）	否	否	否	否	0	4	4
运动物品	不要（保持运动）	否	否	否	否	0	4	4

在对物品的活性有所了解的情况下，可以利用活性理论改善搬运作业。

8.1.3 物料搬运的单元化与标准化

实现单元化和标准化对物料搬运的意义非常重大。一方面，物料实行单元化后，改变了散放状态，提高了搬运活性指数，易于搬运，同时也改变了堆放条件，能更好地利用仓库面积和空间；另一方面，实现标准化能合理、充分地利用搬运设备设施，提高生产效率和经济效益。

1. 单元化

单元化是指将不同状态和大小的物品集装成一个搬运单元，以便于搬运作业，也称作集装单元化。集装单元可以是托盘、箱、袋、桶等，其中以托盘应用最为广泛。

物品的搬运单元化可以缩短搬运时间，保持搬运的灵活性和作业的连贯性，也是搬运机械化的前提。具有一定规格尺寸的货物单元便于搬运机械的操作，减轻人力装卸，从而提高生产作业效率。另外，集装单元可以防止物品散失，易于清点和增加货物堆码层数，更好地利用仓库空间。

2. 标准化

标准化是指物品包装与集装单元的尺寸（如托盘的尺寸、包装箱的尺寸等）要符合一定的标准模数，仓库货架、运输车辆、搬运机械也要根据标准模数决定其主要性能参数。这有利于物流系统中各个环节的协调配合，在异地中转等作业时不用换装，提高通用性，减少搬运作业时间，防止物品的散失和损坏，从而节约成本。

(1) 物流基础模数。 物流基础模数是标准化的基础。它的作用和建筑模数的作用大体相同，其考虑的基点主要是简单化。基础模数一旦确定，设备的制造、设施的建设、物流系统中各个环节的配合协调以及物流系统与其他系统的配合就有了依据。目前 ISO 中央秘书处及欧洲各国已基本认定 600mm×400mm 为基础模数的尺寸，我国目前尚在研究中。由于物流标准化比其他标准化系统建立晚，因此，确定基础模数时主要考虑对物流系统影响最大而又最难改变的输送设备，采用"逆推法"，即由输送设备的尺寸来推算最佳基础模数。同时，也要考虑现在已通行的包装模数和已使用的集装设备，以及人体可能操作的最大尺寸等因素。

（2）物流模数。物流模数即集装单元基础模数的尺寸（即最小集装尺寸）。集装单元基础模数可以从 600mm×400mm 按倍数系列推导出来，也可以在满足 600mm×400mm 基础模数的前提下，从货车或大型集装箱的分割系列推导出来。物流模数以 1 200mm×1 000mm 为主，也允许 1 200mm×800mm 及 170mm×170mm 等规格。

物流基础模数与集装单元基础模数的配合关系，以集装单元基础模数 1 200mm×1 000mm 为例，如图 8-2 所示。

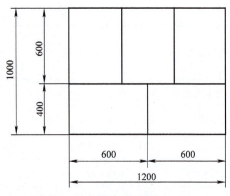

图 8-2　物流基础模数与集装单元基础模数的配合关系（单位：mm）

8.1.4　物料搬运的要素、条件及合理化原则

1. 物料搬运的要素

完成物料搬运作业必须具备劳动力（搬运、操作人员）、装卸搬运设备及设施、货物等"硬"要素，以及工艺（作业方法）、信息管理等"软"要素。物料搬运既依赖这些要素构成的作业系统，也离不开保障系统。

（1）劳动力。在人力作业时期，劳动力是最重要的；而在机械化、自动化时期，人仍然是决定性因素。不断提高员工的各方面素质，是改进搬运作业的关键。

（2）装卸搬运设备及设施。这是完成搬运作业的重要手段，包含机械、设备、附属工具、集装用具以及相应设施。要发挥其作用，须合理配置、配套使用。

（3）货物。货物是搬运的对象。要对不同的货物进行分类，以使其处于"良好的搬运状态"，制定合理的搬运工艺。

（4）工艺。工艺是搬运的作业方法，要配合生产工艺流程的需要，选择合理的作业方法，以使物流合理，提高生产效益。

（5）信息管理。信息管理既是搬运系统的指挥系统又是其保障系统，要用先进的设备和科学的管理方法，使搬运作业效率高且安全可靠。

2. 决定物料搬运方法的条件

决定物料搬运方法的条件包括由输送、保管、装卸三者相互关系决定的外部条件和由装卸本身决定的内部条件。

（1）外部条件

1）货物：货物装卸单位的形状、重量、尺寸。

2）装卸作业种类：堆装、拆垛、分拣、配送、搬送、移送。

3）数量：每一作业种类所处理货物的数量、每单位时间所处理货物的数量、每批货物的量。

4）运输设备：装运设备的构造、尺寸及装运能力。

5）运输、保管设施：设施配置、设施规模、设施构造、设施尺寸。

（2）内在条件

1）货物状态：装卸前后状态，状态的变化。

2）作业动作：作业动作的种类，单位动作的组合及其变化。

3）装卸机械：机械动作的种类，机械种类、能力、尺寸、使用条件、配套机具、机械的组合。

4）工作人员：时间、负荷、密度、技能。

作为外部条件的装卸对象，货物、装卸作业、数量、运输设备及运输、保管设施等的状态，又成了决定内在条件的因素。内在条件受外部条件影响，计划采取的货物状态、作业动作、装卸机械、工作方式方法应与外部条件相适应，这就是决定物料搬运方法的条件。

3. 搬运系统合理化原则

搬运系统合理化原则可以概括为：

（1）**不要进行多余的作业**。搬运本身就有可能成为玷污、破损等影响物品价值的原因，如无必要，尽量不要搬运。

（2）**提高搬运活性**。仓库里的物品都是待运物品，因此应使其处在易于移动的状态。这种易于移动的状态就称为搬运活性。为提高搬运活性，应当把物品整理归堆，或是包装成单件放在托盘上，或是装在车上，或是放在输送机上。

（3）**利用重力**。利用重力由高处向低处移动，有利于节省能源，减轻劳动量，如利用滑槽。当重力作为阻力发生作用时，应把物品装在滚轮输送机上。

（4）**机械化**。由于劳动力不足，应尽可能地使搬运机械化。使用机械可以把作业人员或驾驶人从重体力劳动中解放出来，并提高劳动生产率。

（5）**务必使流程不受阻滞**。应当进行不停的连续作业，最为理想的状态是使物品不间断地连续流动。

（6）**单元货载**。大力推行使用托盘和集装箱，将一定数量的货物汇集起来成为一个大件货物，以有利于机械搬运、运输、保管，形成单元货载系统。

（7）**系统化**。物流活动由运输、保管、搬运、包装、流通加工等活动组成，应把这些活动当成一个系统处理，以求其合理化。

8.1.5 物料搬运系统的分析方法

1. 物料搬运系统分析的概念

物料搬运系统分析（System Handling Analysis，SHA）适用于一切物料搬运操作，是一种系统化、条理化、合乎逻辑顺序的分析方法。它是一种与 SLP 相似的系统分析和设计方法。SHA 包括三个基本内容：①阶段构成；②程序模式；③图例符号。

2. 物料搬运系统分析的四个阶段

每个搬运项目都有一定的工作过程，从最初提出目标到具体实施完成可以分成四个阶段（见图 8-3）。

第 1 阶段是外部衔接。这个阶段要弄清楚整个区域或所分析区域的全部物料进出搬运活动。在这之前，首先要考虑所分析区域以外的物料搬运活动，就是把区域内具体的物料搬运问题同外界情况或外界条件联系起来考虑。这些外界情况有的是能控制的，有的是不能控制的。例如，对区域的各道路入口、铁路设施进行必要的修改，使其与外部条件协调一致，使工厂或仓库内部的物料搬运同外界的大运输系统结合成为一个

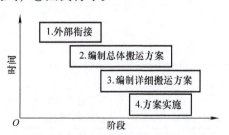

图 8-3 物料搬运系统分析的四个阶段

整体。

第2阶段是编制总体搬运方案。这个阶段要确定各主要区域之间的物料搬运方法,对物料搬运的基本路线系统、搬运设备大体的类型以及运输单元或容器做出总体决策。

第3阶段是编制详细搬运方案。这个阶段要考虑每个主要区域内部各工作地点之间的物料搬运,确定详细的物料搬运方法。例如,各工作地点之间具体采用哪种路线系统、设备和容器。如果第2阶段是分析工厂内部各车间或各厂房之间的物料搬运问题,则第3阶段就是分析从一个具体工位到另一个工位或者从一台设备到另一台设备的物料搬运问题。

第4阶段是方案实施。任何方案都要在实施之后才算完成。这个阶段要进行必要的准备工作,订购设备,完成人员培训,制订并实现具体搬运设施的安装计划;然后对所规划的搬运方法进行调试,验证操作规程,并对安装完毕的设施进行验收,确保它们能正常运转。

上述四个阶段是按时间顺序依次进行的。但是,为取得最好的效果,各阶段在时间上应有所交叉重叠。编制总体搬运方案和详细搬运方案是系统规划设计人员的主要任务。

3. 物料搬运系统分析的要素

物料搬运系统分析的要素就是进行物料搬运系统分析时所需输入的主要数据,具体包括:

P——产品或物料(部件、零件、物品)。

Q——数量(销售量或合同订货量)。

R——生产路线(操作顺序和加工过程)。

S——辅助服务部门(周围环境)。

T——时间(时间要求和操作次数)。

这些表示主要数据的字母可排列在钥匙形图内以便记忆(见图8-4)。各要素的说明如表8-2所示。注意钥匙齿端的三个字母 W、H、Y(为什么),这是提醒你必须弄清这些作为主要输入资料数据的可靠性。

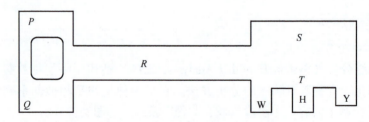

图8-4 物料搬运系统分析的要素

表8-2 物料搬运系统分析的要素

分析要素	影响特征
P——产品或物料(部件、零件、物品)	产品或物料的可运性取决于物品的特性和所用容器的特性,而且每个工厂都有其经常搬运的某些物品
Q——数量(销售量或合同订货量)	数量有两种意义:①单位时间的数量(物流量);②单独一次的数量(最大负荷量)。不管按哪种意义,搬运的数量越大,搬运所需的单位成本就越低
R——生产路线(操作顺序和加工过程)	每次搬运都包括一项固定的终端(即取、放点)成本和一项可变的行程成本。注意路线的具体条件,并注意条件变化(室内或室外搬运)及方向变化所引起的成本变化

(续)

分析要素	影响特征
S——辅助服务部门（周围环境）	传送过程、维修人员、发货、文书等均属服务性质，搬运系统和搬运设备都依赖于这些服务。工厂布置、建筑物特性以及储存设施都属于周围环境
T——时间（时间要求和操作次数）	一项重要的时间因素（即时间性）是物料搬运必须按其执行的规律，另一项重要因素是时间的持续长度——这项工作需要持续多长时间、紧迫性和步调的一致性，也会影响搬运费用

8.1.6 物料搬运系统分析的程序

由前所述，物料搬运的基本内容是物料、移动和方法。因此，物料搬运分析就是分析所要搬运的物料和需要进行的移动，并确定经济实用的物料搬运方法。搬运系统分析的程序就是建立在这三项基本内容的基础上的。图 8-5 为搬运系统分析的程序。

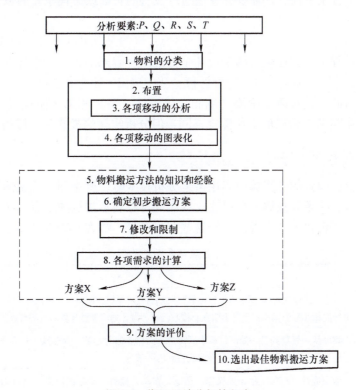

图 8-5 搬运系统分析的程序

物料搬运系统分析的设计过程如下：

（1）**物料的分类**。在制订搬运方案的过程中，首要的工作就是分析物料（产品或零件），也就是物料的分类，即按物料的物理性能、数量、时间要求或特殊控制要求进行分类。

（2）**布置**。在对搬运活动进行分析或图表化之前，先要有一个布置方案，一切搬运方法都是在这个布置方案内进行的。

（3）**各项移动的分析**。各项移动的分析主要是确定每种物料在每条路线（起点到终点）上的物流量和移动特点。

（4）**各项移动的图表化**。图表化就是把分析结果转化为直观的图形，通常用物流图或距离与物流量指示图来体现。

（5）**物料搬运方法的知识和经验**。在找出一个解决办法之前，需要先掌握物料搬运方法的知识，并运用有关知识和经验来选择适合的搬运方法。

（6）**确定初步搬运方案**。在这一步要提出关于路线系统、设备和运输单元（或容器）的初步搬运方案，也就是把收集到的全部资料数据进行汇总，从而求得具体的搬运方法。实际上，往往要提出几个合理的、有可能实行的初步方案。

（7）**修改和限制**。在考虑一切有关的修正因素和限制因素以后，对这些初步方案做进一步调整。在这一步要修正和调整每一个方案，把可能性变为现实。

（8）**各项需求的计算**。对初步方案进行调整或修正是为了消除所有不能实现的设想。但是，在选择最佳方案之前，还需要计算出所需设备的台数或运输单元的数量，以及所需成本和操作次数。

（9）**方案的评价**。对几个比较方案进行评价，目的是从几个方案中选择一个较好的方案。不过在评价过程中，往往会把两个或几个方案结合起来形成一个新的方案。

（10）**选出最佳物料搬运方案**。经过评价，从中选出一个最佳方案。

搬运系统分析的模式对第 2 阶段（编制总体搬运方案）和第 3 阶段（编制详细搬运方案）都适用，即虽然两个阶段的工作深度不同，但分析步骤的模式是一样的。

8.1.7　物料搬运系统分析的图例符号

在搬运系统分析模式的各步骤中运用搬运分析技术时，要用到一些图例符号，包括各种符号、颜色、字母、线条和数码。可以用这些图例符号表示物流的起点和终点，实现各种搬运活动的图表化，评定比较方案等。关于这些图例符号，如表 8-3~表 8-6 所示。

表 8-3　物流作业活动及定义

序号	活动或作业	定　义
1	操作	有意识地改变物体的物理或化学特性，或者把物体装配到另一物体上或从另一物体上拆下，所需进行的作业称为操作；当发出信息、接收信息、做计划或者做计算时，所需进行的作业也称为操作
2	运输	物体从一处移到另一处的过程中所需进行的作业称为运输，除非这一作业已被划分为搬动，或者已被认为是在某一工位进行操作或检验的一部分
3	搬动	为了进行另一项作业（如操作、运输、搬动、检验、储存或停滞）而对物体进行安排或准备时，所需进行的作业称为搬动
4	检验	在验证物体是否正确、合格，或者核对其一切特性的质量或数量时，所需进行的作业称为检验
5	储存	把物体保存起来，不得无故挪动，称为储存
6	停滞	除了为改变物体的物理或化学特性而有意识地延续时间以外，不允许或不要求立即进行计划中的下一项作业，称为停滞
7	复合作业	如果要表示同时进行的多项作业，或者要表示同一工位上的同一操作者所进行的多项作业，那么就要把这些作业的符号组合起来，称为复合作业

表 8-4 流程图的表示方法

图形	符号的延伸意义表示以下作业或区域	用颜色表示	用线条表示
 ○	成形或加工区	绿	 （斜线填充）
 ○	装配（包括分装及拆卸）	红	 （竖线填充）
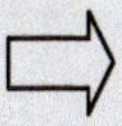 ⇨	与运输有关的活动（或区域）	橘黄	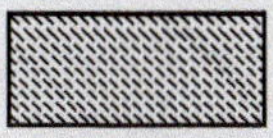 （交叉斜线填充）
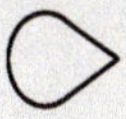 ⌓	搬动区	橘黄	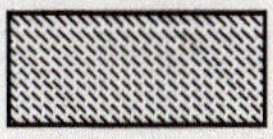 （网纹填充）
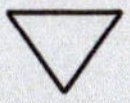 ▽	储存区及仓库	浅黄	 （点状填充）
 ⌒	卸货及停放区	浅黄	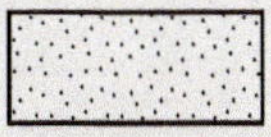 （稀疏点状填充）
□	检验、测试、校核区	蓝	 （横线填充）
 ⌒	服务及辅助作业区	蓝	 （细横线填充）
 ⇧	办公室或建筑物、建筑设施	棕或灰	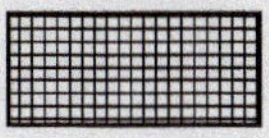 （格子填充）

表 8-5 物流量的表示方法

符号	系数	线条数	物料移动的流量等级	规定颜色
A	4	////	超大流量	红
E	3	///	特大流量	橘黄
I	2	//	较大流量	绿
O	1	/	普通流量	蓝
U	0		流量忽略不计的不重要物流	

表 8-6 物流图的表示方法

名 称	符 号	方 法
区域	—	1. 一个区域的正确位置，画在建筑物平面图或各个厂房和有关设备的平面布置图上
	② ▽R	2. 每一个区域的作业形式用区域符号（S）和作业代号或字母来表示（需要时也可用颜色或黑白阴影来表示）
流程线	1500kg	3. 物流量用物流线的宽度来表示，线旁注上号码，或用 1~4 条线来表示，但后者仅用于不太复杂的图
	→②	4. 物流的方向用箭头表示，注在线路终点的近旁
	▽R 40m	5. 如果图上不太拥挤，距离可注在流向线的旁边，标出距离的单位并标注在流向线的起点附近
物料类别	a b	6. 小的物流量符号、物料类别的字母、颜色或阴影线用于表示不同的产品、物料或成组物品，用彩虹颜色顺序表示物料的总物流量、重要性、大小顺序

综上所述，搬运系统分析的基本方法包括三个部分，即一种解决问题的方法，一系列依次进行的步骤，以及一整套关于记录、评定等级和图表化的图例符号；由四个分析阶段构成，阶段之间相互交叉重叠；总体方案设计和详细方案设计必须遵循同样的程序模式。

8.2 物料搬运系统的分析与设计

8.2.1 物料的分类

在选择物料搬运方法时，最有影响的因素通常是所要搬运的物料。对于任何物料搬运问题，首先要解决的都是对所有的物品进行分类，归并为几种物料类别。这样首先可以简化分析工作，其次有助于把整个问题划分成若干部分逐个解决。

通常，可以将物料分为固体、液体或气体；单独件、包装件或散装物料。但在实际分类时，SHA 是根据影响物料可运性（即移动的难易程度）的各种特征和影响能否采用同一种搬运方法的其他特征进行分类的。

1. 物料的主要特征

区分物料类别的主要特征如下：

（1）物理特征。具体包括以下内容：

1）尺寸：长、宽、高。

2）重量：每运输单元重量或单位体积重量（密度）。

3）形状：扁平的、弯曲的、紧密的、可叠套的、不规则的等。

4）损伤的可能性：易碎、易爆、易污染、有毒、有腐蚀性等。

5）状态：不稳定的、黏的、热的、湿的、脏的、配对的等。

（2）其他特征。具体包括以下内容：

1）数量：较常用的数量或产量（总产量或批量）。

2）时间性：经常性、紧迫性、季节性。

3）特殊控制：政府法规、工厂标准、操作规程。

物理特征通常是影响物料分类的最重要因素，即物料的类别通常是按其物理性质来划分的。

数量也特别重要。有些物料量大（周转快），有些物料量小（通常属于"特殊订货"），搬运大量的物品同搬运小量的物品是不一样的。另外，从搬运方法和技术分析的观点出发，适当归并产品或物料的类别也很重要。

关于时间性方面的各项因素：一般急件的搬运成本高，而且要考虑采用不同于搬运普通件的方法；间断的物流会引起不同于稳定物流的其他问题；季节的变化也会影响物料的类别。

同样，特殊控制问题往往对物料分类起决定作用。例如，麻醉剂、弹药、贵重毛皮、酒类饮料、珠宝首饰和食品等都是一些受政府法规、市政条例、公司规章或工厂标准所制约的典型物品。

2. 物料分类的程序

物料分类应按以下程序进行：

（1）列表标明所有物品或分组归并物品的名称，如表8-7所示。

（2）记录其物理特征或其他特征。

（3）分析每种物料或每类物料的各项特征，并确定哪些特征是主导的或特别重要的；在起决定作用的特征下面画红色线（或黑色实线），在对物料分类有特别重大影响的特征下面画橘黄色线（或黑色虚线）。

（4）确定物料类别，把那些具有相似主导特征或特殊影响特征的物料归并为一类。

（5）对每类物料写出分类说明。

值得注意的是，这里起主要作用的往往是装有物品的容器。因此，要按物品的实际最小单元（瓶、罐、盒等）分类，或者按最便于搬运的运输单元（瓶子装在纸箱内、衣服包扎成捆、板料放置成叠等）进行分类。在大多数物料搬运问题中都可以把所有物品归纳为7~8类，一般应避免超过15类。

表 8-7 物料特征表

产品与物料名称	物品的实际最小单元	单元物品的物理特征							其他特征			类别
		尺寸（单位：　　）			重量	形状	损伤的可能性（对物料、人、设备）	状态（湿度、稳定性、刚度）	数量（产量）或批量	时间性	特殊控制	
		长	宽	高								

8.2.2 布置

1. 布置对搬运的影响

当根据现有的布置制订搬运方案时，距离是既定的。然而，要达到充分节省成本的目的，就很可能改变布置。因此，往往要同时对搬运和布置进行分析。当然，如果项目本身要求考虑新的布置，并将其作为改进搬运方法的规划工作的一部分，则规划人员就必须把两者结合起来考虑。

2. 对系统布置的分析

对物料搬运分析而言，需要从布置中了解的信息基本有以下四点：

（1）每项移动的起点和终点（提取和放下的地点）具体位置在哪里。

（2）哪些路线及这些路线上有哪些物料搬运方法，是在规划之前已经确定的，还是大体上做出了规定。

（3）物料运进运出和穿过的每个作业区所涉及的建筑特点是怎样的（包括地面负荷、厂房高度、柱子间距、屋架支撑强度、室内还是室外、有无采暖、有无灰尘等）。

（4）在物料运进运出的每个作业区内进行什么工作，作业区内部分已有的（或大体规划的）安排是什么样，或大概是什么样的布置。

当进行某个区域的搬运分析时，应该先取得或先准备好这个区域的布置草图、蓝图或规划图，这是非常有用的。如果分析一个厂区内若干建筑物之间的搬运活动，则就应该取得厂区布置图；如果分析一个加工车间或装配车间内两台机器之间的搬运活动，则就应该取得这两台机器所在区域的布置详图。

总之，当最后确定搬运方法时，选择的方案必须是建立在物料搬运作业与具体布置相结合的基础之上的。

8.2.3 各项移动的分析

在分析各项移动时，需要掌握的资料包括物料（产品物料类别）、路线（起点和终点，或搬运路径）和物流（搬运活动）。

1. 物料

物料是指一般企业经营活动中，所投入的人力、财力、技术方法及管理之外的有形财物中，除固定资产以外的统称。SHA 要求在分析各项移动之前，首先对物料的类别进行分析。一般物料大致可以分为七种：①原料或材料；②间接材料或办公用品；③在制品；④零配件；⑤成品；⑥残余物料；⑦其他物料。

2. 路线

SHA 用标注起点（取货地点）和终点（卸货地点）的方法来表明每条路线。起点和终点是用符号、字母或数字来标注的，也就是用一种"符号语言"简单明了地描述每条路线。

（1）**路线的距离**。每条路线的距离就是从起点到终点的长度。距离的常用单位有 m、ft、mile。距离往往是指两点间的直线距离。

（2）**路线的具体情况**。除距离外，还要了解路线的具体情况。

1）衔接程度和直线程度：水平、倾斜、垂直、直线、曲线、曲折。

2）拥挤程度和路面情况：交通拥挤程度、路面的情况。

3）气候与环境：室内、室外、冷库、空调区、清洁卫生区、洁净房间、易爆区。

4）起讫点的具体情况和组织情况：取货和卸货地点的数量和分布、起点和终点的具体布置、起点和终点的组织管理情况。

3. 物流

物料搬运系统中，每项移动都有其物流量，同时又存在某些影响该物流量的因素。

（1）**物流量**。物流量是指在一定时间内在一条具体路线上移动（或被移动）的物料数量。

物流量的计量单位一般是 t/h 或 t/天。但是，有时物流量的这些典型计量单位并没有真正的可比性。例如，一种空心的大件，如果只用重量来表示，还不能真正说明它的可运性，而且无法与重量相同但质地密实的物品相比较。在碰到这类问题时，就应该采用玛格数来计量。

（2）**搬运活动条件**。除了物流量之外，通常还需要了解以下搬运活动条件：

1）数量条件。物料的组成、每次搬运的件数、批量大小（少量多批还是大量少批）、搬运的频繁性（连续的、间歇的还是不经常的）、每个时期的数量（季节性），以及以上这些情况的规律性。

2）管理条件。管理条件是指控制各项搬运活动的规章制度或方针政策，以及它们的稳定性。例如，为了控制质量，要求把不同炉次的金属分开等。

3）时间条件。对搬运快慢或缓急程度的要求（是急迫的，还是可以在方便时搬运的）；搬运活动是否与有关人员、有关事项及有关的其他物料协调一致；是否稳定并有规律；是否天天如此。

8.2.4 移动分析方法与图表化

1. 流程分析法

流程分析法每次只观察一类产品或物料，并跟随它沿整个生产过程收集资料，必要时要跟随从原料库到成品库的全过程。在这里，需要对每种或每类产品或物料都进行一次分析。表 8-8 为流程图表的一般格式。

表8-8　流程图表的一般格式

表列单元与最终单元的关系		
表列单元	大小或重量	每个最终单元的数量
	⑤	

表列流程 _____

厂名_____　　项目_____
制表人_____　参加人_____
日期_____　　第____页 共____页

起点 _____
终点 _____

□ 现有的　　□ 建议的(方案号)_____
方案摘要

每一(单位时间)最终单元的数量

表列单元和每次装载的单元数	作业符号	作业说明	装载的重量或尺寸 单位___	每___(单位时间)的次数	距离 单位___	备注
1						
2	③				④	
3						
4						
5						
6						
7						
8						
9						
10						
11						
12						
13						
14		⑥				
15						

流程表用法说明

本表用于编制一种产品或物品的作业顺序和流程情况

① 填写本表表头各项

② 详细填写本表包括的范围和单位时间的最终搬运单元数

③ 填写有关的单元（每行填一项）、每次装载的数量和物料发生的情况。标明流程符号（把该符号出现的次数写在符号内）并填写说明

④ 对流程的每个步骤做适当说明

⑤ 记载表列单元折合到最终单元（或相反）的换算关系，以便核算

⑥ 把有用的资料数据填写在表内适当栏内

2. 起讫点分析法

起讫点分析法又有两种不同的做法：一种是搬运路线分析法；另一种是区域进出分析法。

(1) 搬运路线分析法。 通过观察每项移动的起讫点来收集资料，编制搬运路线一览表，每次分析一条路线，收集这条路线上移动的各类物料或各种产品的有关资料，每条路线要编制一个搬运路线表。表 8-9 为搬运路线一览表。

表 8-9 搬运路线一览表

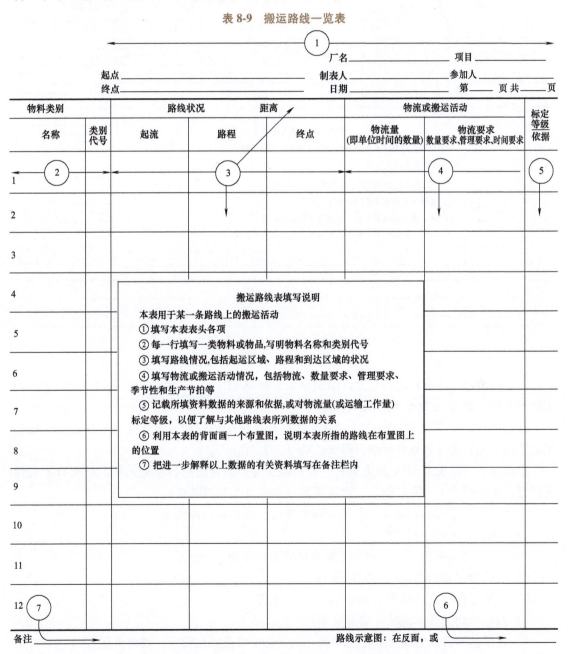

(2) 区域进出分析法。 每次对一个区域进行观察，收集运进运出这个区域的一切物料的有关资料，每个区域要编制一个物料进出表。表 8-10 为物料进出表。

表 8-10　物料进出表

[物料进出表表格，含厂名、项目、制表人、参加人、区域、日期等表头信息，以及"运进"（每__（单位时间）数量：名称、名称、名称、来自）、"操作或区域"、"运出"（来自、每__（单位时间）数量：单位、平均、最大、产品或物料名称（品种或大类））等栏目]

物料出入表填写说明

本表用于汇总某一条区域全部运进和运出的搬运活动
① 填写本表表头各项
② 列出所有运进的物料，包括数量和起运地点
③ 说明该区域内对物料所进行的事项
④ 列出所有运出的物料，包括数量和运往地点
⑤ 把进一步解释以上数据的有关资料填写在备注栏内

备注
⑤

3. 搬运活动一览表

为了把所收集的资料进行汇总，达到全面了解情况的目的，编制搬运活动一览表是一种实用的方法。表 8-11 为搬运活动一览表。

在表 8-11 中，需要对每条路线、每类物料和每项移动的相对重要性进行标定。一般是用五个英文元音字母来划分等级，即 A、E、I、O、U。

搬运活动一览表是 SHA 方法中的一项主要文件，因为它把各项搬运活动的所有主要情况都记录在一张表上。简单而言，搬运活动一览表包含下列资料：

(1) 列出所有路线，并排出每条路线的方向、距离和具体情况。

(2) 列出所有的物料类别。

(3) 列出各项移动（每类物料在每条路线上的移动），包括：

1) 物流量（单位为 t/h、件/周等）。

2) 运输工作量（单位为 t·mile/周、lb·ft/天等）。

3) 搬运活动的具体状况（编号说明）。

4) 各项搬运活动的相对重要性等级（用元音字母或颜色标定，或两者都用）。

(4) 列出每条路线，包括：

1) 总的物流量及每类物料的物流量。

表 8-11 搬运活动一览表

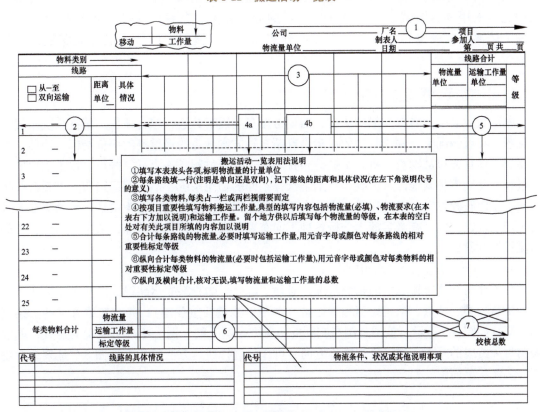

2) 总的运输工作量及每类物料的运输工作量。

3) 每条路线的相对重要性等级（用元音字母或颜色标定，或两者都用）。

(5) 列出每类物料，包括：

1) 总的物流量及每条路线上的物流量。

2) 总的运输工作量及每条路线上的运输工作量。

3) 各类物料的相对重要性的等级（用元音字母或颜色标定，或两者都用）。

(6) 在整个搬运分析中，将总的物流量和总的运输工作量填在右下角。

(7) 其他资料，如每项搬运活动中的具体件数。

4. 坐标指示图

坐标指示图就是距离与物流量指示图（见图 8-6）。图上的横坐标表示距离，纵坐标表示物流量。每一项搬运活动按其距离和物流量用一个具体的点标在坐标图上。

制图时，可以绘制单独的搬运活动（即每条路线上的每类物料），也可以绘制每条路线上所有各类物料的总的搬运活动，或者把两者画在同一张图上。

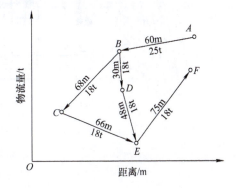

图 8-6 距离与物流量指示图

在布置图上绘制的物流图和距离与物流量指示图往往要同时使用,但是对比较简单的问题,采用物流图就够了。当设计项目的面积较大、各种问题的成本较高时,就需要使用距离与物流量指示图,因为在这种情况下,物流图上的数据显得太零乱,不易看清楚。

8.2.5 物流-距离图分析

判断企业总平面布置方案的优劣,需要考虑多种因素,进行综合评价。根据系统布置设计思想,一般情况下,物流状况的优劣是判断布置方案优劣的最重要的评价指标。因此,系统布置设计首先应从物流分析入手进行布置。由于设计过程是一个反复修正、逐步细化的设计过程,并受多种其他因素影响,特别是选择不同的物流系统、不同的道路布置方案会产生不同的平面布置方案。各种布置方案各有不同的优缺点,显然人们希望得到一个物流最合理的生产系统,因此,有必要深入分析各种不同布置方案的生产物流状况,从中找出最合理的物流设计方案。

1. 在布置方案图上绘制物流图

为了确切掌握布置方案的物流状况,必须了解全厂的物料搬运路线,以及各条路线上搬运的物料种类、特点、搬运距离和搬运量(体积、数量、重量等),并在布置方案图上绘制物流图,如图8-6所示。该图是画在实际的布置方案图上的,图上标出了准确的位置,能够表明每条路线的距离、物流量和物流方向,可作为选择搬运方法的依据。图8-7是某企业物流与人流状况简图。

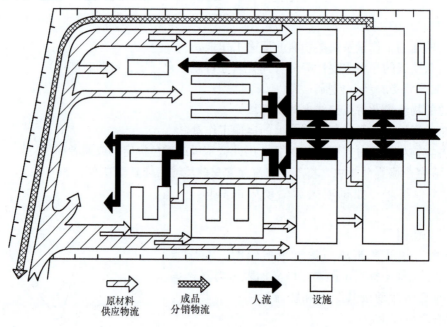

图8-7 某企业物流与人流状况简图

2. 物流-距离表

在布置方案图上,确定各作业单位之间的物料搬运路线,同时,测出各条路线的距离,编制成物流-距离表，如表 8-12 所示。表中每一框格中同时标注物料搬运发送作业单位（从）至物料搬运接收作业单位（至）的物料搬运量（物流强度）f_{ij} 及物料搬运路线长度（距离）d_{ij}。其中，i 表示从作业单位序号，j 表示至作业单位序号，表中空格表示两个作业单位之间无明显物流。

表 8-12 物流-距离表

作业单位从 i \ 作业单位至 j	1	2	…	n
1	f_{11}/d_{11}	f_{12}/d_{12}	…	f_{1n}/d_{1n}
2	f_{21}/d_{21}	f_{22}/d_{22}	…	f_{2n}/d_{2n}
⋮	⋮	⋮		⋮
N	f_{n1}/d_{n1}	f_{n2}/d_{n2}	…	f_{nn}/d_{nn}

3. F-D 距离图（流量距离图）

若忽略不同物料、不同路线上物料搬运成本的差异，各条路线上物料搬运成本与 $f_{ij}d_{ij}$ 成正比，则可以将总的物料搬运成本 C 记为

$$C = \sum_{i=1}^{n}\sum_{j=1}^{n} f_{ij}d_{ij} \tag{8-1}$$

假设不同作业单位之间的物料搬运量相互独立。为了使总的搬运成本 C 最小，则当 f_{ij} 大时，d_{ij} 应尽可能小，当 f_{ij} 小时，d_{ij} 可以大一些，即 f_{ij} 与 d_{ij} 应遵循反比规律。f_{ij} 大的作业单位之间应该靠近布置，且道路短捷；f_{ij} 小的作业单位之间可以远离，道路可以长一些。这显然符合 SLP 的基本思想，从而有

$$f \propto \frac{1}{d}$$

写成等式形式为

$$f = \frac{D}{d^H} \tag{8-2}$$

式中，D 和 H 均为常数，且应有 $H>0$。

式（8-2）说明，一个良好布置方案的各作业单位之间的物料搬运量与搬运路程呈双曲型曲线函数关系，如图 8-8 所示。为了评价布置方案的优劣，可以应用曲线回归理论求出式（8-2）中的常数 D 和 H。

首先令

$$\begin{cases} a = \ln D \\ b = -H \\ x = \ln d \\ y = \ln f \end{cases} \tag{8-3}$$

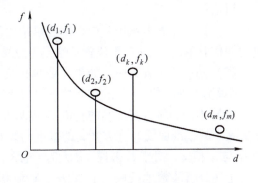

图 8-8 f-d 的双曲型曲线

从而式（8-2）变换成一元线性函数

$$y = a + bx \tag{8-4}$$

为了求出上式中的 a 和 b，应对表 8-12 中的 f_{ij} 进行处理。去掉无明显物流的 f_{ij} 与 d_{ij}，将剩余数据按 d 的递增顺序排序，得

$$d_1, d_2, \cdots, d_h, \cdots, d_m$$
$$f_1, f_2, \cdots, f_h, \cdots, f_m$$

做变换

$$\begin{cases} x_k = \ln d_k \\ y_k = \ln f_k \end{cases} \tag{8-5}$$

式中，$k = 1, 2, \cdots, m$。

应用线性回归知识

$$\bar{x} = \frac{1}{m} \sum_{k=1}^{m} x_k \tag{8-6}$$

$$\bar{y} = \frac{1}{m} \sum_{k=1}^{m} y_k \tag{8-7}$$

$$l_{xx} = \sum_{k=1}^{m} (x_k - \bar{x})^2 \tag{8-8}$$

$$l_{xy} = \sum_{k=1}^{m} (x_k - \bar{x})(y_k - \bar{y}) \tag{8-9}$$

$$l_{yy} = \sum_{k=1}^{m} (y_k - \bar{y})^2 \tag{8-10}$$

$$b = \frac{l_{xy}}{l_{xx}} \tag{8-11}$$

$$a = \bar{y} - b\bar{x} \tag{8-12}$$

从而有

$$D = e^a \tag{8-13}$$

$$H = -b \tag{8-14}$$

由于式（8-2）反映了布置方案的物料搬运路程与搬运量之间的总体趋势，因此称式（8-2）为布置方案的物流-距离基准曲线。

讨论：

（1）同一布置方案中，如果作业单位之间存在 d_{ij} 大 f_{ij} 也大的情况，如图 8-9 中的点 A，则说明作业单位 i 与 j 布置位置不恰当，应靠近布置，且路线应短捷。

（2）同一布置方案中，如果作业单位之间存在 d_{ij} 小且 f_{ij} 也小的情况，如图 8-9 中的点 B，则说明作业单位 i 与 j 的相对位置可以远离，路线可以长一些。

（3）不同布置方案之间的物流-距离基准曲线存在下列情况，如图 8-10 所示。图 8-10a 中方案 1 的基准曲线 l_1 在方案 2 的基准曲线 l_2 之下，说明方案 2 的物流状况更好；图 8-10b 中 l_1 与 l_2 相交，对于 l_1 来说，d 大时 f 也大，一般方案 2 更好一些。

上述分析清楚地反映出布置方案物流状况的优劣，并为进一步修正布置方案提供了依据。

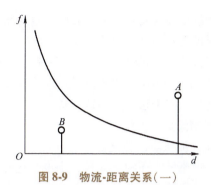

图 8-9 物流-距离关系(一)

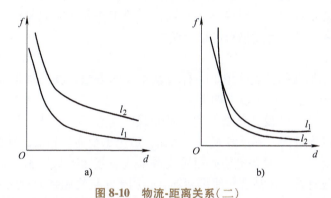

图 8-10 物流-距离关系(二)

8.2.6 物料搬运方法的选择

从 SHA 模式可以看出，到这一步骤之前，已收集分析了所需要的资料，为了表达清楚，还对资料进行了图表化。但在实际着手解决问题以前，还需要了解物料搬运方法。

1. 物料搬运路线系统

从地理和物理两方面而言，所谓物料搬运路线系统，就是把各项物料移动结合在一起的总的方式。物料搬运路线系统一般分为以下几种类别：

(1) **直接型物料搬运路线系统**。各种物料能各自从起点移动到终点的物料搬运路线系统称为直接型物料搬运路线系统。

(2) **间接型物料搬运路线系统**。把几个搬运活动组合在一起，在相同的路线上采用同样的设备，把物料从一个区域移到其他区域的物料搬运路线系统称为间接型物料搬运路线系统。间接型物料搬运路线系统包括渠道型和中心型两种形式。

要根据各种物料搬运路线系统的特点来选择适合的物料搬运路线系统。

对于直接型物料搬运路线系统而言，各种物料从起点到终点经过的路线最短。当物流量大、距离短或距离中等时，一般采用这种形式是最经济的，尤其是当物料有一定的特殊性而时间又较紧迫时更为有利。

对于渠道型物料搬运路线系统而言，一些物料在预定路线上移动，同来自不同地点的其他物料一起运到同一个终点。当物流量中等或少量而距离中等或较长时，采用这种形式是经济的，尤其是当布置为不规则的分散时更为有利。

对于中心型物料搬运路线系统而言，各种物料从起点移动到一个中心分拣处或分发地区，然后再运往终点。当物流量小而距离中等或较长时，这种形式是非常经济的，尤其是当厂区外形基本上是方正的且管理水平较高时更为有利。

实际上，对于有些渠道型或中心型物料搬运路线系统，可根据需要进行某些改变。例如，当渠道型从 B 直接回到 A 时，这种情况就叫作环形路线系统。

一般可根据距离与物流量指示图来选择其路线形式：

（1）直接型用于距离短而物流量大的情况。

（2）间接型用于距离长而物流量小的情况。

根据物料搬运的观点，若物流量大而距离又长，则说明这样的布置不合理。如果有许多点标在这样的区域里，那么主要问题是改善布置而不是搬运问题。当然，工序和搬动是有联系的。如当物料需要接近空气（铸件冷却）时，则冷却作业和搬动是结合在一起的，这时若出现一个长距离移动的大流量物料也是合理的。

2. 物料搬运设备

SHA 对物料搬运设备的分类采用了一种与众不同的方法，就是根据成本进行分类。具体而言，可把物料搬运设备分成以下四类：

（1）**简单的搬运设备**。设备价格便宜但可变成本（直接运转费）高。设备是按能够迅速方便地取放物料而设计的，不适宜长距离运输，适用于距离短和物流量小的情况。

（2）**复杂的搬运设备**。设备价格高但可变成本（直接运转费）低。设备是按能够迅速方便地取放物料而设计的，不适宜长距离运输，适用于距离短和物流量大的情况。

（3）**简单的运输设备**。设备价格便宜而可变成本（直接运转费）高。设备是按长距离运输设计的，但装卸不甚方便，适用于距离长和物流量小的情况。

（4）**复杂的运输设备**。设备价格高而可变成本（直接运转费）低。设备是按长距离运输设计的，但装卸不甚方便，适用于距离长和物流量大的情况。

可根据距离与物流指示图，选择不同类型的搬运设备：

（1）简单的搬运设备：距离短，物流量小。

（2）简单的运输设备：距离长，物流量小。

（3）复杂的物流设备：距离短，物流量大。

（4）复杂的运输设备：距离长，物流量大。

3. 运输单元

运输单元是指物料搬运时的状态，也就是搬运物料的单位。搬运的物料一般有三种基本可供选择的情况：散装的、单件的或装在某种容器中的。

一般而言，散装搬运是最简单和最便宜的移动物料的方式。当然，物料在散装搬运中必须不被破坏、不受损失，或不能对周围环境造成任何危险。散装搬运通常要求物料数量很大。

单件搬运常用于尺寸大、外形复杂、容易损坏和易于抓取或用架子支起的物品。相当多的物料搬运设备是为这种情况设计的。使用各种容器要增加装、捆、扎、垛等作业，会增加投资，把用过的容器回收到发运地点也要增加额外的搬运工作，而单件搬运就比较容易。许多工厂选用了便于单件搬运的设备，因为物料能够以其原样来搬运。当有一种"接近散装搬运"的物料流或采用流水线生产时，大量的小件搬运也常常采取单件搬运的方式。

除散装和单件搬运外,大部分搬运活动要使用容器或托架。单件物品可以合并、聚集或分批地用桶、纸盒、箱子、板条箱等组成运输单元。这些新的单元(容器或托架)会变得更大、更重,常常要使用一些能力较大的搬运方式。但是,单元化搬运可以保护物品,并可以减少搬运成本。用容器或运输单元的最大好处就是减少装卸费。用托盘和托架、袋、包裹、箱子或板条箱、堆垛和捆扎的物品、叠装和用带绑扎的物品、盘、篮、网兜都是单元化搬运的形式。

标准化的集装单元,其尺寸、外形和设计均彼此一致,这就能节省在每个搬运终端(即起点和终点)的成本;而且标准化还能简化物料分类,从而减少搬运设备的数量及种类。

4. 物料搬运方法

所谓物料搬运方法,实际上就是以一定形式的搬运设备与一定形式的运输单元相结合,进行一定模式的搬运活动,以形成一定的物料搬运路线系统。一个工厂或仓库的每项搬运活动都可以采用各种方法进行,综合各种作业所制定的各种物料搬运方法的组合,就形成物料搬运方案。

8.2.7 初步的搬运方案设计

1. 物料搬运路线系统分析用的图例符号

在 SHA 中,除了各个区域、物料和物流量使用的符号外,还有一些字母符号用于物料搬运路线系统、搬运设备和运输单元。

物料搬运路线系统包括直接系统和间接系统,其代号分别为:

D——直接型路线系统。

K——渠道型路线系统。

G——中心型路线系统。

使用如图 8-11 所示的图例或符号表示搬运设备和运输单元。它们很像实际设备。图例中的通用部件(如动力部分、吊钩、车轮等)也是经过标准化的。图例只表示设备的总的类型,必要时还可以通过加注其他字母或编号来说明。

利用这些搬运设备和运输单元的符号,连同代表物料搬运路线系统形式的三个字母,就可以用简明的"符号语言"来表达每种搬运方法。

2. 在普通工作表格上表示搬运方法

编制搬运方案的第一种方法是填写工作表格,列出每条路线上每种(或每类)物料的路线系统、搬运设备和运输单元。如果物料品种是单一的或只有很少几种,而且在各条路线上是顺次流通而无折返的,这种表格就很实用。

第二种方法是直接在流程图上记载建议采用的搬运方法。

第三种方法是把每项建议的方法标注在物流图(或其复制件)上,这种做法使人看起来更易于理解。

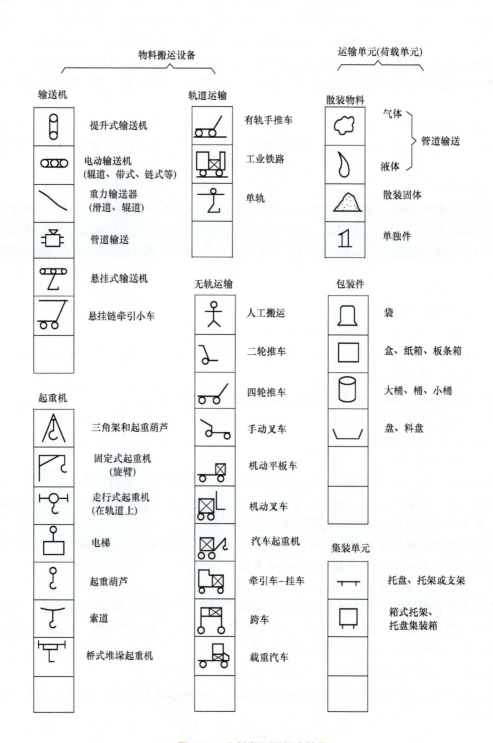

图 8-11　物料搬运图例或符号

3. 在汇总表上表示搬运方法

编制汇总表同编制搬运活动一览表一样，就是每条路线填一横行，每类物料占一竖栏。在搬运活动一览表上记载的是每类物料在每条路线上移动的"工作量"，而填汇总表只是用"搬运方法"来取代"工作量"，适用于项目的路线和物料类别较多的场合。表 8-13 就表明了这种汇总表的用法。

表 8-13 搬运系统方案汇总表

搬运系统方案汇总表用法说明
本表用于填写一个或多个物料搬运规划
①填写本表表头各项
②填写物料或产品类别号并加以说明，每类填写一大栏
③列出现在（或将来）物料移动的各条路线（单向或双向），每条填一行，填明起讫点
④填写每条路线上每类物料的搬运方法。在相应小栏内填明路线系统的形式(S栏)、搬运设备(E栏)和运输单元(T栏)。如有代用的第二方案，则在小方格内标明字母。在"代用"和"S"上面的横格内填写物流量、运输工作量等级或计算数据（究竟填什么，在表头内注明）
⑤填写搬运方法的代用方案或第二方案
⑥记载其他有关资料以进一步解释表内资料数据

采用前面规定的代号和符号，把每项移动（一种物料在一条路线上的移动）建议的路线系统、搬运设备和运输单元填写在汇总表中相应的空格内。汇总表中还有一些其他的空格，供填写其他资料数据用，如其他的搬运方案、时间计算和设备利用情况等。

从一张汇总表上既可以全面了解所有物料搬运的情况，也可以汇总各种搬运方法，编合各条路线和各类物料的同类路线系统、搬运设备和运输单元。这样就能把全部搬运规划记录在一张表上（或粘在一起的几页表上），并将其连同修改布置建议提交审批。

8.2.8 修改与各项需求的计算

1. 考虑实际的限制条件进行修改

物料搬运也就是物料位置的移动，从广义上讲是一项必要的工作，但在成形、加工、装配或拆卸、储存、检验和包装等整个生产过程中，它只是其中的一部分，甚至是属于第二位的。具体的搬运活动仅仅是企业设施规划和运营管理中的一部分，但是为了有效地进行生产和分配，必须进行物料搬运，有许多因素会影响正确地选择搬运方法。在各物料搬运方案中

经常涉及的一些修改与限制内容有：
（1）在前面各阶段中已确定的同外部衔接的搬运方法。
（2）既满足目前生产需要，又能适应远期的发展和（或）变化。
（3）与生产流程或流程设备保持一致。
（4）可以利用现有的公用设施和辅助设施，保证搬运方案的实现。
（5）布置或建议的初步布置方案，以及它们的面积、空间的限制条件（如数量、种类和外廓形状）。
（6）建筑物及其结构特征。
（7）库存制度以及存放物料的方法和设备。
（8）投资的限制。
（9）设计进度和允许的期限。
（10）原有搬运设备和容器的数量、适用程度及其价值。
（11）影响人员安全的搬运方法。

2. 各项需求的计算

对几个初步搬运方案进行修改以后，就开始逐一说明和计算那些被认为是最有现实意义的方案。一般要提出 2~5 个方案进行比较，对每一个方案需做如下说明：
（1）说明每条路线上每种物料的搬运方法。
（2）说明搬运方法以外的其他必要的变动，如更改布置、作业计划、生产流程、建筑物、公用设施、道路等。
（3）计算搬运设备和人员的需要量。
（4）计算投资数和预期的经营成本。

8.2.9　方案的评价

方案的评价常采用以下三种方法：①成本或财务比较法；②优缺点比较法；③因素加权分析法。

1. 成本或财务比较法

成本是经营管理决策的主要依据。因此，每个搬运方案都要从成本的角度来评价，即对每个方案都要明确其投资和经营成本。
（1）需要的投资。投资是指方案中用于购置和安装的全部成本。其中包括基本建设成本（物料搬运设备、辅助设备及改造建筑物的成本等）、其他成本（运输费、生产准备费及试车费）以及流动资金的增加部分（原料储备、产品储存、在制品储存等）。
（2）经营成本。经营成本主要包括：
1）固定成本。具体包括投资利息、折旧费的资金成本和管理费、保险费、场地租用费等其他固定成本。
2）可变成本。具体包括设备方面的可变成本和工资等。

通常需要分别计算出各方案的投资和经营成本，然后进行分析和比较，从中确定一个最优方案。

2. 优缺点比较法

优缺点比较法是直接把各个方案的优点和缺点列在一张表上，对各个方案的优缺点进行分析和比较，从中得到最佳方案。

进行优缺点分析时所要考虑的因素除了可计算的成本因素外，还包括以下内容：

（1）与生产流程的关系及为其服务的能力。
（2）产品、产量和交货时间每天都不一样时，搬运方法的通用性和适应性。
（3）灵活性（已确定的搬运方法是否易于变动或重新安排）。
（4）搬运方法是否便于今后发展。
（5）建筑物布置和扩充的灵活性是否受搬运方法的限制。
（6）对面积和空间的利用程度。
（7）安全性和建筑物管理。
（8）工人是否对工作条件感到满意。
（9）是否便于管理和控制。
（10）可能发生故障的频繁性及其严重性。
（11）是否便于维护并能很快修复。
（12）施工期间对生产造成的中断、破坏和混乱程度。
（13）对产品质量和物料有无损伤可能。
（14）能否适应生产节拍的要求。
（15）对生产流程时间的影响。
（16）人事问题，如可否招聘到熟练工人，能否培训，多余人员的安排，工种的变动，工龄合同或工作习惯等。
（17）能否得到所要的设备。
（18）同搬运计划、库存管理和文书报表工作是否联系密切。
（19）自然条件的影响，如土地、气候、日照、气温等。
（20）与物料搬运管理部门的一致性。
（21）由于生产中的同步要求或高峰负荷而可能造成的停顿。
（22）对辅助部门的要求。
（23）仓库设施是否协调。
（24）同外部运输是否适应。
（25）施工、培训和调试所需要的时间。
（26）资金或投资是否落实。
（27）对社会的价值或促进作用。

3. 因素加权分析法

对多个方案进行比较时，一般认为因素加权法是评价各种无形因素的最佳方法。其过程主要有以下几个步骤：

（1）列出搬运方案需要考虑或包含的因素。
（2）把最重要的一个因素的加权值定为10，再按相对重要性规定其余各因素的加权值。
（3）标出各比较方案的名称，每个方案占一栏。
（4）对所有方案的每个因素进行分析。
（5）计算各方案的加权值，并比较各方案的总分。

总之，可以根据成本比较和对无形因素的评价正确选定搬运方案，建议同时考虑这两方面的问题。

8.2.10 详细搬运方案的设计

总体搬运方案设计确定了整个工厂的总的物料搬运路线系统、搬运设备和运输单元。而搬运方案详细设计是在此基础上制定一个车间内部从一个工作地到另一个工作地，或从具体取货点到具体卸货点之间的搬运方法。详细搬运方案必须与总体搬运方案协调一致。

实际上，SHA 在方案初步设计阶段和方案详细设计阶段采用的是同样的模式，只是在实际运用中，两个阶段的设计区域范围不同、详细程度不同，详细设计阶段需要大量的资料、更具体的指标和更多的实际条件。

8.3 系统布置设计与物料搬运系统分析的融合

8.3.1 SLP 与 SHA 的相互关系

从前文对系统布置设计（SLP）和物料搬运系统分析（SHA）的论述中可以看到，物料搬运系统分析必须考虑布置的具体情况，因此，系统布置设计与物料搬运系统分析有着十分密切的关系。

1. 二者具有共同的目标，其出发点都是力求物流合理化

SLP 的重点在于对空间的合理规划，使得物流路线最短，在布置时位置合理，尽可能减少物流路线的交叉、迂回、往复现象。

SHA 的重点在于搬运方法和手段的合理化，即根据所搬运物料的物理特征、数量以及搬运距离、速度频度等，确定合理的搬运方法，选定合适的搬运设备，使搬运系统的综合指标达到最优。

2. 二者具有相互制约、相辅相成的关系

如前所述，只有将良好的设施布置与合理的物料搬运系统相结合，才能保证物流合理化的实现。

在进行设施布置与设计时，必须同时考虑物料搬运系统的要求。如果采用输送带作为主要物料搬运手段，则各种设施应该按输送带的走向呈直线分布；如果采用叉车，则应考虑有适当的通道和作业空间。如果对物料搬运系统中的临时储存、中间库、成品包装作业场地等未给予足够的注意，则可能造成投产后生产系统物料拥挤混乱。

总之，系统布置设计是物料搬运系统分析的前提，而前者只有通过完善的搬运系统才能显示出其合理性。因此，设施布置设计和物料搬运系统分析是一对"伙伴"。

8.3.2 SLP+SHA 的方法

一般 SLP 根据产品的工艺设计进行，即根据产品加工工艺流程的顺序以及所选定的加工设备规格尺寸进行布置设计。而 SHA 则以布置设计为前提选择适当的搬运设备，以及确定搬运工艺。由于二者之间具有相辅相成的关系，这两个步骤不应孤立地进行，必须注意以下两点：

（1）进行 SLP 时，尽可能考虑到 SHA 的需要。SLP 的主要依据虽然是产品加工工艺流程和加工设备的规格尺寸，但是，对尚未进行设计的物料搬运系统仍应有相应的估计。例如：①采用连续输送或是单元输送；②采用传送带、叉车或其他起重运输机械；③作为物流缓冲环节的临时储存，中间仓库的数量和规模；④进料以及产品包装、存放的场所；⑤切屑、废料的排除方法等。

通过对这些因素的考虑，尽可能为 SHA 创造一个良好的前提条件。

(2) SLP 和 SHA 交叉进行、互为补充。 SLP 是 SHA 的前提，对大的步骤 SLP 先于 SHA，在设计中可以根据加工设备的规格尺寸和经验数据为物料搬运系统留出必要的空间。但是，由于搬运设备尚未选定，因此还存在一定的盲目性。进行 SHA 之后，可以对 SLP 的结果进行修正，相为补充，使这两部分工作能得到较为完善的结合，实现物流合理化。

8.4 物料搬运与企业经济效益

8.4.1 机械制造厂的物料搬运情况

某机械制造厂是一个全能型的大型工厂，具有水路、铁路及公路的运输条件。水路运输主要是运输建筑材料及一部分铸工原材料；铁路主要承担成品外运；而原材料和外购件大部分是靠公路运输的。

1. 工厂物料供应与搬运系统的管理体制

（1）供应科归口负责采购供应全厂各部门所需的原材料、外购件和协作件。

（2）生产部门生产的半成品和在制品由生产科归口管理，在装配以前，将在制品与供应科的外购件、外协件配套后送到车间装配。

（3）运输科主管全厂无轨运输车辆，主要接受供应科外购的材料运入工厂以及各部门委托的运输任务。5~10t 车接受部门之间的大件搬运，3t 以下叉车和电瓶车的使用与成本核算归所属部门。

（4）动力科主管车间内部工序之间的搬运设备，如吊车、龙门吊、电动轨道平板车、皮带运输机等，使用与成本核算归所属部门。

由于工厂生产成本组成中不包括物料搬运成本这一项独立核算内容，因此只能从原材料进厂入库，由仓库发给生产车间，经车间内部每道工序加工过程中的搬运，车间与车间之间、车间与仓库之间的搬运，直至成品运出，对每个搬运环节加以统计积累，从而获得相关的资料。

2. 搬运量及搬运成本

物料搬运的计算步骤如下：

（1）从全厂主要物料流程示意图（见图 8-12）中，找出各部门之间的物流关系。

（2）从该厂铸工车间（日产合格铸件）需用物料流程示意图（见图 8-13）中，找出该部门的物流关系。

（3）从某产品（按加工工艺编制）加工到装配的物料搬运流程系统图中，找出该部门物料搬运的全过程。

（4）统计出产品在各部门、各工序之间使用各类搬运工具的搬运量。这里仅列出了其中的中小件毛坯库的物料搬运工艺流程图表，其他从略。

（5）把各部门物料搬运的全过程量加以综合、统计，并计算其成本。

（6）从部门之间物料搬运量及运距图（见图 8-14）中，分析工厂总平面布置的合理性。

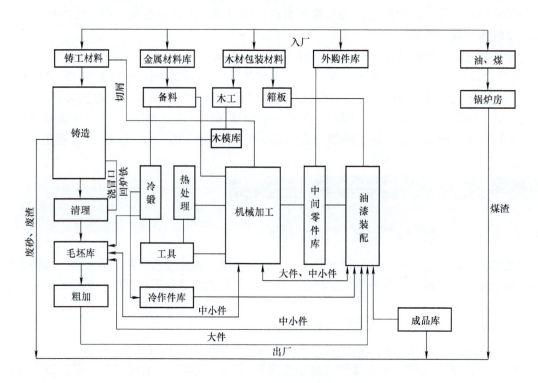

图 8-12　全厂主要物料流程示意图

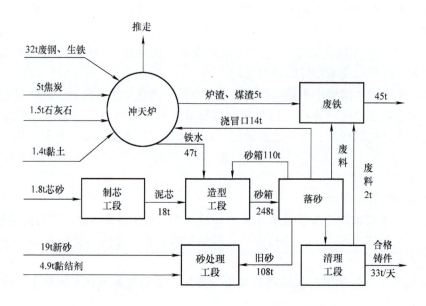

图 8-13　铸工车间（日产合格铸件）需要物料流程示意图

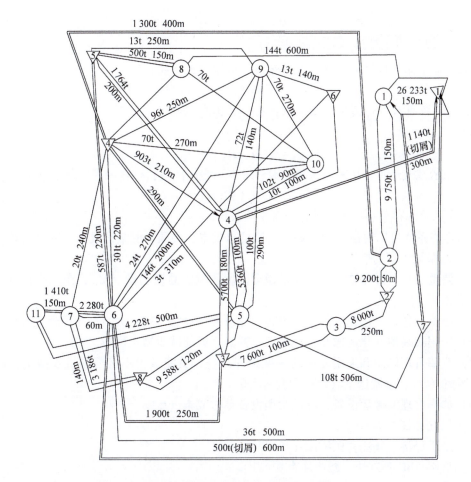

图 8-14 部门之间物料搬运量及运距图

注：①铸工；②清理；③油漆加工；④二车间；⑤二车间油漆；⑥四车间；⑦四车间油漆；⑧冷锻；⑨液压；⑩热处理；⑪包袋。
▽1炉料库；▽2大件毛坯库；▽3大件毛坯露天库；▽4中小件毛坯库；▽5供应科仓库；▽6零件总库；▽7冷作件库；▽8成品库。

工厂物料搬运系统的有关数据如下：

（1）全厂总人数6139人。其中，物料搬运工人占全厂生产及辅助工人的19.37%，占全厂辅助工人的37.37%。

（2）全厂物料搬运系统设备总原值为868万元，占全厂设备资产原值的23.1%。

（3）成品总吨位为7 009t。生产1t成品的搬运量为252吨次。其中，生产1t合格铸件的搬运量为110吨次；加工1t零件的搬运量为51吨次；加工1t零件直至油漆装配，其搬运量为59吨次。

（4）产品加工成本为857.5万元，而物料搬运成本为133万元，占产品加工成本的15.5%，相当于全厂生产工人的年工资总额，比燃料及动力成本还多10%。

虽然各厂的具体情况有所不同，但上述调查结果仍有其一定的普遍性。它说明物料搬运成本在生产成本中所占比例很大，对整个企业的经济效益有极大影响。

8.4.2 物料搬运成本的降低

物料搬运成本一般说来由两大部分组成，可用下列公式表示

$$S = S_b + S_c \tag{8-15}$$

式中，S 表示总成本；S_b 表示搬运成本；S_c 表示库存成本。

其中

$$S_b = f(M, D, N, t_1) \tag{8-16}$$

式中，M 表示总搬运量；D 表示搬运距离；N 表示搬运次数；t_1 表示搬运设备单位成本。

$$S_c = f(V, t_2) \tag{8-17}$$

式中，V 表示总库存量；t_2 表示储存设备单位成本。

由上述关系式可以得出结论：要降低搬运总成本，必须降低搬运成本和库存成本。

1. 降低搬运成本的措施

（1）调整工厂平面布置，减少往返搬运，就能减少总搬运量（M）、搬运距离（D）和搬运次数（N）。

（2）改革工艺，采用先进的加工设备和连续搬运设备，就可大大减少搬运次数（N）。

（3）采用集装单元化运输和合适的工位器具，就能减少搬运次数（N）。

（4）改革管理体制和采用先进的调度指挥系统，就能减少不必要的重复搬运，从而减少搬运距离（D）、总搬运量（M）和搬运次数（N）。

（5）选择合理的搬运设备，降低搬运设备单位成本（t_1）。

2. 降低仓库储存成本的途径

（1）采用经济批量法，压缩库存量（V）。

（2）采用 ABC 管理法，减少库存量（V）。

（3）采用适当的仓库设施设备和工位器具，降低储存设备单位成本（t_2）。

3. 改革与探索

经过研究，发现该厂在管理方面存在不少薄弱环节。如铸件，厂内下达车间的指标是 520 元/t，车间在核算成本时，只计入砂箱委托运输科的搬运成本，而铸造材料由厂外运到料场，在料场加工后再运到车间的搬运成本，一律不纳入 520 元/t 成本中，然而仅这项支出年需 20 万元，相当于铸造材料费的 6%，占生产 1t 合格铸件的 4%。实际上，该项成本却被划入全厂性的企业管理费中支付。这样的成本核算办法不能精确反映生产的实际情况，无助于加强企业管理和提高经济效益。

反映在运输成本方面，最为突出的是归属各部门使用的电瓶车。全厂 60 台电瓶车分散在各有关部门使用，年运输量总计约 4 万 t，平均每台每天仅运 2.2t，每吨搬运成本高达 4.7 元/250m。为什么搬运成本如此之高？

只要对物料搬运系统的实际情况系统地加以分析，就不难发现有许多值得改进的地方，而对每一个环节的改进，都能够降低企业成本。

（1）改进电瓶车的管理体制。以中小件毛坯库的实际搬运为例。该库主要存放铸工、冷锻车间生产的铸锻件，由于电瓶车属部门所有，反映在搬运毛坯过程中，"铁路警察各管一段"的情况尤为明显。首先由铸工或冷锻车间的电瓶车将毛坯拉到库门口，卸在地上；而后由库搬运工重新把毛坯搬上仓库电瓶车，拉入库内，人工就位或上架，再把需要油漆的

毛坯搬上电瓶车送到油漆车间；油漆后的毛坯又换上油漆车间的电瓶车送至库门卸下，再由人工搬上仓库的电瓶车，送入库内，人工就位；最后，再根据生产科计划，将毛坯分别发送到有关车间加工。

这个中小件毛坯库年入库量仅为 1 440t，但由于上述重复作业，电瓶车累计搬运总重量却高达 6 912 吨次，人工搬运重量为 12 364 吨次，这是不合理的。另一方面，为了完成上述工作量，库内配置了 6 台电瓶车和 3 台叉车，平均每台电瓶车每天负荷只有 3.5t，其设备利用率之低是显而易见的。

分散在各部门的电瓶车，还普遍存在无定车、定人的保养制度，车子被随意使用。由于这样的管理方式，搬运成本增加是不难理解的。

要解决上述问题，不仅要考虑管理体制问题，同样要考虑搬运工艺和搬运手段问题。必须在现有设备的基础上，相应地配置集装单元，实行叉车、电瓶车一条龙的集装单元化搬运系统，变部门所有制为定额包干看板运输管理。据统计，如果中小件毛坯库能采用上述办法，电瓶车总搬运量即可由原来的 6 912 吨次/年降为 2 600 吨次/年，人工搬运量可由 12 384 吨次/年降为 4 328 吨次/年。如果全厂都实现集装单元化搬运系统，据估计，只需配备 10 辆叉车就可将原来的 60 台电瓶车调整为 20 台，人工搬运量也能相应地减少，这样就可减少司机和搬运工人 120 人，每年的搬运成本可节省 18 万元。

(2) 改变搬运手段。在铸工车间的车间成本支出中，有一项引人注目的砂箱搬运成本。砂箱历年来均由运输科的 5~10t 铲车搬运，该项计入铸工车间的成本达 6 万元之多，摊入每吨合格铸件生产成本平均为 7 元（占 1t 合格铸件成本的 1.2%）。这项成本延续至今，一直未曾引起注意。如果改由车间铺设一条至砂箱库的路轨，以电动平板车取代铲车搬运，一年就可降低搬运成本 1 万元，节约柴油 8t。

(3) 探索水路联营。铸工用的焦炭价格是 110 元/t，供应点距厂 80km，由 4t 载重汽车去装运，实际装载 3.2t，每运 1t 焦炭的运费需 20 元，占原材料成本的 18%。年耗焦炭 14 000t，仅此项成本就要 2.8 万元。

与工厂商讨搬运系统改革设想时，有职工大胆提出以水路运输代替公路运输，水运成本为 2.8 元/t。

假如购置一条载重 100t 的驳船，一次投资 10 万余元，只运本厂的焦炭，其利用率最多 1.8%，显然不合理。为此，拟组织邻近工厂联运，扩大经营范围，充分利用现有码头，这样水路运输成本可降低为汽车运输的 1/3，一年可节约用油 50t。

(4) 调整工厂平面位置。调整平面位置，缩短搬运距离，也是降低搬运成本的途径之一。从全厂车间之间物流量图可以看出，中小件毛坯库的位置显得不合理，距铸工车间清理工段 400m；毛坯入库以后，大部分又需要运去油漆加工后再入库，距离也是 400m。如果将该库移至适当位置，就可缩短运输距离（D）。

又如木模工段与木模库距铸工车间也有 400~500m 的距离，将该工段和木模库移至铸工车间邻近，也可缩短运输距离（D）。

如实现了上述改革设想，则该厂的物料搬运总成本 133 万元是可以降低的。初步估计，降低 20% 的搬运成本是完全可行的，无须花费许多投资即可得益。

8.4.3 物料搬运的改革方向

综上所述,"工厂的物料搬运就是要以正确的时间和正确的成本,将正确的货物安全地运到正确的地方。"物料搬运的主要目的是使企业在从运进原材料到产品投入使用这一期间的每个阶段均能获得一个有效的和经济的系统。

工厂物流搬运技术研究,就是运用现代化的科学技术和方法,对工厂物料进行分类、储存、运输,通过分析,规划合理的流程和经济批量,在工厂设计中采用最优物流系统,并解决运用的储存和运输设备。它与计算机辅助设计、辅助制造以及工厂科学管理相结合,可达到缩短生产周期,减少在制品,加速企业资金周转,最大限度地杜绝材料、能源、人力、资金等的浪费,提高企业经济效益的目的。

未来工厂物料搬运研究的基本任务就是建立一个与加工工艺相协调的物料搬运系统。为改善目前我国工业企业中物料搬运技术的落后状况,应着重抓好以下几个方面的工作:

(1) 财政部门着手研究可否在工厂企业成本组成中增加"物料搬运成本"一项,并提出统计办法;有关领导部门统一调查格式,对现有工厂的物料搬运系统做全面调查。

(2) 工厂设计部门应改革苏联工厂设计的传统做法,根据调查的资料,结合我国国情,系统地进行物料搬运分析,提出与加工工艺相协调的物料搬运系统设计。

(3) 改革现有的管理体制,改变不合理的搬运工艺和手段。

(4) 大型工厂设立物流规划部门,着手培养物料搬运的专门人才,与工艺设计人员一起统筹全厂系统设计,确立物料搬运工艺规范。

(5) 工厂设计部门应与工厂共同进行经济批量分析的研究。

当前国际上正出现一场新的技术变革,在这场变革浪潮中,我国的物料搬运技术将进一步提高,为增加企业经济效益而发挥更大作用。

8.5 某机械厂搬运系统设计的应用实例

本小节以某机械厂为实例,对其搬运系统进行分析设计。

8.5.1 某机械厂物料搬运的业务范围与活动

某机械厂物料搬运的业务范围与活动具体如表 8-14 所示。

表 8-14 某机械厂物料搬运的业务范围与活动

过程区分	业务范围	业务活动
物料进厂	1. 在供应厂的包装和装箱 2. 在供应厂的站台处装车 3. 从供应厂运输 4. 在本厂的卸车 5. 接收作业 6. 材料及协作品的储存 7. 分发材料到各生产部门	1. 搬运方法 2. 储存方法 3. 装卸技术与方法 4. 成品包装方法 5. 运输包装(保护包装)方法 6. 试验包装、装载与搬运方法 7. 制定搬运、包装与储存的规范与标准

(续)

过程区分	业务范围	业务活动
加工过程搬运	1. 工序之间的储存 2. 工序之间的搬运 3. 工位上的搬运 4. 车间内部的搬运 5. 车间外部的搬运 6. 厂内搬运 7. 废料或切屑的搬运 8. 为生产服务或辅助的搬运	8. 设备的可行性研究 9. 搬运与储存设备的选择 10. 各种容器、料架的选择 11. 搬运设备的维修保养方针及规程 12. 防止物料在搬运过程中的损坏
成品出厂	1. 成品包装（用户商品包装） 2. 成品储存 3. 成品分拣 4. 运输包装（保护包装） 5. 装车与发送 6. 到用户的运输 7. 维修备件或产品售后服务的运输	13. 安全 14. 搬运或管理人员的培训 15. 搬运系统的挖潜改造 16. 有关报表、单据和管理信息系统的设置

8.5.2 物料搬运系统的设计步骤

该厂的物料搬运系统的设计步骤，大体上按如图 8-15 所示的设计工作流程进行。

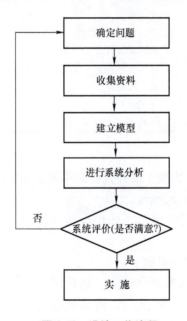

图 8-15 设计工作流程

1. 确定问题

首先从系统的整体出发提出问题，并确定目标、效能准则（即衡量达到目标的标准）和制约条件。

关于物料搬运系统设计的目标、效能准则和制约条件，应在充分调查研究的基础上按表 8-15 的格式确立下来，作为进行系统设计的任务书。

表 8-15 系统的设计任务书

特性 课题	质量	数量	时间	场所	成本
目标					降低搬运费 10%
效能准则			尽早出成果		
制约条件	迁就现状	迁就现状	3 个月	迁就现状	投资 10 万元以内

为使设定的目标符合实际并尽量少变动，就要求协调总的生产系统、企业的经营方针乃至产品的方向，进行必要的可行性调查，然后才能确定下来。

2. 收集资料

可参考表 8-16 所列的项目收集资料。

表 8-16 物料搬运系统设计中需要考虑的因素

A. 物料或产品
  1. 特点
    a. 接收
    b. 发送
  2. 生产量
  3. 不同部件的数量
  4. 储存要求
B. 移动
  1. 频率
  2. 速度
  3. 定额
  4. 数量
  5. 范围
	6. 距离
	7. 起讫点
	8. 运输交叉情况
	9. 工作区之间的练习要求
	10. 接收和发送的位置
	C. 搬运方法
	  1. 搬运单位
	  2. 利用重力的可能性
	  3. 物料搬运原则
	  4. 要求的灵活性
	  5. 要求的设备
	D. 工艺过程
	  1. 形式
		2. 工序顺序与数目
		3. 在移动时加工的可能性
		4. 活动的特殊要求
		5. 生产设备的布置方式
		6. 设备数量
		7. 面积要求
		8. 分装部件数目
		E. 建筑物
		  1. 尺寸
		  2. 形状
		  3. 形式

3. 模型构建

在充分了解情况的基础上，为便于设计人员对所要研究的系统展开试验，通常利用模型来代替真实的系统，然后进行种种分析。

在物料搬运系统设计中采用的模型，其相对抽象等级如图 8-16 所示。

关于各种模型的特点与应用说明如下：

（1）实物模型。在物料搬运系统设计中，最常用的实物模型是具有平面尺度的样片，以及当需要研究空间尺度时与样片配套使用的立体模型（如输送机、各种搬运车辆等）。实物模型反映的系统非常直观，灵活可变，并能说明系统要求的空间情况。

（2）图式模型。图式模型比实物模型稍抽象些。在设计新的物料搬运系统或改进设计现有系统初期，常常

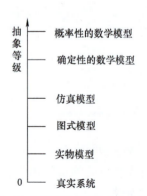

图 8-16 不同模型的相对抽象等级

把系统的组成要素按顺序编制出来。图式模型可为系统的功能构成和系统的工作情况提供一个清晰的总体系统图像,各种图表就属于这类模型。

通过图 8-17 和表 8-17 可了解,系统流程的总体情况、物料或工件所行经的路线、人-物构成关系等。

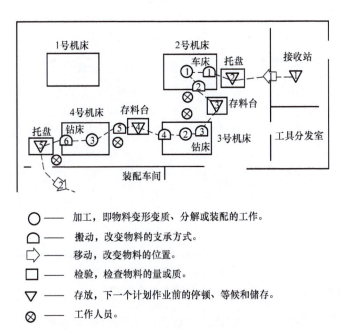

◯ —— 加工,即物料变形变质、分解或装配的工作。

◠ —— 搬动,改变物料的支承方式。

⇨ —— 移动,改变物料的位置。

☐ —— 检验,检查物料的量或质。

▽ —— 存放,下一个计划作业前的停顿、等候和储存。

⊗ —— 工作人员。

图 8-17 工序流程平面图

表 8-17 工序流程图表

现状/改进	作业名称		单位						分析人		年	月	日	编号
分析项目	分析符号	记事	何故？	何物？	何地？	何时？	何如？	何人？	改进设想	取消	结合	更换	改进	改进措施
1.接收站储存	◯◠⇨☐▽													
2.运到2号机床旁	◯◠⇨☐▽	手扶式叉车												
3.在2号机床旁存放	◯◠⇨☐▽													
4.装上2号机床	◯◠⇨☐▽	人工												
5.车削	◯													
6.搬到存料台	◯◠⇨☐▽	人工												
7.在台上存放	◯◠⇨☐▽													
8.装上3号机床	◯◠⇨☐▽	人工												
9.钻	◯													
10.搬到存料台	◯◠⇨☐▽	人工												
11.在台上存放	◯◠⇨☐▽													
12.装上4号机床	◯◠⇨☐▽	人工												
13.钻	◯													
14.搬到托盘上	◯◠⇨☐▽	人工												
15.在托盘上存放	◯◠⇨☐▽													
16.运到装配车间	◯◠⇨☐▽	手扶式叉车												

物料起讫表也是一种在系统设计中具有多种用途的图式模型（见表8-18）。它表明了一个作业部门与另一个的运输量和依存关系，物料的移动情景，以及材料、工件、产品之间的相互关系，可用于物料移动的分析、流程图式的设计、确定作业部门的位置等。

表 8-18 物流起讫表　　　　　　　　　　　　　　（单位：搬运次数）

		1 接收站	2 材料库	3 磨工工段	4 冲压工段	5 维修工段	6 装配工段	7 成品库	8 发送站	共计
1	接 收 站		16		5		3			24
2	材 料 库			12	5		9			26
3	磨工工段						12	10		22
4	冲压工段									
5	维修工段									
6	装配工段		10					14		24
7	成 品 库								16	16
8	发 送 站									
			16	22	10		24	24	16	112

注：1. 物流起讫部门可以是生产部门（如本表），也可以是机器设备。
　　2. 物流量可以是搬运的次数（如本表），也可以是物料重量或件数。

部门关系图（见图8-18）可表示系统组成部门之间的相互关系以及每对接近关系的重要性。这种相互关系的密切性用"接近度"来表示。接近度既可反映部门之间的非物流关系（如生产上的联系、人员关系和信息流关系等），也可说明部门之间的物流关系（如运输量、频率等）。接近度可用符号写在图中每个菱形的虚线以上，其理由可用符号写在

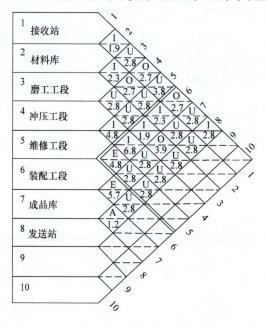

图 8-18 部门关系图

菱形的虚线以下。接近度符号和接近度理由符号如表 8-19 和表 8-20 所示。因此，这种模型适用于各部门相对位置的确定，以使物流或非物流关系密切的部门靠近布置，是工厂各部门总体布置的基础。而一个合理的总平面布置也是一个有效的物料搬运系统设计的先决条件。

表 8-19 接近度符号表

级 别	接 近 度	级 别	接 近 度
A	绝对必要	O	一般
E	特别重要	U	不重要
I	重要	X	相互忌讳

表 8-20 接近度理由符号表

代 号	理 由	代 号	理 由
1	大物流量	6	管理或后勤的需要
2	利用共同设备	7	小物流量
3	中物流量	8	无物流量
4	经常出现故障	9	噪声、污染、震动、防火等
5	物流的上下顺序		

除上述常用的图式模型外，还有其他一些特定用途的图式模型，如说明产品零部件的装配过程与关系、物流的信息传递过程与关系等的模型。

(3) 仿真模型。在物料搬运系统设计中，仿真模型是由一组方程式和数学关系式建立起来的。仿真是在所选择的运转条件下模拟真实系统运转的过程。仿真模型的主要好处之一是缩短了试验系统的实际时间。一台高速电子计算机只需要几分钟就可以模拟出实际系统许多周的运转。在进行模拟运算时所采用的模型（方程式），应能用数据表示出实际系统内发生的大多数活动。

通过仿真模型和电子计算机，设计人员能够非常真实地模拟实际搬运系统的运行。在评价可供选择的设计时，物料搬运系统的仿真模型是极有使用价值的工具，无须设备投资就可以对运转方式和设计的变更进行试验。例如，设计人员有可能考察当改变速度、改变工序间库存量或者改变从循环输送机上拿取部件的工人数目时，所产生的效果。在预计一个搬运系统的临界变量改变的效果时，仿真模型尤其有用。

然而，一个计划得很差的模拟试验会使人误入歧途和造成不必要的浪费。应当注意，仿真模型实际上只是描述所研究的系统，而绝不能保证得到最优解。在物料搬运系统设计采用模拟研究之前，设计人员应弄清楚，确实没有其他更直接的数学分析方法可供应用。

(4) 数学模型。从形式上看，数学模型与物料搬运系统极少有相似之处。数学模型一般可分为确定性的和概率性的两类。

确定性的数学模型是假设所有研究的事件都是可断定的。例如，工厂对于营业仓库这一配送系统的确定性数学模型是基于这样的假设：所设工厂每个时期能供给的产品件数以及每个仓库需要的件数都是已知的。这种问题可用数学规划模型来确定。

设 C_{ij} 表示从工厂 i 到仓库 j 的单件产品的发送成本；X_{ij} 表示从工厂 i 发送到仓库 j 的产品件数；a_{ij} 表示工厂 i 能够供给的产品件数；b_j 表示仓库 j 需要的产品件数；m 表示工厂数

目；n 表示仓库数目。

这个问题在数学上是确定 X_{ij} 的最小值

$$\sum_{i=1}^{m}\sum_{j=1}^{n} C_{ij}X_{ij} \qquad (8\text{-}18)$$

其约束条件为

$$\sum_{j=1}^{n} X_{ij} = a_i \qquad (i = 1,2,\cdots,m) \qquad (8\text{-}19)$$

$$\sum_{i=1}^{m} X_{ij} = b_j \qquad (j = 1,2,\cdots,n) \qquad (8\text{-}20)$$

$$X_{ij} \geq 0 \quad （对于所有 i 和 j） \qquad (8\text{-}21)$$

概率性的数学模型可用来研究真实系统的不确定因素。当为物料搬运系统建立概率模型时，有关系统运转的事件必须鉴别清楚，而相应的概率也必须确定下来。这些概率可通过数学分析或过去类似系统的经验来确定，一旦获得必要的概率（至少可确定概率的分布），决策模型就可以建立了。

在物料搬运系统设计中占有很重要地位的一种概率模型是排队模型（有时称为等候线模型）。它是对实际系统的描述，它用所选择的参数来说明要研究的系统。可以通过排队论解答物料搬运问题：

（1）等候一组机床服务的产品平均数是多少？
（2）一个设定的输送机系统高峰负荷的概率是多少？
（3）物料搬运系统空闲的概率是多少？

使用排队论来研究和分析物料搬运系统，必须事先掌握服务对象（顾客、产品、叉车等）到达的方式、服务机构的参数以及排队规则。

进入物料搬运系统的服务单元的到达方式可由到达的统计分布、到达的平均速率以及单个或成批到达的单元数量来确定。支配物料搬运系统的服务机构的规律，最好是用完成服务时间的统计分布、设定时间内服务的精确数量（或统计分布）以及机构的物理性能（服务量和它们的排列）来描述。排队规则是指选定要处理的单元的顺序以及单元一旦进入排队线后的行为方式（离开线、堵塞、撤销）。

运用排队论决定供料输送机长度的例子，如装在托盘上的电动机用输送机从装配运到检验站，计划采用一条积放式滚子输送机来向检验站供给电机，需要确定输送机上应能积存多少电动机，才不会造成需将电动机转移到地面上，同时要缩短输送机长度以节约面积。

要分析这一问题，首先应获得电动机到达检验站的概率和服务时间。观察电动机到达的情况后会发现，它们是随机的（泊松分布），假定平均到达率为 10 台/h；根据时间研究，服务时间是按指数曲线分配的，假定平均每小时 11 台。

设 A 表示平均到达率；S 表示平均服务率；L 表示系统中的顾客（电动机）数；L_q 表示在排队中的顾客数；W 表示预定每台电动机在整个系统中的时间（包括服务时间）；W_q 表示预定排队中的等候时间；P_n 表示在系统中正好有 n 个顾客的概率；P_0 表示在系统中无顾客的概率。

（1）求在排队中的平均电动机数

$$L_q = \frac{A^2}{S(S-A)} = \frac{10^2}{11\times(11-10)} 台 = 9.09 台或 9 台$$

(2) 求整个系统中的平均电动机数

$$I = \frac{A}{S-A} = \frac{10}{11-10}台 = 10台$$

(3) 求系统中无电动机的时间百分率

$$P_0 = 1 - \frac{A}{S} = 1 - \frac{10}{11} = 0.09 或 9\%$$

(4) 求在系统中正好有 n 台电动机的概率

$$P_n = \left(1 - \frac{A}{S}\right)\left(\frac{A}{S}\right)^n$$

这个方程可回答下列问题：如果输送机的长度足够在队列中存放 9 台电动机，加上 1 台正在被检验的电动机，有多少机会需要把第 11 台电动机转放在地面上？

$$P_{11} = \left(1 - \frac{10}{11}\right) \times \left(\frac{10}{11}\right)^{11} = 0.0318 或 3.2\%$$

由上式可知，在一定时间内有 11 台电动机在系统内的机会是 3.2%，如果系统的输送机和检验工位只能接待 10 台电动机，则第 11 台电动机就有 3.2% 的时间必须放在地面上。

此外，数学模型正是由于其抽象的特性常常在相当大的范围内得到普遍应用。只需稍加更改，同一模型就可适用于多种情况。正是这种灵活性使得数学模型成为描述和分析物料搬运系统的得力工具。

4. 系统分析

对于数学模型和仿真模型而言，系统分析就是对建立的模型进行运算或试验以求其解。而对系统采用实物模型或图解模型时，设计人员除凭借知识和经验去分析外，往往需要按照一定的步骤、手段或方法对系统进行种种分析，以避免片面性，尽可能做到从整体的角度进行认真分析。现将物料搬运系统设计中常用的分析方法分述如下：

（1）物料搬运系统的三维结构。为了对系统进行总体的分析研究，可按如表 8-21 所示的过程和阶段去进行。

表 8-21 物料搬运系统的过程和阶段

阶段	过程	运入					加工过程搬运				运出			
		材料	包装	运输	卸车	分选	储存	移动	容器	装卸	上下料	储存	成品	拣货	包装	装车	运输
设计阶段	功能设计														
	人-物组配														
工作阶段	计划														
	执行														

但在一个物料搬运系统中，还涉及系统的各种管理问题。为了说明在各种管理的各方面、各过程、各阶段有哪些内容需要分析研究，可用图 8-19 所示的三维结构表示。

（2）物料搬运原则与校核表。物料搬运原则是对前人经验的总结，它概括地给出了在物料搬运系统设计中应当遵循的准则。表 8-22 列出了物料搬运的一些主要原则。有效利用这些原则的最好方法是运用校核表。表 8-23 是分析物料搬运方法时采用的一种校核表。

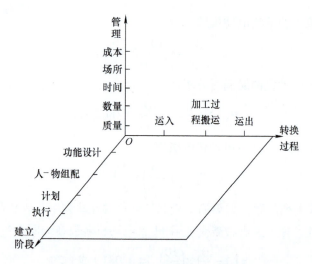

图 8-19 物料搬运系统分析的三维结构

表 8-22 物料搬运的主要原则

序号	原　　则	意　　义
1	提高物料活性原则	使物料的放置状态便于进行搬运作业
2	单元化搬运原则	实现物料集装单元化的搬运
3	减少重复搬运的原则	减少多余或重复搬运作业
4	利用重力的原则	利用重力进行运输或储存（重力式货架储存）
5	机械化自动化的原则	如切实可行，应采用机械或使作业自动化
6	连接的原则	减少作业环节，使作业的连接顺畅
7	协作的原则	上一道搬运工序应为下一道作业的方便创造条件
8	均衡搬运的原则	准时适量地搬运，减少空载，减少作业点上的储存
9	减轻体力作业的原则	消除或减少繁重的体力搬运作业，减少弯腰的作业
10	流水和直线的原则	物料流程按流水和最短的路线布置
11	利用空间的原则	充分利用设施的有效面积和高度
12	保护运件的原则	消除运件在搬运过程中的损坏
13	标准化的原则	实现搬运设备、组件的标准化和通用化
14	灵活性的原则	考虑搬运设施的通融性和发展

表 8-23　物料搬运校核表（物料搬运方法）

工厂：_____　　位置：_____　　观察人：_____
车间：_____　　工序：_____　　日期：_____

有待改进的情况	校核 是	校核 否	备注	有待改进的情况	校核 是	校核 否	备注
1. 每次搬运一件				17. 装卸时间过长			
2. 不利用重力				18. 工作地点拥挤			
3. 工作地点的储存量过多				19. 各个搬运作业不协调			
4. 工作区之间流程不畅				20. 建筑物的限制妨碍搬运作业			
5. 库存管理困难				21. 运输车辆的限制妨碍搬运作业			
6. 计划困难				22. 运输交叉严重			
7. 物料未实现集装单元化				23. 重大件搬运距离长			
8. 生产设备窝工待料				24. 信息传递延迟了物料搬运			
9. 物料运动缓慢				25. 非标准化的搬运设备			
10. 搬运作业杂乱				26. 无计划的搬运方法			
11. 繁重的体力搬运作业				27. 搬运设备的种类太多			
12. 不安全的搬运方法				28. 工序间的搬运容器非标准			
13. 不安全的搬运设备				29. 紊乱的流程路线			
14. 搬运设备超负荷				30. 搬运的机械化程度不够			
15. 搬运设备负荷低				31. 废料的排除无计划			
16. 工人停工待料							

（3）方法研究。方法研究是指系统性地记录、分析以及严格考察现行或拟议中的作业和业务的进行顺序、手续和方法，以便于应用。具体而言，就是将现行或设计的物料流程分成一些基本的组成作业（如加工、移动、搬动、检验、储存），然后对每一项作业进行严格的分析，在可能的情况下将其取消、合并或改进，最后重新组成一个效率更高的过程。

在进行上述严格分析时，有六个要解答的主要疑问。对每一项作业一开始就应当问"为什么（何故）要做它？"并要求认真考虑这一问题。当确信这一作业有必要存在时，才进一步询问"是什么（何物）？"以弄清作业的对象（材料或物品）。然后，分析人员考虑的问题是"何地"和"何时"，以具体说明要进行的作业条件。最后，应考虑"何种方式（何如）"与"何人"，以明确搬运作业的方法。

这种分析方法往往可在工序流程图表（见表 8-17）上进行。

（4）物料的搬运活性指数分析。物料的存放或支承状态往往决定了对它进行搬运时的作业量大小。例如，散放在地面上的物料通常要比装箱或码放在托盘上的物料难搬运。为了衡量物料支承状态的搬运难易程度，一般将工厂的物料根据其支承状态分为 5 级（见图 8-1），分别用"搬运活性指数"（0~4）表示，如图 8-20 所示。

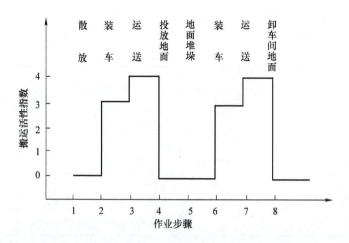

图 8-20　按流程作业顺序做出物料搬运活性指数变化图

搬运活性指数越小，表示越不易搬运。在地面散放的物料搬运活性指数为 0，而处于移动着的车辆或输送机上的物料搬运活性指数为 4。

利用物料搬运活性指数的概念，就可以以物料为中心，按照一个系统内的搬运作业顺序来逐项调查物料搬运活性指数的变化。图 8-20 所示就是这种调查结果的例子。对于那些使物料搬运活性降低的作业（如图中出现指数为 0 的状态），就应设法改进，以提高物料的搬运活性指数。

此外，有些图式模型本身即可作为分析物料搬运系统的工具，如上述物流起讫表（见表 8-18）和部门相关图（见图 8-18）。前者可用来分析和确定工厂流水生产线设备布置顺序，后者则可用来确定工厂各部门的合理布置。

5. 系统评价

在上述系统分析的基础上，有时还要通过系统模拟提出若干可行的方案，并对提出的方案进行评价。主要包括下列各项内容：

（1）每个比较方案技术上的可行性。
（2）相对成本。
（3）经济上可能带来的好处或节约。
（4）投资回收。
（5）在将来实施某些方案的可行性。
（6）每个比较方案适合系统目标的程度。
（7）每个方案在管理和维护上的相对难易度。

在评价这些因素的基础上，就可对系统进行基本选择，为管理层和执行部门提供选优决策。

6. 实施

如果决策者经分析评价对所推荐的方案不满意，则需要重新调整问题，制定目标，进行新一轮的设计；如果满意，就可以开始详细的施工设计。具体是指把系统的"硬件"编制成蓝图，控制系统也要进行相应的设计和确定，信息系统应编制成可实施的形式。

在设计阶段还包括为系统所有部分的制造和购置做好详细的准备，以及必须明确建设单位和供应单位的责任。功能设计的一个重要方面是确定性能要求,这既应作为供应单位的标准,也应作为衡量系统组成的基础。

复习思考题

1. 简述物料搬运的概念以及搬运系统分析的四个阶段。
2. 说明搬运系统设计和设施布局设计之间的逻辑关联性。
3. 说明搬运系统设计步骤和设施布局设计步骤之间的异同点。
4. 某货运站有两台装卸搬运设备,现有五个货主A、B、C、D、E要求装卸,在甲设备上卸,在乙设备上装,各货主所需装卸时间如表8-24所示。应如何安排顺序可使时间最短?

表8-24 各货主所需装卸时间　　　　　　　　　　　（单位:min）

货主	A	B	C	D	E
甲设备	0	8	10	3	7
乙设备	11	9	5	3	4

21 世纪科学上最重要的和经济上最有前途的研究前沿，有可能通过熟练掌握先进的计算技术和运用计算科学得到解决。

——美国总统信息技术顾问委员会（PITAC）

第 9 章
自动化立体仓库的布置与设计

在各种现代制造系统，特别是在 FMS、CIMS 中，以自动化立体仓库（AS/RS）为核心的自动化物流系统是必不可少的。本章重点探讨自动化立体仓库的类型、构成及特点，自动化立体规划步骤与内容，自动化立体仓库的布局模式，以及真实的企业自动化立体仓库规划与设计方案等内容。

［学习目的］

1. 理解自动化立体仓库的组成及分类。
2. 理解自动化立体仓库规划设计的内容与堆垛机的布置方式。
3. 掌握自动化立体仓库的布局模式。
4. 掌握自动化立体仓库的作业流程。

 9.1 自动化立体仓库概述

9.1.1 自动化立体仓库的发展概况

1. 自动化立体仓库的诞生与发展

自动化立体仓库（AS/RS）也称高架库或高架仓库，一般是指采用几层、十几层乃至几十层高的货架储存单元货物，用相应的物料搬运设备进行货物入库和出库作业的仓库。

自动化立体仓库的出现和发展是第二次世界大战以后生产发展的必然结果。第二次世界大战以后，随着经济的恢复和生产的发展，原材料、配套件、制成品的数量不断增加，对物料搬运和储存提出了越来越高的要求，传统的仓储方式已无法适应生产和流通的要求。土地稀缺、地价上涨，促进仓储作业向空间发展，由简易仓库向高架仓库发展。

早在 20 世纪 50 年代，美国就出现了使用桥式堆垛机的仓库，使货架之间的通道宽度大幅度减小，单位面积的储存量平均提高 52%。此后，自动化立体仓库在美国和西欧（德国、英国、瑞士、意大利）得到迅速发展。1963 年，美国某公司首先在仓库业务中采用计算机控制,建立了第一个由计算机控制的自动化立体仓库。20世纪60年代中期以后,日本开始兴建自动化立体仓库,而且发展的速度特别快,近年来在质与量方面均赶上并超过了欧美。

我国对自动化立体仓库及其专用设备的研究开始得并不晚,早在1963年北京起重运输机械研究所设计了第一台1.25t桥式堆垛机,由大连起重机厂完成试制。20世纪70年代中期,郑州纺织机械厂首次改建了一座自动化立体仓库。这座仓库是利用原有锯齿形厂房改建而成的,用于存放模具。1977年,北京起重运输机械研究所等单位研究制造出北京汽车制造厂自动化仓库,该库属于整体式结构,采用计算机进行控制和数据处理。

我国自动化立体仓库的应用范围广泛,几乎遍布各行各业,目前已经取得应用的行业主要有机械、冶金、航天航空、电子、医药、图书、食品加工、烟草、印刷、配送中心、机场、港口等。

由于自动化立体仓库是现代物流技术的核心,随着我国生产和经济的不断发展,对自动化立体仓库数量的需求将会越来越大,对质量的要求也会越来越高。

2. 我国自动化立体仓库的发展历程

我国自动化立体仓库的研究与应用经历了如下四个主要阶段:

1973—1985年,属于起步阶段,已经完成系统的研制与应用,但由于经济发展的限制,应用非常有限。

1986—1998年,属于初步发展阶段,通过引进吸收,研制了属于第二代技术、基于PLC控制的立体仓库系统,应用领域逐步扩展到医药、化工、机械、烟草等行业,市场应用超过200套。

1999—2005年,属于高速发展阶段,以联想公司的自动化物流系统为起点,基于激光测距的第三代技术得到全面应用。这一时期立体仓库得到了广泛应用,市场保有量以每年平均40套左右的速度快速增长,达到500套左右(此时1990年前建设的项目已经基本拆除)。

2006—2010年,已经进入成熟应用阶段,每年市场需求平均达到90套左右,到2010年年底市场保有量超过1 000套。

9.1.2 自动化立体仓库的基本组成

自动化立体仓库是物流技术革命性的成果,它一般由高层货架、巷道堆垛机、输送机、控制系统和计算机管理系统等构成,可以在计算机系统控制下完成单元货物的自动存取作业。

9.1.3 自动化立体仓库的分类

自动化立体仓库的种类是随着生产的不断发展和进步而变化的。物流系统的多样性决定了自动化立体仓库的多样性,通常有如下几种分类方法:

1. 按建筑形式分类

按照建筑形式,自动化立体仓库可分为整体式和分离式两种类型(见图9-1)。

一般整体式自动化立体仓库的高度在12m以上;分离式自动化立体仓库的高度在12m以下,但也有15~20m的。整体式自动化立体仓库的货架与仓库建筑物构成一个不可分割的

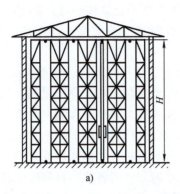 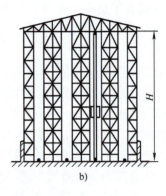

图 9-1 自动化立体仓库按建筑形式分类
a) 分离式　b) 整体式

整体，货架不仅承受货物载荷，还要承受建筑物屋顶和墙侧壁的载荷。这种仓库结构重量轻，整体性好，对抗震也特别有利。分离式自动化立体仓库的货架和建筑物是独立的，适用于利用原有建筑物作为库房，或者在厂房和仓库内单建一个高货架。由于这种仓库可以先建库房后立货架，故施工安装比较灵活方便。

2. 按仓库高度分类

按仓库高度不同，自动化立体仓库可以分为高层（>12m）、中层（5~12m）和低层（<5m）自动化立体仓库。

3. 按货架的形式分类

按库内货架形式不同，自动化立体仓库可以分为单元货格式货架仓库（见图 9-2a）、贯通式货架仓库（见图 9-2b）、水平旋转式货架仓库（见图 9-2c）和垂直旋转式货架仓库（见图 9-2d）。

单元货格式自动化立体仓库是应用最为广泛的一种仓库。这种仓库的特点是：货架沿仓库的宽度方向（B 向）分为若干排，每两排货架为一组，其间有一条巷道，每排货架沿仓库纵长方向（L 向）分为若干列，沿垂直方向（H 向）分为若干层，从而形成大量货格，用以储存货物。货物是以集装单元的形式储存在立体库中的。在我国建成的所有自动化立体仓库中，单元货格式自动化立体仓库占 90% 以上。

通常而言，对于单元货格式自动化立体仓库，涉及如下概念及术语：

1) 货格：货架内储存货物的单元空间。
2) 货位：货格内存放一个单元货物的位置。
3) 排：宽度方向（B 向）上货位数的单位。
4) 列：长度方向（L 向）上货位数的单位。
5) 层：高度方向（H 向）上货位数的单位。

4. 按仓库的作业方式分类

按仓库的作业方式，自动化立体仓库可以分为单元式仓库和拣选式仓库。

（1）单元式仓库。出入库作业以货物单元（托盘或货箱）为单位，中途不拆散，所用设备为叉车或带伸缩货叉的巷道堆垛机等。

（2）拣选式仓库。出库是根据提货单的要求，从货物单元（或货格）中拣选一部分出

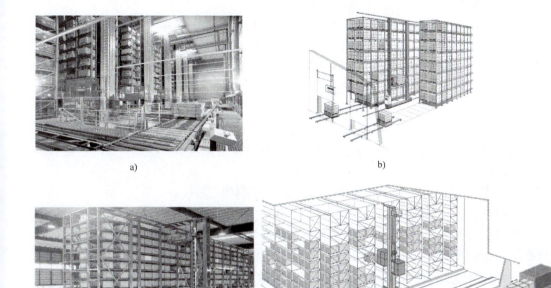

图 9-2 自动化立体仓库按货架的形式分类
a）单元货格式货架仓库 b）贯通式货架仓库 c）水平旋转式货架仓库 d）垂直旋转式货架仓库

库。其拣选方式可分为两种：一种方式是拣选人员乘拣选式堆垛机到货格前，从货格中拣选所需数量的货物出库，称作"人到货前拣选"；另一种方式是将存有所需货物的托盘或货箱由堆垛机搬运至拣选区，拣选人员按出库提货单的要求拣出所需的货物，然后再将剩余的货物送回原址，称作"货到人处拣选"。对整个仓库来讲，如果只有拣选作业而不需要整单元出库时，一般采用"人到货前拣选"作业方式；如果仓库作业中仍有相当一部分货物需要整单元出库，或者拣选出来的各种货物还需要按用户的要求进行组合选配时，一般采用"货到人处拣选"作业方式。

9.1.4 自动化立体仓库的优缺点

1. 自动化立体仓库的优点

（1）大幅度增加仓库高度，充分利用仓库面积与空间，减少占地面积。目前最高的自动化立体仓库高度已经达到 40 多米，其单位面积储存量要比普通仓库大得多。例如，一座货架 15m 高的自动化立体仓库储存机电零件和外协件，其单位面积储存量可达 $2\sim5t/m^2$，是普通货架仓库的 4~7 倍。

（2）便于实现仓库的机械化、自动化，从而提高出入库效率，使企业物流更为合理。

（3）提高仓库管理水平。借助计算机管理能有效地利用仓库储存能力，便于清点盘货，合理减少库存，节约流动资金。例如，某汽车厂的仓库在采用自动化立体仓库后，库存物资的金额比过去降低了50%，节约资金数百万元。

（4）由于采用货架储存，并结合计算机管理，可以容易地做到先入库的先出库，防止货物自然老化、变质、生锈；也便于防止货物丢失，减少货损。

（5）采用自动化技术后，自动化立体仓库能适应黑暗、有毒、低温等特殊场合的需要。例如，储存胶片卷轴的自动化立体仓库以及各类冷藏、冷冻、恒温、恒湿自动化立体仓库等。

2. 自动化立体仓库的缺点

（1）由于自动化立体仓库的结构比较复杂，配套设备也比较多，因此需要的基建和设备的投资也比较大。

（2）货架安装精度要求高，施工比较困难，而且工期相应较长。

（3）存储弹性小，难以应对高峰期的需求。

（4）对可存储的货物品种有一定的限制，需要单独设立存储系统用于存放长、大、笨重的货物以及要求特殊保管条件的货物。

（5）自动化立体仓库的高架吊车、自动控制系统等都是技术含量极高的设备，维护要求高，因此必须依赖供应商，以便在系统出现故障时能得到及时的技术援助。这就增强了对供应商的依赖性。

（6）对建库前的工艺设计要求高，在投产使用时要严格按照工艺流程作业。

9.2 自动化立体仓库的规划与设计

9.2.1 规划与设计的阶段

自动化立体仓库的规划与设计一般包括以下几个阶段：

（1）**概念设计**。这一阶段明确建设自动化立体仓库的目标和有关的背景条件。这也是总体设计的准备阶段。

（2）**基本设计**。这一阶段对自动化立体仓库的总体布置、设施配备、管理和控制方式、进度计划以及预算等进行全面的规划和设计，即总体设计阶段。

（3）**详细设计**。根据总体设计的要求，这一阶段要对组成自动化立体仓库的所有设备和设施进行详细设计或选型。此阶段要完成所有设备和设施的制造和施工图。

下面以单元式自动化立体仓库为例，阐述总体规划与设计的一般步骤与方法。

1. 概念设计阶段

自动化立体仓库是一项系统工程，需要大量投资，因此在建设前必须明确企业建设自动化立体仓库的必要性和可能性，并对建库的背景条件进行详细分析。一般要做以下几个方面的工作：

（1）确认建设立体库的必要性。根据企业的生产经营方针、企业物流系统的总体布置和流程，分析确定自动化立体仓库在企业物流系统中的位置、功能和作用。

（2）根据企业的生产规模和水平，以及自动化立体仓库在整个物流系统中的位置，分析企业物流和生产系统对自动化立体仓库的要求，并考虑企业的经营状况和经济实力，确定自动化立体仓库的基本规模和自动化水平。

（3）调查拟存货物的品名、特征（如易碎、怕光、怕潮等）、外形及尺寸、单件重量、平均库存量、最大库容量、每日入出库数量、入库和出库频率等，以便确定仓库的类型、库容量和出入库频率等。

（4）了解建库现场条件，包括气象、地形、地质条件、地面承载能力、风及雪载荷、地震情况以及其他环境影响等。

（5）调查了解与仓库有关的其他方面条件。例如，入库货物的来源及入库作业方式、进出库门的数目、包装形式和搬运方法、出库货物的去向和运输工具等。

概念设计阶段也是项目的详细论证阶段。如果论证通过，本阶段的分析研究结果将为立体仓库的总体设计奠定可靠的基础。

2. 基本设计阶段

（1）确定仓库的结构类型和作业方式。确定仓库的结构类型就是确定各组成部分的结构。

1）建筑物的特征：原有还是新建，高层还是低层等。

2）货架的结构和特征：库架合一式或库架分离式、横梁式或牛腿式、焊接式或组合式等。

3）理货区的面积和功能：与高架区的位置关系、所进行的作业、配备的设施等。

4）堆垛机械的类型：有轨巷道式堆垛机、无轨堆垛机、桥式堆垛机和普通叉车等。

5）配套设备的类型：配套设备主要是指那些完成货架外的出入库搬运作业、理货作业以及货车的装卸作业等的机械和设备，包括叉车、托盘搬运车、辊子输送机、链条输送机、升降台、有轨小车、无轨小车、转轨车以及称重和检测识别装置等。对于一些分拣仓库，还配备有自动分拣和配货的装置。应根据立体仓库的规模和工艺流程的要求确定配套设备的类型。

最后，根据工艺要求，决定是否采用拣选作业。如果以整单元出库为主，则采用单元出库作业方式；如果以零星货物出库为主，则可采用拣选作业方式。根据具体情况，确定是采用"人到货前拣选"，还是"货到人处拣选"。

（2）确定货物单元的形式、尺寸和重量。货物单元是指进行出入库作业和储存的集装单元，由集装单元化器具和货物两部分组成。因为单元式自动化立体仓库是以单元化搬运为前提的，故确定货物单元的形式、尺寸及重量显得尤为重要。一般需要确定两个方面的内容：集装单元化器具的类型，货物单元的外形、尺寸和重量。

自动化立体仓库常用的集装单元化器具有托盘和集装箱，托盘最为常见。托盘的类型有许多种，如平托盘、箱式托盘、柱式托盘和轮式托盘等，一般要根据所储存货物的特征来选择。当采用堆垛机作业时，不同结构的货架对托盘的支腿有不同的要求，在设计时尤其要注意。

为了合理确定货物单元的尺寸和重量，需要对所有入库的货物进行 ABC 分析，以流通量大而种类较少的 A 类货为主，选择合适的货物单元的外形、尺寸和重量。对于少数形状和尺寸比较特殊以及重量很重的货物，可以单独进行储存。

3. 详细设计阶段

（1）确定堆垛机械和配套设备的主参数。自动化立体仓库常用的堆垛机械有有轨巷道堆垛机、无轨堆垛机（高架叉车）、桥式堆垛机和普通叉车等。在总体设计时，要根据仓库的高度、自动化程度和货物的特征等合理选择其规格结构，并确定其主要性能参数（包括外形尺寸、工作速度、起重量及工作级别等）。

立体仓库配套设备的配备应根据系统的流程和工艺统筹考虑，并根据立体仓库的出入库频率、货物单元的尺寸和重量等确定各配套机械及设备的性能参数。如对于输送机，则根据货物单元的尺寸确定输送机的宽度，根据自动化立体仓库的频率要求确定输送机的速度。

（2）确定仓库的总体尺寸。确定仓库的总体尺寸，关键是确定货架的长、宽、高等尺寸。自动化立体仓库的设计规模主要取决于其库容量，即同一时间内储存在仓库内的货物单元数。如果已经给出库容量，就可以直接应用这个参数；如果没有给出，就要根据拟存入库内的货物数量、出入库的规律等，通过预测来确定库容量。根据库容量和所采用作业设备的性能参数以及其他空间限制条件，即可确定仓库的总体尺寸。

（3）确定仓库的总体布置。确定了自动化立体仓库的总体尺寸以后，便可以进一步根据仓库作业的要求进行总体布置，主要包括自动化立体仓库的物流模式、高架区的布局方式和出入库输送系统的方式。

（4）选定控制方式。自动化立体仓库的控制方式一般可分为手动控制和自动控制两种。

手动控制方式设备简单，投资小，对土建和货架的要求也较低。其主要适用于规模较小、出入库频率较低的仓库，尤其适用于拣选式仓库。

自动控制是自动化立体仓库的主要控制方式。自动化立体仓库的自动控制系统根据其控制层次和结构不同，可分为三级控制系统和二级控制系统，一般由管理级、监控级和直接控制级组成（二级控制系统由管理级和控制级组成），可完成自动化立体仓库的自动认址和自动程序作业。自动控制适用于出入库频率较高、规模较大的自动化立体仓库，特别是一些暗库、冷库或生产线中的自动化立体仓库，可以减轻工人的劳动强度，提高系统的生产率。

（5）选择管理方式。自动化立体仓库的管理方式一般可分为人工台账管理和计算机管理两种。人工台账管理仅适用于库存量较小、品种不多、出入库频率不高的仓库。在自动化立体仓库中，一般都采用计算机管理，与自动控制系统结合，实现自动管理和控制。这是自动化立体仓库管理的主要方式。在总体设计阶段，要根据仓库的规模、出入库频率、生产管理的要求、仓库自动化水平等方面的因素综合考虑，选定一种管理方式。

（6）提出土建、公用设施的要求。在进行总体设计时，还要提出对自动化立体仓库的土建和其他公用设施的要求。

1）根据货架的工艺载荷，提出对货架的精度要求。

2）提出地面需要承受的载荷以及对基础均匀沉降的要求。

3）确定对采暖、采光、通风、给水排水、电力、照明、防火、防污染等方面的要求。

（7）投资概算。分别计算自动化立体仓库各组成部分的设备成本、制造成本、设计及软件成本、运输成本、安装及调试成本等，综合得到自动化立体仓库的总成本。

（8）进度计划。在总体设计的最后，要提出自动化立体仓库设计、制造、安装、调试以及试运营的进度计划以及监督和检验措施。

9.2.2 单元式自动化立体仓库的设计

1. 货格尺寸的设计

在自动化立体仓库设计中,恰当地确定货格尺寸是一项很重要的设计内容。它直接关系到仓库面积和空间的利用率,也关系到作业设备能否顺利完成存取作业。

牛腿式货架的每个货格只能存放一个单元的货物,其货格载货示意图如图9-3所示;横梁式货架的每个货格一般可存放两个单元以上的货物,其货格载货示意图如图9-4所示。货格与货位间的代号及名称如表9-1所示。

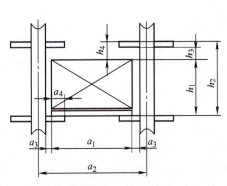
图 9-3 牛腿式货格载货示意图(长—高面)

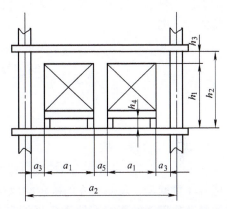
图 9-4 横梁式货格载货示意图(长—高面)

表 9-1 货格与货位间的代号及名称

代号	名 称	代号	名 称
a_0	货格长度	b_2	货格有效宽度
a_1	货物长度	b_3	前面间隙
a_2	货格有效长度	b_4	后面间隙
a_3	侧向间隙	h_1	货物高度
a_4	支承货物的宽度	h_2	单元货物上部垂直间隙
a_5	货物之间的水平间隙	h_3	层高
b_0	货格宽度	h_4	单元货物下部垂直间隙
b_1	货物宽度		

当单元货物的尺寸确定后,货格尺寸的大小主要取决于各间隙尺寸的大小。各间隙尺寸的选取原则如下:

(1) 侧面间隙 (a_3、a_5)。a_3 与 a_5 的影响因素主要有货物原始位置的停放精度、堆垛机的停准精度以及堆垛机和货架的安装精度等。精度越高,取值越小。侧向间隙 a_3 一般取 50~100mm。对横梁式货架,一般 $a_5 > a_3$;对牛腿式货架,要求 $a_4 \geq a_3$。

(2) 垂直间隙 (h_2、h_4)。在确定垂直间隙时,上部垂直间隙 h_2 应保证货叉叉取货物过程中起升时不与上部构件发生干涉,一般 $h_2 \geq$(货叉上浮动行程+各种误差);下部垂直间隙

h_4 应保证货叉存货时顺利退出，一般 $h_4 \geq$（货叉厚度+货叉下浮动行程+各种误差）。影响 h_2 和 h_4 大小的各种误差包括：①垂直位置检测片安装误差；②货叉微升和微降行程的误差；③货物高度误差；④货叉伸出时的挠性变形；⑤货架托梁（或横梁）的高度误差等。

(3) 宽度方向间隙（b_3、b_4）。前面间隙 b_3 的大小应根据实际情况确定：对牛腿式货架，应使其尽量小；对横梁式货架，应使货物不致因各种误差而掉下横梁。后面间隙 b_4 的大小应以货叉作业时不与后面拉杆发生干涉为前提。

2. 仓库总体尺寸的确定

确定仓库总体尺寸的关键是确定货架的总体尺寸，货架的总体尺寸也就是货架的长、宽、高等。当货格尺寸确定后，只要知道货架的排数、列数、层数和巷道宽度，即可计算出其总体尺寸，即

$$长度\ L = 货格长度 \times 列数$$

$$宽度\ B = \frac{(货格宽度 \times 2 + 巷道宽度) \times 排数}{2}$$

$$高度\ H = H_0 + \sum_{i=1}^{n} H_i$$

式中，H_0 为底层高度；H_i（$i=1, 2, \cdots, n$）为各层高度，共 n 层。

$$巷道宽度 = 堆垛机最大外形宽度 + (150 \sim 200\text{mm})$$

值得注意的是，总体尺寸的确定除取决于以上因素外，还受用地情况、空间制约、投资情况和自动化程度的影响。故需要根据具体情况和设计者的实际经验来综合考虑，统筹设计，而且在设计过程中需要不断地修改和完善。确定货架尺寸的基本方法如下：

(1) 静态法确定货架尺寸。所谓静态法，就是根据仓库的最大规划量确定货架的尺寸。由以下四个参数中的三个来确定货架尺寸：①货架长度（或列数）；②仓库宽度（或巷道数）；③仓库高度（或货架层数）；④仓库容量（即总货位数）。以上参数的选取并非任意，如果仓库的空间尺寸（长、宽、高）受限制，则库容量是相关变量，若库容量确定，则长、宽、高三者中的一个成为相关变量，货架尺寸的计算是根据以上约束及货格尺寸、库顶间隙、库内设施与墙体的安全距离以及前区尺寸确定的。一般分离式货架顶面至屋顶下弦的距离应满足安装要求，但不得小于 200mm。

(2) 动态法确定货架尺寸。动态法确定货架尺寸，就是根据所要求的出入库频率和所选堆垛机的速度参数来确定货架的总体尺寸。

下面以每个巷道配备一台堆垛机为例，说明用动态法确定货架尺寸的方法。

已知库容量 Q，出入库频率 P_0，货架最大高度 H（或层数 NH），货格尺寸和堆垛机速度参数（$V_运$、$V_起$、$V_叉$），试确定货架的最佳布置和尺寸。

由于库容量 Q 和货架高度 H（或层数 NH）已定，故最佳布置就是能满足出入库频率要求的最少巷道数。此时配备的堆垛机数最少，相应投资也就最小。由于解析法比较烦琐，这里介绍一种试算法，具体步骤为：

1) 假定巷道数 NB = 1，则货架列数 $NL = \dfrac{Q}{2NB \times NH}$。

2) 根据层数 NH 和列数 NL 以及堆垛机的速度参数，计算每台堆垛机的平均作业周期 t_m。

3) 计算整个仓库的出入库能力 $P=\dfrac{NB\times 3\,600}{t_m}$。

4) 比较 P 和 P_0。若 $P<P_0$，则所设计货架达不到出入库频率要求，试算 NB=2 的情况。重复 1) ~4) 的计算，直到 $P\geqslant P_0$ 为止，此时的巷道数为最佳巷道数。

货架的总体尺寸确定后，再考虑理货区的尺寸、库顶间隙、货架和建筑物的安全距离等，即可确定仓库的总体尺寸。

3. 平均作业周期的计算

货架总体尺寸确定后，即可计算堆垛机的平均作业周期。

(1) 自动化立体仓库的作业方式。在单元式自动化立体仓库中，货物的存取作业有两种基本方式，即单一作业方式和复合作业方式，如图 9-5 所示。

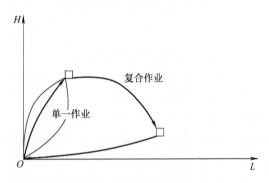

图 9-5　堆垛机作业的单一作业方式与复合作业方式

单一作业方式即堆垛机从出入库台取一个货物单元送到选定的货位，然后返回巷道口的出入库台（单入库）；或者从巷道口出发到某一个给定的货位，取出一个货物单元送到出入库台（单出库）。复合作业方式即堆垛机从出入库台取一个货物单元送到选定的货位，然后直接转移到另一个给定的货位，取出其中的货物单元，回到出入库台出库。为了提高作业效率，应尽量采用复合作业方式。

(2) 平均单一作业周期的计算。单一作业周期是指堆垛机完成一次单入库或单出库作业所需要的时间。O 点为出入库台，P 点为作业货位，则完成此项作业的时间为

$$t_s = 2t_{op}+2t_f+t_a$$

式中，t_{op} 表示从出入库台 O 到货位 P 的运行时间，且有 $t_{op}=\max(t_1,t_k)$，其中 t_1 为从 O 点到 P 点的水平运行时间，t_k 为从 O 点到 P 点的垂直运行时间；t_f 表示堆垛机货叉叉取（或存放）作业时间，且有 $t_f=2t_{load}+t_{lift}$，t_{load} 为货叉完全伸出或完全缩回的时间，t_{lift} 为货叉微升或微降的时间，即货叉在货格内升起或放卸货物的时间；t_a 表示堆垛机作业的附加时间，包括堆垛机的定位、操作、信息查询及传输等的时间。

为了综合评价一个仓库的作业效率，需要求出堆垛机的平均作业周期，即各个货位作业周期的平均值。当各货位作业概率相同时，平均单一作业周期可用下式表示

$$t_{ms}=\dfrac{\sum_{j=1}^{m}\sum_{k=1}^{n}t_{jk}\times 2}{mn}+t_f\times 2+t_a \tag{9-1}$$

式中，t_{ms} 表示平均单一作业周期；j 表示层数，$j=1, 2, \cdots, m$；k 表示列数，$k=1, 2, \cdots, n$；t_{jk} 表示第 j 层第 k 列所对应的货位到出入库台的运行时间；t_f、t_a 同前述。

当库容量很大时，按上式计算平均作业周期的计算量很大，故不常采用，而常采用简易算法。下面介绍一种计算平均作业周期的经验方法。

当出入库台在货架的一侧 P_0 点（见图 9-6）时，以 P_0 为原点，在货架内取两个点 P_1 和 P_2。其中，$P_{1x}=\frac{1}{5}L$，$P_{1y}=\frac{2}{3}H$，$P_{2x}=\frac{2}{3}L$，$P_{2y}=\frac{1}{5}H$，且 L 为货架全长，H 为货架全高。

分别计算从 P_0 到 P_1、P_2 两点的作业周期，将两者的平均值作为该巷道堆垛机的平均作业周期，即平均单一作业周期的经验公式为

$$t_{ms}=\frac{1}{2}\left[t(P_1)+t(P_2)\right] \tag{9-2}$$

或

$$t_{ms}=t_{P_1}+t_{P_2}+2t_f+t_a$$

式中，$t(P_1)$ 表示堆垛机完成 P_1 货位的作业周期；$t(P_2)$ 表示堆垛机完成 P_2 货位的作业周期；t_{P_1} 表示从 P_0 点到 P_1 点的运行时间；t_{P_2} 表示从 P_0 点到 P_2 点的运行时间（S）。

（3）复合作业周期的计算。复合作业是指从出入库台到指定的货位存货后，随即到另一个货位取货，再返回到出入库台的全过程。如图 9-7 所示，其复合作业周期是按 $P_0 \to P_1 \to P_2 \to P_0$ 的总时间计算的。

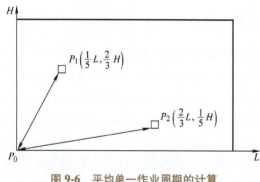

图 9-6 平均单一作业周期的计算

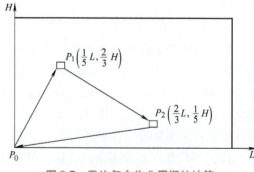

图 9-7 平均复合作业周期的计算

如果 P_1 点和 P_2 点的定义与平均单一作业周期的计算公式即式（9-2）中一样，则平均复合作业周期的经验计算式为

$$t_{md}=t_{P_1}+t_{P_2}+t_{P_1P_2}+4t_f+2t_a \tag{9-3}$$

式中，$t_{P_1P_2}$ 表示堆垛机从 P_1 点到 P_2 点的运行时间；t_{md} 表示平均复合作业周期；t_{P_1}、t_{P_2}、t_f、t_a 同前述。

需要说明的是，平均作业周期的计算公式即式（9-2）和式（9-3）均为经验计算式，前提条件为各货位的存取概率相同。当库内各货位不均匀使用或者某些货位具有优先使用权时，使用此公式计算可能误差较大，这时可采用计算机模拟方法计算其平均作业周期。使用模拟计算得到的平均作业周期更准确、更符合实际。

4. 自动化立体仓库出入库能力的计算

自动化立体仓库的出入库能力用仓库每小时平均入库或出库的货物单元数来表示。堆垛

机的出入库能力就是指每台堆垛机每小时平均入库或出库的货物单元数。

采用单一作业方式时，堆垛机的出入库能力为

$$P_1 = \frac{3\,600}{t_{ms}}$$

式中，P_1 表示每小时出库或入库货物单元数；t_{ms} 表示平均单一作业周期。

采用复合作业方式时，堆垛机的出入库能力为

$$P_1 = \frac{3\,600}{t_{md}} \times 2$$

式中，P_1 表示每小时出库或入库货物单元数；t_{md} 表示平均复合作业周期。

若库内有 n 台堆垛机（即巷道数为 n），则仓库的出入库能力为

$$P = nP_1$$

例如，某自动化立体仓库有 4 条巷道，每条巷道配备一台堆垛机，若堆垛机的运行速度为 100m/min，升降速度为 20m/min，货叉存取货时间为 25s，附加时间 t_a = 5s，货架总长 L = 80m，高 H = 15m，假设各货位存取概率相同，试计算分别采用单一作业方式和复合作业方式时本库的出入库能力（即满负荷时每小时出入库托盘数）。

（1）采用单一作业时的平均作业周期 t_{ms}。用经验算法，取 P_1 点和 P_2 点，且使

$$P_{1x} = \frac{1}{5}L, \quad P_{1y} = \frac{2}{3}H$$

$$P_{2x} = \frac{2}{3}L, \quad P_{2y} = \frac{1}{5}H$$

则

$$t_{ms} = t_{P_1} + t_{P_2} + 2t_f + t_a$$

由于

$$t_{P_1} = \max[P_{1x}/V_x, P_{1y}/V_y] = 0.5\text{min} = 30\text{s}$$
$$t_{P_2} = \max[P_{2x}/V_x, P_{2y}/V_y] = 0.54\text{min} = 32\text{s}$$

故

$$t_{ms} = 30\text{s} + 32\text{s} + 2 \times 25\text{s} + 5\text{s} = 117\text{s}$$

出入库能力 $P = 4P_1 = \left(4 \times \dfrac{3\,600}{117}\right)$ 盘/h = 123 盘/h

（2）采用复合作业方式时的复合作业周期 t_{md}

$$t_{md} = t_{P_1} + t_{P_2} + t_{P_1P_2} + 4t_f + 2t_a$$

由于

$$t_{P_1P_2} = \max\ [(P_{2x}-P_{1x})/V_x,\ (P_{1y}-P_{2y})/V_y]$$
$$= \max\ [0.373,\ 0.35] = 0.373\text{min} = 22.4\text{s}$$

故

$$t_{md} = 30\text{s} + 32\text{s} + 22.4\text{s} + 4 \times 25\text{s} + 2 \times 5\text{s} = 194.4\text{s}$$

出入库能力 $P = 4P_1 = \left(4 \times \dfrac{3\,600}{194.4} \times 2\right)$ 盘/h = 148 盘/h

5. 堆垛机的布置方式

在单元货格式自动化立体仓库中，其主要作业设备是有轨巷道式堆垛机，简称堆垛机。

自动化立体仓库中堆垛机的配备有两种方式：每个巷道配备一台堆垛机或者两个以上巷道配备一台堆垛机。后者一般通过 U 形轨道或转轨车实现堆垛机的巷道转换作业。通常以每巷道配备一台堆垛机最为常见，但当库容量很大、巷道数多而出入库频率较低时，可以采用 U 形轨道或转轨车方式以减少堆垛机的数量。

9.3 自动化立体仓库的布置模式

9.3.1 自动化立体仓库的总体布置模式

从自动化立体仓库的整体物流流向上看，可以划分为同层同端出入式（U 形，见图 9-8a）、贯通式（见图 9-8b）、旁流式（L 形，见图 9-8c）和多层同端出入式（见图 9-8d）。

同端出入式是货物的入库和出库在巷道同一端的布置形式，包括同层同端出入式和多层同端出入式两种。这种布置的最大优点是能缩短出入库周期。特别是在仓库存货不满而且采用自由货位储存时，其优点更为明显。此时，可以挑选距离出入库口较近的货位存放货物，缩短搬运路程，提高出入库效率。此外，入库作业区和出库作业区还可以合并在一起，便于集中管理。

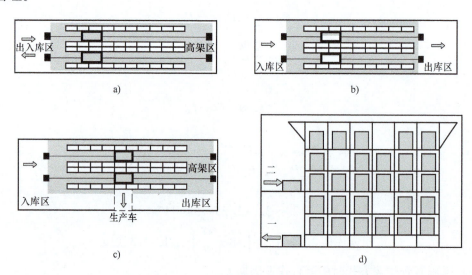

图 9-8　自动化立体仓库的布置模式
a）同层同端出入式　b）贯通式　c）旁流式　d）多层同端出入式

贯通式即货物从巷道的一端入库，从另一端出库。这种方式总体布置比较简单，便于管理操作和维护保养。但是，对于每一个货物单元而言，要完成它的入库和出库全过程，堆垛机需要穿过整个巷道。

旁流式即货物从仓库的一端（或侧面）入库，从侧面（或一端）出库。这种方式在货架中间分开，设立通道，同侧门相通，这样就减少了货格，即减少了库存量。由于可组织两条路线进行搬运，提高了搬运效率，方便了不同方向的出入库。

在自动化立体仓库实际设计时，究竟采用哪一种布置方式，应视仓库在整个企业物流中的位置而定。

9.3.2 高架区的布置模式

在单元货格式自动化立体仓库中，其主要作业设备是堆垛机。自动化立体仓库中堆垛机的布置有三种方式：①直线式，每个巷道配备一台堆垛机（见图 9-9a）；②U 形轨道式，每台堆垛机可服务于多条巷道，通过 U 形轨道实现堆垛机的换巷道作业（见图 9-9b）；③转轨车式，堆垛机通过转轨车服务于多条巷道（见图 9-9c）。通常以每条巷道配备一台堆垛机最为常见，但当库容量很大、巷道数多而出入库频率要求较低时，可以采用 U 形轨道式或转轨车式，以减少堆垛机的数量。

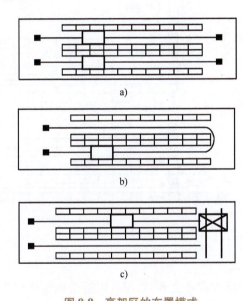

图 9-9　高架区的布置模式
a）直线式　b）U 形轨道式　c）转轨车式

9.3.3 出入库区的布置模式

对于采用巷道式堆垛机的自动化立体仓库，巷道式堆垛机只能在高架区的巷道内运行，因此还需要与各种搬运设备配套衔接，使入库作业区、出库作业区（包括检验、理货、包装、发运等作业）与高层货架区连接起来，构成一个完整的物流系统。究竟采用哪种搬运设备与之配套，是总体设计中要解决的问题。一般而言，高层货架区与作业区之间常见的有以下几种衔接方式：

1. 叉车-出入库台方式

如图 9-10 所示，这是最简单的一种配置方式，在货架的端部设立入库台和出库台。入库时，用搬运车辆（如叉车、有轨小

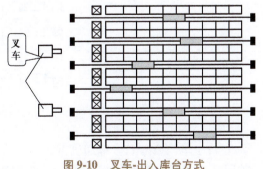

图 9-10　叉车-出入库台方式

车、无人搬运车等）将托盘从入库作业区运到入库台，由高架区内的堆垛机取走送入货格；出库时，由堆垛机从货格内取出货物单元，放到出库台上，由搬运车辆取走，送到出库作业区。

2. 连续输送机方式

如图 9-11 所示，这种衔接方式是一些大型自动化立体仓库和流水线中自动化立体仓库最常采用的方式。整个出入库系统可根据需要设计成各种形式：其出入库运输系统可以分开设置，也可以合为一体，既可出库又可入库。通常还可配置一些升降台，称重、检测和分拣装置，以满足系统的需求。

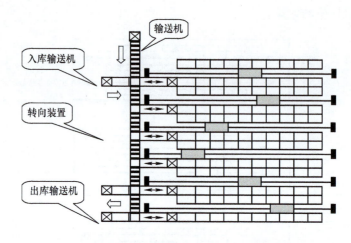

图 9-11　连续输送机方式

3. AGV+巷内输送机方式

如图 9-12 所示，这种衔接方式是由 AGV 和巷内输送机组成的出入库系统。在一些与自动化生产线相连接的自动化立体仓库中，如卷烟厂的原材料库等经常采用这种方式。这种出入库系统的最大优点是系统柔性好，可根据需要增加 AGV 的数量，也是一种全自动的输送系统。

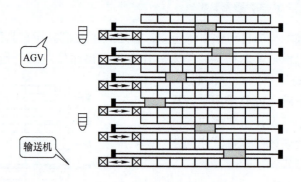

图 9-12　AGV+巷内输送机方式

4. 有轨小车（穿梭车）+ 输送机方式

如图 9-13 所示，这种衔接方式是由巷内输送机、有轨小车（穿梭车）和出入库输送机构成的出入库系统。由于穿梭车具有动作敏捷、容易更换的特点,它被广泛地应用于自动化仓库系统中。有轨小车(穿梭车)+输送机方式的柔性介于输送机和 AGV 之间,是一种经济、高效的出入库输送系统。

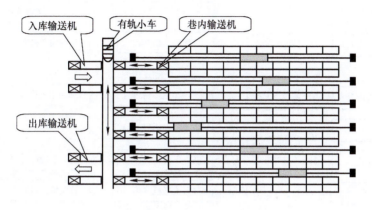

图 9-13　有轨小车+输送机方式

根据前面讨论的物流模式类型、高架区布置模式、出入库区布置模式,可以组合成多种布局模式。

同端:(3×4)种=12 种;直线:(4×4)种=16 种;旁流:(4×4)种=16 种;多层同端:(3×4×4)种=48 种。总计:92 种,如图 9-14 所示。

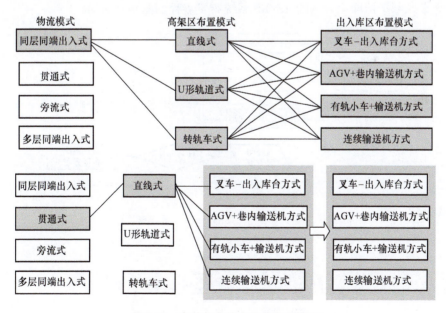

图 9-14　自动化立体仓库的布局模式

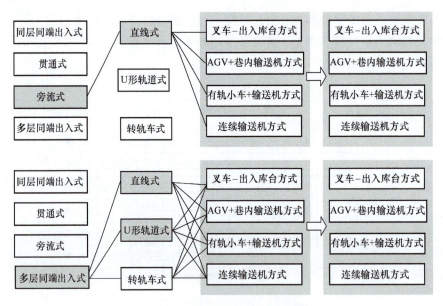

图 9-14　自动化立体仓库的布局模式(续)

9.3.4　基于 AS/RS 系统标准化方案的规划布置流程

基于 AS/RS 系统的标准化方案，工程设计人员根据具体的工况和实际需求，逐步选择标准方案进行组合，得到初始方案，然后采取人机交换方式修正初始方案，直至获得最终需要的布置方案。基于标准化方案的 AS/RS 系统布置流程如图 9-15 所示。

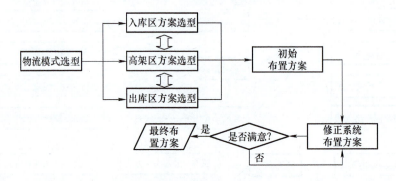

图 9-15　基于标准化方案的 AS/RS 系统布置流程

9.4　某企业自动化立体仓库规划与设计方案

9.4.1　总体方案介绍

1. 物流规划依据及设计

（1）库房规格：南北方向长度 100m，东西方向宽度 35m，（屋顶横梁下弦）总高度不超过24m，建筑面积（6 000±120）m²。

(2) 库房内设置：设置3条巷道、2台堆垛机。

(3) 自动分拣线：1套。

(4) 托盘标准规格：1 200mm×1 000mm×160mm。

(5) 存放单元：AS/RS区域：1 200mm×1 000mm×1 300mm。

拆零拣选区域：400mm×600mm×280mm。

(6) 总货位数：AS/RS区域为6排54列13层，共4 212个。

拆零拣选区域不少于350个拣选点，1 750个货位。

(7) 额定载荷：AS/RS区域为500kg/盘。

拆零拣选区域为20kg/盒。

(8) 每天入库时间：8h（假设）。

(9) 每天出库时间：8h（假设）。

(10) 系统高峰出入库作业能力：高架区不低于87盘/h。

自动分拣系统分拣能力不低于200周转箱/h，同时进行3个订单的分拣。

(11) 功能区：收货待验区、发货备料区。

(12) 特殊存储区：低跨区一层为大型器械存储区；低跨区二层为特殊品库一区、二区、三区。

2. 存储单元设计

(1) 托盘物品

1) 存放对象：外购品。

2) 存放位置：AS/RS系统、地面平置区。

3) 物料尺寸：1 200mm×1 000mm×1 300mm。

4) 物料重量：500kg。

5) 托盘规格：材料为木制。

外形尺寸为1 200mm×1 000mm×160mm。

尺寸条件设定物品不能超出托盘尺寸。

6) 存储单元规格：外形尺寸（见图9-16）为1 200mm×1 000mm×1 300mm（含托盘高160mm）。

每托盘存放对象为外购品。

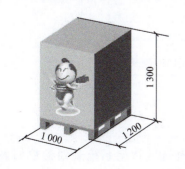 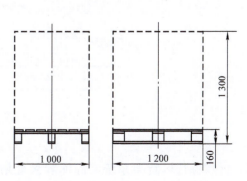

图9-16　存储单元(单位：mm)

重量为500kg（包括托盘重量）。

（2）空托盘垛

1）存放对象：空托盘，其尺寸为1 200mm×1 000mm×160mm。

2）存放位置：AS/RS 系统。

3）每垛空托盘数量：8 个。

4）物料尺寸：1 200mm×1 000mm×1 280mm。

5）物料重量：750kg。

6）存放位置：货架顶层或其他随机货位。

7）顶层高度：2 100mm。

（3）小件存储盒

1）存放对象：拆零物品及存量很少的 C 类物品。

2）外形尺寸：400mm×600mm×280mm。

3）存放位置：四层流力式货架系统。

4）载重量：≤20kg。

3. 库容量规划

（1）AS/RS 货架系统实际库容量规划

1）总货位数：(2×3) 排=6 排；(2×27) 列=54 列；13 层。

2）合计货位数：(6×54×13) 个=4 212 个。

实际规划的货位数应与招标文件要求的货位数相同，图9-17 为货架系统实际库容量规划图。

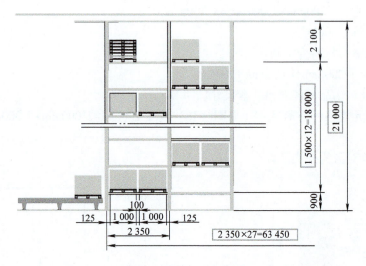

图9-17　货架系统实际库容量规划图（单位：mm）

（2）拆零拣选区货架系统实际库容量规划。拆零拣选区货架系统规划参数如表9-2 所示。

表 9-2　拆零拣选区货架系统规划参数

规划参数 \ 存储单元尺寸	400mm×600mm×280mm
巷道	1
排数	2
层数	4
货格数	11
单元货格横向货位数	4
单元货格纵向货位数	5
拣选点小计	2×4×11×4=352
货位数小计	1 760>1 750

4. 特殊存储区、功能区及辅助功能区域规划

特殊存储区、功能区及辅助功能区规划的内容如表9-3所示。

表 9-3　特殊存储区、功能区及辅助功能区规划

区　域	位　置	数量（个）	总面积/m²
1. 特殊存储区			
大型器械存储区	低跨区一层	2	468
物品库一、二、三区	低跨区二层	3	1 283
2. 功能区			
收货办公室	低跨区一层	1	17
发货办公室	低跨区一层	1	15
保安室	低跨区一层	1	9
中央控制室	低跨区二层	1	88
办公室	低跨区二层	2	107
资料室	低跨区二层	1	70
卫生间	低跨区二层	2	19
3. 辅助功能区			
电梯间	低跨区一、二层	1	14
楼梯间	低跨区一、二层	2	23
配电室	低跨区一层	1	34
消防控制室	低跨区一层	1	23
消防阀组间	低跨区一层	1	32

5. 系统构成

项目各系统构成如表9-4所示。

表9-4　项目各系统构成

货架系统	横梁式货架系统	4 212个货位（6排×54列×13层）
	流力式货架系统	352个拣选点，1760个货位
有轨巷道堆垛机	高性能巷道堆垛机	1台 H=21 000mm
	传统型转弯堆垛机	1台 H=21 000mm
巷道设备	天、地轨	2套
	安全滑触线	2套
出库输送机系统	1套	负责完成托盘出入库及拣选操作（37台输送机、1套尺寸检测条码阅读系统、1套重量检测系统和1套自动控制系统）
自动分拣线	1套	负责将整箱拣选或拆零拣选的物料进行出库输送，并按照目的地的不同送到不同的拣选口
集成化计算机管理和监控系统	1套	一套高性能的集成化物流管理控制系统——LOG++，支持与ERP系统的连接
无线射频系统	1套	5台无线手持射频终端、3台无线基站、1套无线通信软件协议及1套LOG++——RF系统，负责现场信息的采集的自动提示
辅助设备	1套	1套电线电缆桥架供电柜、2000个木制托盘以及500个小件存储箱
以上设备的设计、制造、运输、安装调试、培训及相关的服务内容		
※物流系统总体规划设计与其他系统的土建配合		

9.4.2　系统作业流程

1. 收货作业流程

系统的收货作业流程如图9-18所示。

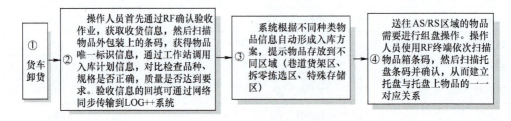

图9-18　收货作业流程

2. 入库流程

（1）AS/RS入库流程——空托盘垛准备。入库作业以离线方式进行组盘，组盘形式分为单项组盘（一个托盘内只存放一种物品）和多项组盘（将多种物品分装到特制专用箱内，然后对特制专用箱进行组盘）。物品组盘前检查包装箱条码标签，缺损的补打、补贴，系统根据包装箱的尺寸、重量提供组盘方案，通过无线手持终端扫描包装箱的条码进行组盘，最后扫描托盘的条码，将托盘编号及对应的物品编码、数量、有效期、批号等信息记录到数据库。系统根据不同种类的物品信息自动形成入库方案，提示物品存放到不同区域（巷道货架区、拆零拣选、特殊存储区）。入库作业分为巷道货架区入库、拆零拣选区入库和特殊存储区入库三种方式。

（2）AS/RS 入库流程——托盘入库流程。AS/RS 入库流程——托盘入库流程如图 9-19 所示。

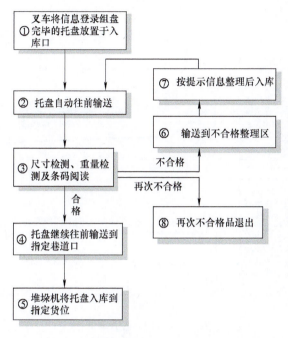

图 9-19　AS/RS 入库流程——托盘入库流程

（3）拆零拣选区入库流程。拆零拣选区入库流程如图 9-20 所示。

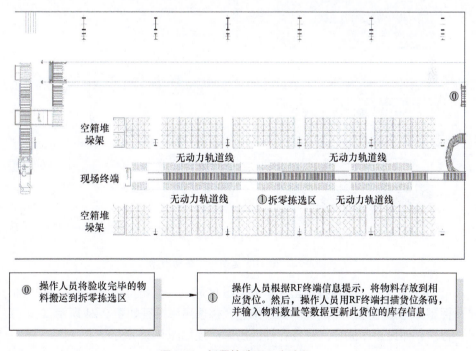

图 9-20　拆零拣选区入库流程

（4）特殊存储区入库流程。特殊存储区入库流程如图9-21所示。

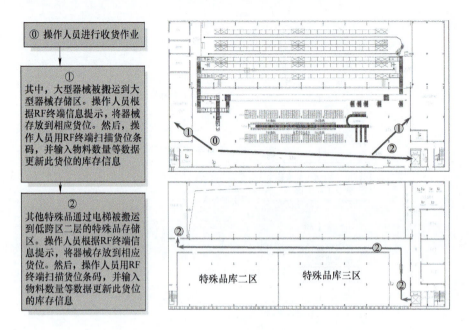

图 9-21　特殊存储区入库流程

3. 出库流程

（1）AS/RS 区域——整盘出库。AS/RS 区域——整盘出库如图 9-22 所示。

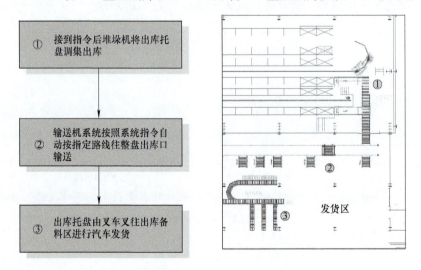

图 9-22　AS/RS 区域——整盘出库

（2）AS/RS 区域——整箱拣选出库。AS/RS 区域——整箱拣选出库如图 9-23 所示。

（3）拆零拣选区拣选出库流程。拆零拣选区拣选出库流程如图 9-24 所示。

（4）特殊存储区出库流程。特殊存储区出库流程如图 9-25 所示。

第9章 自动化立体仓库的布置与设计

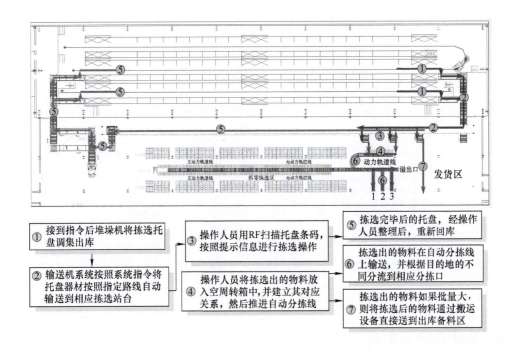

图 9-23 AR/SR 区域——整箱拣选出库

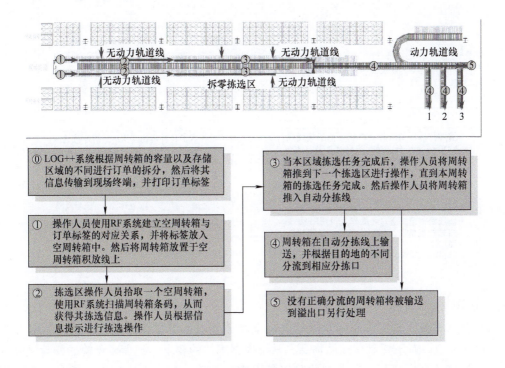

图 9-24 拆零拣选区拣选出库流程

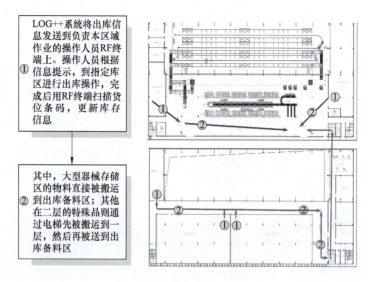

图 9-25 特殊存储区出库流程

4. 补货流程

补货流程如图 9-26 所示。

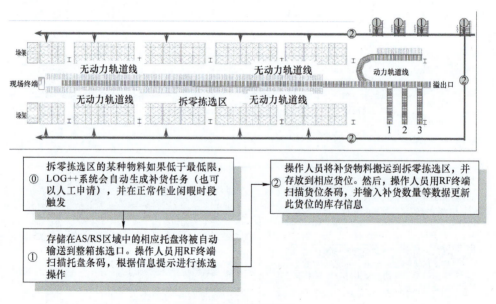

图 9-26 补货流程

5. 盘库与倒库流程

（1）盘库作业。盘库作业可对物品进行全盘或零盘，以零盘为默认方式。零盘即只盘检有零箱的托盘。对于托盘存储的物品，系统根据用户的要求，把需要盘检的托盘送到盘检台（即整箱拣选台），利用 RF 扫描物品箱条码进行盘检。对于正确的物品托盘，按下相应按钮，自动送回货架；对于不正确的物品托盘，生成错误清单，重新打印物品箱条码，再送回货架，待上级审批后，修改系统信息。

拆零拣选区物品的盘库作业，以系统提示和利用 RF 进行人工盘检的方式进行。

盘库同时检查物品质量,有质量问题的物品,系统自动标识,并提供同批次物品货位信息,以便统一盘检。

(2)倒库作业。为了提高物品分发效率,改善货架的承重分布,可在物品大批量分发之后或物品存储严重违反某几项存储原则时进行倒库作业。倒库作业同样要遵循下重上轻、就近存放、均匀存放、分区存放等各项原则,以及 GSP 所规定的物品存储原则。

一般以系统提示和人工确认的方式确定倒库方案,托盘存储的物品由系统自动完成;拆零拣选区的物品由人工完成。

9.4.3 主要设备技术参数与介绍

1. 系统能力的计算

系统能力的计算结果如下:

(1)堆垛机的繁忙率为 99%。

(2)输送机系统 A 点的繁忙率为 59.18%。

(3)输送机系统 B 点的繁忙率为 84.31%。

(4)输送机系统 C 点的繁忙率为 34.76%。

(5)自动分拣线的繁忙率为 20.83%。

数据表明,堆垛机、输送机系统 A 点、B 点和 C 点关键点以及自动分拣线的实际作业能力都比需求值高。其中,堆垛机的繁忙率最高,为整个系统的瓶颈,计算机仿真结果也验证了这一结论。该瓶颈问题可以通过延长高峰作业区段的时间、降低该时段的作业量来加以调整,将设备的繁忙率降至合理水平。

总体而言,各设备效率匹配较合理,基本发挥了最大效率;物流通畅合理,完全满足了系统的要求,还有一定的能力冗余。在实际运行过程中,集成化物流管理控制系统还可根据历史记录及实际运行状况,对运行进行相应的调整,从而最大限度地发挥系统的能力。

2. 组合式货架系统

组合式货架系统的构成、参数等如图 9-27、表 9-5 和表 9-6 所示。

图 9-27 组合式货架系统

表 9-5 货架系统的构成

货架形式		组合横梁式
货架	成品部分货位数	4 212 个（6 排×54 列×13 层）
	立柱下段	120mm×96mm×2.5mm
	立柱上段	120mm×96mm×2.0mm
	横梁	2 350mm×100mm×1.5mm
	表面处理	酸洗磷化，表面喷塑，颜色用户自选

表 9-6 货架系统的构成参数

存储单元尺寸	400mm×600mm×280mm	存储单元尺寸	400mm×600mm×280mm
货架类型	流力式货架	每货格列数	4
巷道	1	单列纵伸方向列数	5
排数	2	小计	2×4×11×4×5 = 1 760
层数	4	总计	352
货格数	11	表面处理	酸洗磷化，表面喷塑，颜色由用户自选

3. 堆垛机系统

堆垛机系统如图 9-28 所示。

图 9-28 堆垛机系统

（1）高性能快速堆垛机系统

1）设备数量：1 台。

2）载重能力：500kg。

3）运行速度：0~150m/min；变频调速，激光测距仪+旋转编码器。

4）起升速度：0~40m/min；变频调速，齿形带+旋转编码器。
5）货叉速度：0~20/40m/min；变频调速，齿形带+旋转编码器。
6）单立柱结构：整体结构优化设计，结构轻便合理。
7）控制形式：闭环调速，采用激光、齿形带和旋转编码器结合使用的绝对增量认址方式。
8）控制方式：手动、单机自动及联机自动控制方式。
9）驱动电动机：德国 SEW；PLC：德国 SIEMENS；变频器：德国 SEW。
10）激光测距仪：德国 SICK；旋转编码器：德国 KULBER。

（2）转弯型堆垛机系统。转弯型堆垛机如图 9-29 所示。

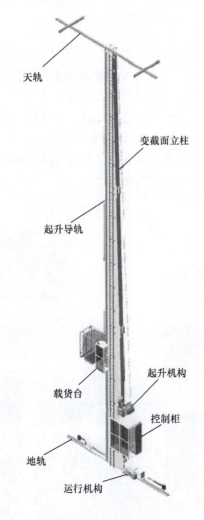

图 9-29　转弯型堆垛机

1）设备数量：1 台。
2）载重能力：500kg。
3）运行速度：4~100m/min；变频调速，光电认址。
4）起升速度：4~20m/min；变频调速，光电认址。

5) 货叉速度：4~20m/min；变频调速，旋转编码器。
6) 单立柱结构：整体结构优化设计，结构轻便合理。
7) 控制形式：开环调速，运行和起升使用光电认址方式，货叉使用旋转编码器认址方式。
8) 控制方式：手动、单机自动及联机自动控制方式。
9) 驱动电动机：德国 SEW；PLC：德国 SIEMENS；变频器：德国 SIEMENS。
10) 交流接触器：德国 SIEMENS；红外光电开关：日本 OMRON。

4. 入出库输送机控制系统

入出库输送机控制系统及工作原理如图 9-30 和图 9-31 所示。

（1）载重能力：500kg。
（2）运行速度：16/4m/min。
（3）整体结构优化设计，结构轻便合理。
（4）系统构成：输送机 37 台，1 套尺寸检测称重条码阅读系统和 1 套自动控制系统。
（5）控制方式：手动、单机自动及联机自动控制方式。
（6）输送机系统容错：尺寸超差及超重、托盘条码故障、系统自检、系统自恢复功能。
（7）PLC 控制元器件：德国 SIEMENS S7-300 系列产品。
（8）安全措施：两侧装有保护导向装置，具有完整的连锁保护装置。
（9）所有光电开关及检测器件均采用进口产品。
（10）电机减速机：德国 SEW。

图 9-30　入出库输送机控制系统

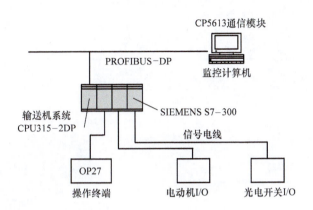

图 9-31 入出库输送机控制系统工作原理

5. 自动分拣系统

自动分拣系统如图 9-32 所示。

图 9-32 自动分拣系统

6. 辅助设备系统

辅助设备系统如图 9-33 所示。

图 9-33 辅助设备系统

9.4.4 物流管理控制系统（LOG++）

1. 基本概念

（1）基于 NT 系统的分布式系统。客户机/服务器的网络体系，模块化的软件结构，集中分布式管理模式。

（2）LOG++的基本原则。高可靠性的硬件环境（双机热备份系统），性能优良，稳定可靠，具有开放性和可扩展的大型数据库系统和网络操作系统，与 ERP 系统集成的物流管理系统能满足用户需求，遵循面向用户的设计原则。

2. 软件环境

计算机管理系统提供的覆盖买方要求的软件环境包括：

（1）硬件系统：IBM 系列双服务器。

（2）操作系统：Windows 2016 Server。

（3）数据库服务器：ORACLE9i。

（4）双机热备份软件：IBM EXP300 阵列柜+HA 容错软件。

（5）开发环境：3GL C++/4GL PowerBuilder。

（6）客户机：Windows Professional 2007。

（7）自动化物流系统软件环境：

网络协议：TCP/IP。

网络接口：Ethernet 100-BASET。

应用软件：LOG++ V20 版本。

控制模式：Distributed Management and Control（分布式管理与控制）。

3. 硬件环境

硬件环境及硬件系统工作原理如图 9-34 和图 9-35 所示。

第 9 章 自动化立体仓库的布置与设计

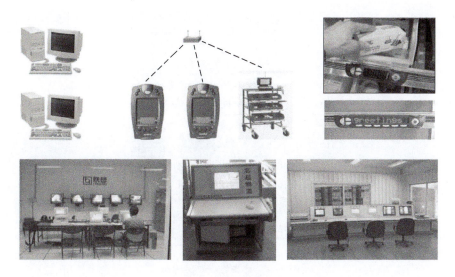

图 9-34 硬件环境

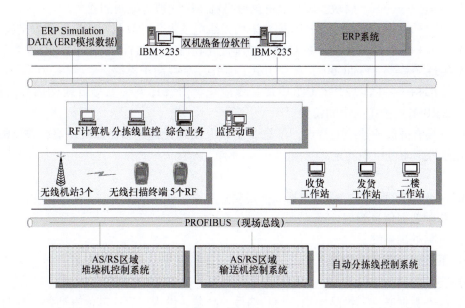

图 9-35 硬件系统工作原理

4. 应用软件系统构成

应用软件系统构成如图 9-36 所示。

（1）LOG++ 的内核层。即服务器，由数据库软件、操作系统、分布式管理服务器等构成。

（2）LOG++——WMS 模块。WMS 模块将系统的各个功能与核心模块有机地集成起来，提供物流系统入库操作、出库拣选、库存管理、任务管理、故障处理、历史记录、人员管理等系统管理功能。

（3）LOG++——TSM 模块。TSM 模块完成自动化物流系统的任务调度。

图 9-36　应用软件系统构成

（4）LOG++——OFS 模块。OFS 模块提供订单处理所需要的各应用程序。

（5）LOG++——SCS 模块。SCS 模块执行物流系统管理与控制的通信。

（6）LOG++——RFS 模块。RFS 模块采用无线电技术与计算机网络进行数据交换。

（7）LOG++——PLC 模块。PLC 模块是集成化物流监控和管理系统的可编程控制部分。本系统采用现场总线（Field Bus）控制方式，连接多个控制子模块。

（8）LOG++——INT 模块。INT 模块是集成化物流管理系统的接口软件部分，是实现 LOG++与 ERP 有效连接的中间桥梁。

LOG++具有开放式连接的特点，可与卖方 ERP 实现无缝连接。LOG++具体与 ERP 的连接方式在软件需求分析中界定。

5. LOG++——WMS

WMS（仓库管理系统）具体包括以下内容：

（1）基础数据信息管理。

（2）订单处理系统。

（3）系统作业管理系统。

（4）物料管理与货位管理。

（5）静态数据查询：物品类别、物品编号、品名、供货厂家、其他查询条件查询。

（6）库存数据查询：指定货位、货位情况、空货位查询。

（7）出入库历史记录数据查询。

（8）库存预警查询。

（9）本系统提供各种统计报表（日、月、季度、年度）。

（10）决策支持系统。

（11）物流的货位分配管理：均衡各巷道货物、分区存放、柔性分区、出库原则、入库原则。

（12）盘库和库存分析。

（13）系统维护：用户管理、库存数据维护、库存项目维护。

6. LOG++——RFS

LOG++——RFS（无线射频系统）由无线扫描终端控制程序、任务优化程序、配送任务管理程序等构成。其主要作用包括提高在库货物资料的正确性、提高效率、及时交换交谈式信息、减少文件工作、提高时效性等。无线扫描终端示意图如图 9-37 所示。

图 9-37　无线扫描终端示意图

7. 系统实施过程

（1）需求分析调研。
（2）系统详细设计。

8. 系统程序设计及编程

（1）调试。
（2）试运行。
（3）转入系统上线。
（4）试运行阶段结束后，即转入系统上线。

复习思考题

1. 自动化立体仓库可以分为几类？请具体说明。
2. 自动化立体仓库的规划设计包括哪些内容？
3. 自动化立体仓库的总体物流模式有哪几种？
4. 请阐述高架区布局模式的基本内容。
5. LOG++——WMS 的基本组成有哪些？

数学源于生活，又服务于生活。数学模型的建立是为了培养学生应用模型来解决实际问题的能力。

第 10 章
设施布置的模型、算法与应用

在给定的设施范围内，对多个经济活动单元进行位置安排，即为设施布置问题。本章从设施布置模型的概念和模型的讨论入手，系统探讨了设施布置设计的图论方法、二次分配问题（QAP）的模型与算法以及基于实例分析的遗传算法在设施布置中的应用等。

［学习目的］

1. 理解单列布置问题和不等面积设施多列布置问题模型的内涵。
2. 熟悉设施布置设计的图论方法。
3. 掌握二次分配问题（QAP）的模型、算法与应用。
4. 理解遗传算法在设施布置中的应用。

 10.1 设施布置模型的基本概念

10.1.1 设施布置模型概述

近半个多世纪以来，随着运筹学的发展，在设施布置和物流工程方面已经开发了许多物理和数学模型，并随着计算机技术的飞速发展，又开发出形形色色的各类软件。限于本书的范围，本章只涉及设施布置模型的基本概念及其相关的基础知识。

研究布置问题的最主要目标是实现时间或成本的最小化。首先需要为布置问题建模，然后用合适的算法求解这一模型。设施建模最基本、最简单的模型就是单列布置（Single-row Layout）和多列布置（Multi-row Layout）的模型。单列布置和多列布置也分别被称为一维和二维空间分布。在单列布置中，设施排在一条直线上，如图10-1a所示。在多列布置中，设施以直线排成两列或多列。多列布置并不要求设施排成理想完美的列。例如，在图10-1b中最上面的一列，长方形设施的质心有相同的水平坐标，而另两列则没有。

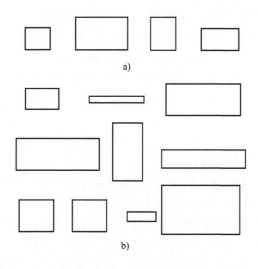

图 10-1 单列布置和多列布置

a）单列布置 b）多列布置

单列和多列布置最简单的例子就是各种书在书架隔板上的布置，经常用的书应放在容易取到的范围内。如将书认为是设施，则书放在同一隔板上就是单列布置，放在几个隔板上就是多列布置。另一个例子是飞机降落到机场后，各停靠门的分配问题，这也可用一个单列布置来处理。例如，东方航空公司（简称东航）的班机分配在北京机场的 D 终端候机大厅，航班的一个管理问题是设法使转机乘客最方便。除以北京为终点的旅客外，转机的旅客必须走到所连接航班的停靠门处，也就是东航必须在 2h 的周期内分配到来和离去的东航班机到规定的门，将换机乘客的不方便程度降到最低（见图 10-2）。换句话说，由于将航班分配到相邻停靠门有很大的相互影响，因此要解决的问题是使乘客换机走过的总距离最小化。如果不管连接飞机的廊桥到终端大厅的长度，则实际上这一距离大体相等，这一问题就可按单列布置来建模，其中每一设施，即每一处停靠门之间的距离是等长的，也就是等长度设施的单列布置模型。

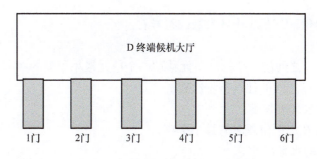

图 10-2 机场中飞机停靠门的分配

为开发能在合理时间内解决问题的模型，需要做一些假设。在许多应用中这些假设是可以被接受的，因为所得到的最终解决方案是可以修改的。修改以后较易反映实际情况，而这些修改不会对度量这一布置的效率和有效性产生较大的影响。例如，某些问题中的设施有相同的面积，可以假设所有设施都是方形的或长方形的。假如在一定假设下建立一个数学模型，解此模型后得到一个布置，然后在此布置下修改设施形状（不能改变其相互位置）。这一修改将引起设施之间距离的变化，因此实际目标函数值将与模型的解所提供的值不同。通过对典型案例的研究，发现此种变化并不大。但在有些情况下，为反映实际情况而修改解决方案可能会引起目标函数产生巨大变化，以致模型中的假设可能有缺陷而不能接受。因此，在应用任何模型之前，必须审视模型中的假设在问题表达中是否合理。

10.1.2 单列布置模型

对于单列布置问题的非线性模型 ABSMODEL1 做如下假设：①设施形状是正方形或长方形的，均为已知；②设施排列在一直线上（见图 10-1a）；③设施方位是已知的。

关于假设①，可能并非所有的设施都是正方形或长方形的，然而许多布置问题尽管设施既非标准的正方形，也非长方形，但通常可近似视为正方形或长方形（见图 10-3）。这种近似法能简化建模过程，同样也可简化解题过程。而对于假设③，通常认为长方形设施的方位无论设施的长边还是短边都应处于水平位置，故长方形设施之间的距离取决于它们的方位。在许多制造系统中，机器设备的方位是使装卸点面向通道以便于装卸零件，由于机器设备上装卸零件的位置是固定的，因此它的布置方位实际上是已知的。对于正方形设施而言，由于设施之间的距离在任何方向上都是相等的，因此其方位不会引起问题。

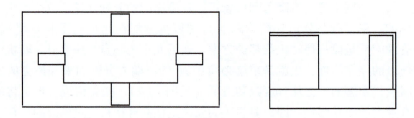

图 10-3 非正方形、非长方形设施形状的近似

10.1.3 ABSMODEL1

首先决定用于 ABSMODEL1 中各参数的符号：

m——设施数量；

s_{ij}——在设施 i、j 之间的一个标准单元移动一个单元最小距离的成本；

n_{ij}——在设施 i、j 之间的往返行程次数；

h_{ij}——设施 i 的水平边长度；

d_{ij}——设施 i、j 在水平位置时的最小距离；

H——地平面上的水平尺寸。

然后确定决策变量为设施中心与垂直参考线（VRL）之间的距离。有关单列布置问题的各变量与决策变量如图 10-4 所示。因为此处考虑的是单列布置问题，平面上的垂直维数和设施 i 的垂直边是不重要的，故不用考虑。此处 ABSMODEL1 为

$$\min \sum_{i=1}^{m-1} \sum_{j=i+1}^{m} s_{ij} n_{ij} |x_i - x_j| \tag{10-1}$$

有以下约束条件

$$|x_i - x_j| \geq \frac{1}{2}(h_i + h_j) + d_{ij} \quad (i=1,2,3,\cdots,m-1; j=i+1,\cdots,m) \quad (10\text{-}2)$$

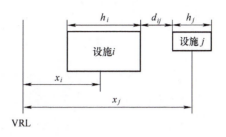

图 10-4　单列布置中各变量与决策变量的表示

ABSMODEL1 可以用公式表示等长度和不等长度设施的布置问题。式（10-1）的目标函数是包括两个设施之间需要完成的往复行程数在内的全部成本最小化。约束条件式（10-2）保证没有两个设施在布置上重叠。图 10-4 表明式（10-2）如何满足不能重叠的约束：虽然非负的约束条件对此模型并非必需，但是假如用户需要一个解，在解中一切 x_i 都是正数，非负的条件就要包括在内。在此种情况下，VRL 通过原点（或在原点右方）。不论非负约束包不包括在内，除非问题有另一优化解，ABSMODEL1 与目标函数值（OFV）不会改变。假如问题有唯一优化解，在模型中可得有或无非负约束时的两个解，对决策变量可能有不同的值，然而设施布置和 OFV 仍将相同。

在垂直维度中不考虑重叠约束，隐含假设所有设施中心的垂直坐标都是相同的。这样在不考虑建筑物形状或尺寸的限制时，最优解会产生一个横向的单列布置。其目的是在能使设施确定位置不受限制的区域内，建筑物的面积不受限制。当然，因为将单位成本乘以移动次数、距离，使其最小化，故设施将形成两种布置形式：①在水平方向排成一列；②在最优解中设施尽可能一个紧挨一个。

虽然建筑物尺寸在模型中假设为无限大，但在最优解中也不会远离分散。假如建筑物水平方向尺寸已知，而用户需要将位于水平坐标内的约束包含在内，即嵌入如下约束

$$H - \frac{1}{2}h_i \geq x \geq \frac{1}{2}h_i \quad (i=1,2,3,\cdots,m) \quad (10\text{-}3)$$

因为 x 是指设施 i 的质心和 VRL 之间的距离，即使设施在左右极端位置上，约束式（10-3）也会被满足，这可由图 10-5 加以验证。要注意，约束式（10-3）当设施在左极端位置上时保证和其左边重合。在图 10-5 中，H 即地平面的水平尺寸，被假设为所有设施长度之和，这是为开发一个可行的布置所需的最小值，并假设在每一对相邻设施之间的水平间隙为 0。假如不是这种情况，H 应包括间隙在内。假如 H 大于或至少等于所有设施长度之和再加上所需的间隙，则各设施将自动落入建筑物边界之内。

通常而言，非线性规划（NLP）问题的优化解是难于求得的。不像线性规划（LP），一个 NLP 问题的可行域不是一个凸集，即使是一个凸集，对一个 NLP 问题也不需要在可行域有一个极点。这样对一个一般的 NLP 问题来说，寻找一个优化解似乎是不可能的。然而有一些 NLP 问题例外，寻找一个优化解就相对容易一些。例如，在一些无约束的 NLP 问题中，

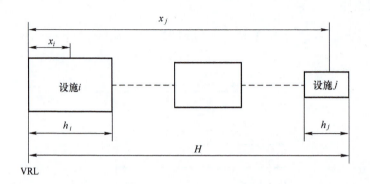

图 10-5 对不等设施长度问题的一个可行单列布置

一个凹形目标函数可以最大化，或者一个凸形目标函数可以最小化；在另外一些 NLP 问题中，一个凹形目标函数可以最大化，而其可行域由一个凸集约束所定义，或相反，一个凸形目标函数可以最小化，而其可行域由一个凹集约束所定义。

[例 10-1] 一家修理电视机和 VCD 的修理店准备扩大业务范围，增加其他电子产品项目，如计算机、微波炉、音响等，店内还准备出售相关附件及零配件。但是，店内存在布局杂乱、零配件及修理单摆放无序、修理质量低劣等现状，使得店主颇为头疼（见图 10-6）。同时店主也意识到，若对现有空间设施进行重新布置，上述现象可大为改观。于是，聘请了由 4 名 IE 专业的高年级学生组成的学生团队来帮助解决这一问题。该学生团队在对该店进行观察并收集数据后，明确了如下四点情况：

图 10-6 修理店的现状布置图

（1）该店的第一个技术员负责修理电视机和 VCD，第二个技术员负责修理微波炉，第三个技术员负责修理音响，第四个技术员负责修理计算机。

（2）虽然这些技术员共享一些仪器设备，但其他仪器设备往往是某一技术员用得较多。

（3）工作中的空间设施使用面积为 23m×5m。

该学生团队研究后给出的改进方案如图 10-7 所示。

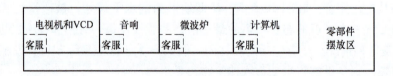

图 10-7 改进后的修理店布置图

（1）将该店的全部空间设施分割成 5 个工作室，除 4 个技术员每人 1 间外，另设 1 间用于摆放相关附件和零配件以及用来处理修理单和收款等。

(2) 每一个工作室内设置一个顾客服务台,这样顾客在此处即可处理完全部修理事宜,并能与技术员直接对话。

(3) 将仪器设备放在用得最多的工作室里。例如,如果一台测试设备修理电视机和 VCD 的技术员用得最多,则将其放在他的工作室里。

为验证改进方案的效果,学生团队利用一个工作日进行了认真的观察,结果发现各工作室的相互作用和影响取决于一个技术员(如音响技术员)使用的设备,被其他技术员(如计算机技术员)使用的频繁程度,并给出了显示这种交互作用的往复行程矩阵(f_{ij})。学生团队还根据每一工作室使用仪器设备的频繁程度决定了其每一技术员所需工作室的面积。按照每一工作室的用途和编号,其面积尺寸列于表 10-1 中。基于这些数据,该学生团队开发了该修理店的单列布置模型。

$$f_{ij} = \begin{pmatrix} - & 12 & 8 & 20 & 0 \\ 12 & - & 4 & 6 & 2 \\ 8 & 4 & - & 10 & 0 \\ 20 & 6 & 10 & - & 3 \\ 0 & 2 & 0 & 3 & - \end{pmatrix}$$

表 10-1 往复行程矩阵和五个房间的大小

房间编号	放置设备名称	面积/m²	房间编号	放置设备名称	面积/m²
1	电视机和 VCD	6×3	4	计算机	6×3
2	音响	3×3	5	零部件	4.6×3
3	微波炉	3×3			

解:使设施长度方向平行于建筑物长度方向,因为往复行程矩阵是对称的,即 $a_{ij}=a_{ji}$,如果此矩阵不对称,则要使其对称化。包含在人员走动中的成本与行程距离成正比。因为设施是每个房间,不需要在房间之间留间隙。

上述问题的 ABSMODEL1 可根据式(10-1)~式(10-3)编制成名为 GINO 的软件,然后用以输入数据和输出结果。这一模型在非负约束等条件下,可得到每一个房间中心相对于 VRL 的水平坐标值为

$$X_1=33,\ X_2=48,\ X_3=58,\ X_4=73,\ X_5=90$$

改进后的布置如图 10-7 所示。在最终设计布置图上还应包括紧急出口、疏散路线、卫生间、职工和顾客的停车场等,因为这些项目在数学模型中很难考虑。此外,还要考虑当地的消防法规等。诸如以上各种问题,在数学模型中尚难解决,数学模型只能用来解决一个最主要的问题,因此,由 GINO 软件(LINDO 软件包中的一个优化软件)得到解题结果后,尚需对照实际情况做一定的修改。

10.1.4 不等面积设施的多列布置模型

关于多列布置问题,有仪表板布置问题、自动化制造系统中机器设备的布置问题、各种键盘设计和办公室布置设计等。为明确地表达这些问题,人们开发了各种模型,如 ABSMODEL1、ABSMODEL3、二次分配问题(QAP)、线性混合整数规划模型以及在目标函数

和约束中有绝对项的非线性模型等。ABSMODEL2 是假设面积为相等的设施的布置模型，对多数实际布置来说，这种假设是不现实的，所以这里只介绍 ABSMODEL3。有关二次分配问题（QAP）将在 10.3 节中进行讨论。

ABSMOELD3 也包括目标函数，约束中含有绝对项。在 ABSMODEL3 中，假设设施是正方形或长方形的，其方位事先已知。如前所述，形状假设不会成为问题，方位假设也许较难判断，它取决于主要通道的布置设计。假如通道布置已知，通常机器设备的布置只有一个方向，就是机器紧靠通道并面向物料的装卸。但这一点经常做不到，因此就不能固定设施或机器的方位。假如放松了这一要求，则必须引入更多的变量和约束，从而使模型更为复杂。实际上一般采用折中的办法，这里建议先在模型中决定一个假设的方位，不断测试解的结果，然后根据结果来修改原始方位，再来解模型。将这一过程不断重复，直到所获布置中的机器都有合意的方位为止。

10.1.5 ABSMODEL3

首先决定用于 ABSMODEL3 中各参数的符号：

m——设施数量；

s_{ij}——在设施 i、j 之间的一个标准单元移动一个单元最小距离的成本；

n_{ij}——在设施 i、j 之间的往返行程次数；

x_i——设施 i 中心和垂直参考线（VRL）之间的水平距离；

y_i——设施 i 中心和水平参考线（HBL）之间的垂直距离；

h_i——设施 i 水平边的长度；

v_i——设施 i 垂直边的长度；

dh_{ij}——设施 i、j 之间的水平间距；

dv_{ij}——设施 i、j 之间的垂直间距。

注意：h_i 和 v_i 不是指设施 i 的长度和宽度，而是指设施的水平和垂直边长度。因为 h_i 和 v_i 是参数，其值必须已知，只有设施方位事先已知才能知道这些数值。有关参数、决策变量、VRL、HRL 和相关模型如图 10-8 所示。图中假定设施之间水平和垂直方向的间距相等。如果需要，这一假设也可放松。ABSMODEL3 的目标函数也是使包括了设施之间需要的行程数在内的总成本最小化。

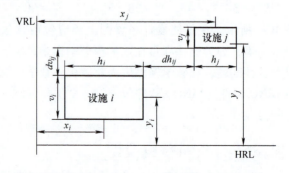

图 10-8 不等面积多列布置决策变量和参数的图示

$$\min \sum_{i=1}^{m-1} \sum_{j=i+1}^{m} s_{ij} n_{ij} (|x_i - x_j| + |y_i - y_j|) \qquad (10\text{-}4)$$

s. t.

$$|x_i - x_j| + M z_{ij} \geq \frac{1}{2}(h_i + h_j) + dh_{ij} \qquad (i=1,2,3,\cdots,m-1; j=i+1,\cdots,m) \qquad (10\text{-}5)$$

$$|y_i - y_j| + M(1 - z_{ij}) \geq \frac{1}{2}(v_i + v_j) + dv_{ij} \qquad (i=1,2,3,\cdots,m-1; j=i+1,\cdots,m) \qquad (10\text{-}6)$$

$$z_{ij}(1 - z_{ij}) = 0 \qquad (i=1,2,3,\cdots,m-1; j=i=1,\cdots,m) \qquad (10\text{-}7)$$

约束条件式（10-5）～式（10-7）保证设施之间在水平和垂直方向不会重叠。式（10-7）中要求 z_{ij} 取值只能是 1 或 0，从而保证式（10-5）和式（10-6）两式中只能保持一个有效。这里 x_i 和 y_i 并不需要整数的限制，因为这种限制并不能保证可行域维持有凸集的性质。

10.1.6 关于模型问题的讨论

设施位置问题的模型 ABSMODEL1 直观、方便、容易理解。该模型的主要缺点是，要求设施的外形只能是正方形或长方形的，还要假定已知设施的方位。要放松这一约束，就要为增加复杂性而付出代价。因为模型 ABSMODEL1 是非线性的，所以其解经常是次优的或远离优化的。对于真正在实际中应用的多列布置模型，除 ABSMODEL3 外，还有更有效的二次分配问题（QAP）。有了模型还要解决算法问题，当代的技术发展更趋向于将模型和算法结合在一起考虑。当然，与模型 ABSMODEL1 相关的研究和工作仍在不断发展，但限于篇幅，这里仅探讨模拟退火和遗传算法在设施布置问题中的应用。

10.2 设施布置与设计的图论方法

10.2.1 图论方法概述

ALDEP 和 CORELAP 这两个早期布置与设计的计算机程序，由于计算技术和算法的局限性，能力有限，故实用价值不大。已经出现的较好的布置与设计程序使用更微妙的算法，这些算法中主要的一类是基于图论的算法。这里介绍的是 Seppanen（1975）和 Carrie（1978）所开发的算法。目前流行的布置与设计商品软件包 Factory Program 也用图论方法。

像 ALDEP 和 CORELAP 一样，图论方法也用不同密切程度等级的作业单位关系来产生布置方案。同时，它也是一种布置设计的构造型算法，算法的目标是在令人满意的毗邻最大化的条件下生成布置。在输入作业单位关系和作业单位要求的空间后，图论方法执行以下步骤：

(1) 按下述方式将所有作业单位（作为顶点）连接在一起：首先，将最高级的作业单位关系（也就是最高级密切程度）放在位置上；其次，将所有作业单位连接的图构造成树状图，也就是没有闭环的图。此树称为最大生成树（Maximal Spanning Tree），表示此树包含了一切节点（Node）。

（2）将其余有较高密切程度等级的作业单位继续安放到图上，这一过程继续进行到再也不能作出新的边为止，除非要作非平面的三维图。这意味着每条边加上去时都不会切割已在图上的各边。这种图称为最大可平面图（Maximal Planar Graph）。

（3）在最大可平面图上用把各顶点连在一起的方式，将各作业单位连接在一起。最终输出物是一项布置设计或空间规划，其中各作业单位用空间表示而不用顶点表示。因此，进一步要介绍如何将原始图论中的图转换为双重图（Dual Graph），其中各作业单位已表示为块状。然后，将包含各作业单位需要空间的双重图，再变成最终的布置与设计块状平面图。

10.2.2 布置与设计中应用图论方法的实例

下面举一个应用图论方法做布置与设计的实例，并说明其步骤和工作过程。

第1步：准备作业单位关系图表和各作业单位需要的空间。这些是为实施图论方法需要的主要输入数据。表10-2为实例所用的作业单位关系表。

表10-2 实例所用的作业单位关系表

	a	b	c	d	e	f	g
a	—	O	A	O	I	O	O
b		—	O	X	I	O	O
c			—	I	E	O	O
d				—	U	U	E
e					—	U	U
f						—	E
g							—

第2步：画出关系图的最大生成树。为生成这样的树，可以采用克鲁斯卡尔（Kruskal）提出的启发式算法（简称为Kruskal算法）。Kruskal算法的工作过程为：在各边中找出哪些边还未成为树的一部分，找出有最大值的边和在已选出的边之中尚未形成闭环的边。图10-9所示为应用Kruskal算法的最大生长树。

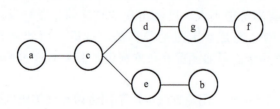

图10-9 应用Kruskal算法的最大生长树

第3步：为关系图作出最大可平面子图。值得注意的是，可平面图是能在平面上画出没有任何边相交叉的一种图形。一个最大可平面图是除非在非平面（三维空间）上加画，否则没有其他边可再加上去的图。这一步骤的目的是随第2步以后，继续将作业单位的关系密切程度较高等级者放在应放的位置上。因此，挑选一个边并将其嵌入图中的方法应考虑现有的关系最密切的作业单位。如边已选定，就可将其嵌入，也不会引起图变成一个非平面图的情况。在这样一个可平面图中嵌入边的另一个问题是一个边和两个顶点连接的方法。然而，如实例中所指出的，在两个顶点之间嵌入一条边通常不止一种方法。这种嵌入并非意味为唯一方法，人们已提出数种方法或启发式方法在嵌入边的计算机程序中加以实施。不同的嵌入方法将产生不同的布置设计，但启发式方法将产生最好的结果。总之，良好的布置设计应是各作业单位在最有利的情况下相互毗邻。

下面介绍几种启发式方法，以便于理解如何选边以及如何将其嵌入图中：

第1种启发式。如图10-10所示，一条边加在首先可能遇到的作业单位上面，即一对现有的最高密切程度等级的作业单位上。

开始为G=a c d g f g d c e b e c。

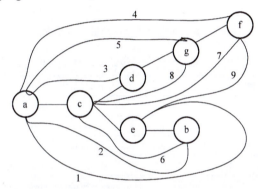

图10-10 第1种启发式生成的最大可平面图

表10-3为第1种启发式的工作步骤及结果，图10-10即为第1种启发式方法生成的最大可平面图。

表10-3 第1种启发式的工作步骤及结果

步骤	已有边中最高值	结果字符串
1	ac	acdgfgdce aebec
2	ab	acdgfgdce aeb abec
3	ad	acd acdgfgdce aeb abec
4	af	acd adgf afgdce aeb abec
5	ag	acd adg agf afgdce aeb abec
6	bc	acd adg agf afgdce aeb abc bec
7	cf	acd adg agf afce gdc fgc aeb abc bec
8	cg	acd adg agf afce gdc fgc aeb abc bec
9	ef	acd adg agf afe fce gdc fgc aeb abc bec

第2种启发式。如图10-11所示，一条边加在相关顶点之间的最短距离上，这距离等于边数或介入的顶点。

开始为G=a c d g f g d c e b e c。

表10-4为第2种启发式的工作步骤及结果，图10-11即为此法生成的最大可平面图。

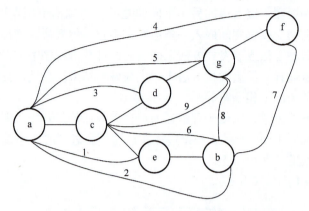

图 10-11 第 2 种启发式生成的最大可平面图

表 10-4 第 2 种启发式的工作步骤及结果

步骤	已有边中最高值	结果字符串
1	ae	aec acdgfgdcebe
2	ab	aec acdgfgdcebe abe
3	ad	aec acd adgfgdce abe
4	af	aec acd acd adgf afgdce aeb
5	ag	aec acd adg agf afgdce ceb aeb
6	bc	aec acd adg agf afgdeb ceb aeb
7	bf	aec ard adg agf afb fgdcb gceb aeb
8	h	aec ard adg agf afb fgb gdcb ceb aeb
9	cg	aec ard adg agf afb fgb gcb gdc ceb aeb

第 3 种启发式。加上一条边,能明显地使损失降到最低;否则,不加此边。这种启发式能给出最好的结果。

第 4 种启发式。用下述方式加上一条边:

(1) 找出在一外表面中任一条边的两个顶点之间的最短距离。

(2) 选一最高值的边,此边加上去跨越此距离。

这一启发式方法能较快产生结果。

第 4 步:使可平面图的顶点变成面,故空间需求的信息包含在其中。为了做到这一点,将构造一个双重图(Dual Graph),其过程如下所述。为示范起见,重画最大可平面图反映关系的等级,分享最密切关系的顶点要尽可能靠拢。首先要完成双重图,参考图 10-12,在每一个面上设置一个点,这些面包括由 g、b 和 c 形成的无穷尽的面和外面。双重图由这些顶点以及连接这些点的边构成。注意对原始图形引入一个虚拟的标记,如此则原始最大可平面图上的所有顶点都将被包围。然后,将原始图上一条边的两对侧的双重图上的顶点再用一条边连接起来,此边横越过将此两点分开的边。这一过程进行到直到原始图上的所有顶点都被双重图上的边包围为止。图 10-12 为按上述所说过程形成的双重图,图 10-13 为将原始最大可平面图隐去后呈现出来的双重图。

第 5 步:图论方法的最后一步是完成方块图布置计划。双重图中的每一个面代表布置中的一个作业单位。将每一作业单位需要的空间信息合并在内，再按每一作业单位需要的空间及其形状调整边的位置，加上布置的边界约束，就可获得最终可交付的方块图布置计划。

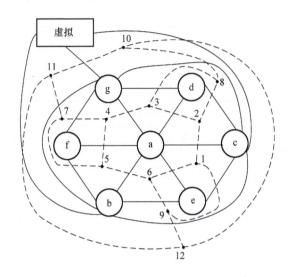

图 10-12　双重图的生成

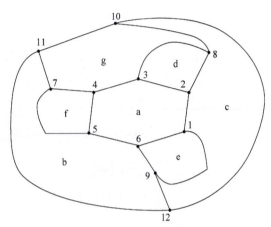

图 10-13　将原始最大可平面图隐去后呈现出来的双重图

10.3　二次分配问题（QAP）的模型与算法

10.3.1　二次分配问题（QAP）的概念

1957 年，Koopman 和 Beckman 首先为彼此间有物料流动的设施的位置问题开发了第一个二次分配问题（Quadratic Assignment Problem，QAP）的模型。在设施布置问题中，有 n 个设施被分配到 n 个给定位置，"分配"一词意味着将每一设施与一特定的位置相匹配或相反。QAP 明确表达需要相同数目的设施和位置。假如有少于 n 的 m 个设施被分配到 n 个位置上（$m<n$），然后用 QAP 模型，现在是 m 个设施和 n 个位置，会有一对设施和位置被分配到零流动；假如设施数大于位置数，则此问题不可行。

工厂布置问题用 QAP 表达是非常合适的，其目标是将各作业单位之间的物流或搬运成本最小化。应该重视 QAP 和线性分配问题的不同之处。在线性分配中，全部物料搬运成本不仅取决于各作业单位之间的途径，也取决于任何一对设施之间物流特殊分配的结果。这可通过下例说明：如图 10-14 所示，4 个设施（1，2，3 和 4）被分配到 4 个厂（场）址。现有 4! 种不同方法去分配这 4 个设施。用分配矢量 $a=(2，4，3，1)$ 表示这一特殊分配，这意味着设施 1 被分配到厂（场）址 2，设施 2 被分配到厂（场）址 4，设施 3 被分配到厂（场）址 3，设施 4 被分配到厂（场）址 1。做出这种分配后，总成本由表 10-5 所列各成本要素组成。

1	2
3	4

图 10-14　厂（场）址的分配

表 10-5　图 10-14 中各成本要素

设施间距离	设施间物流	成本要素
$d(a(1),a(2))$	W_{12}	$W_{12}d(a(1),a(2))$
$d(a(1),a(3))$	W_{13}	$W_{13}d(a(1),a(3))$
$d(a(1),a(4))$	W_{14}	$W_{14}d(a(1),a(4))$
$d(a(2),a(3))$	W_{23}	$W_{23}d(a(2),a(3))$
$d(a(2),a(4))$	W_{24}	$W_{24}d(a(2),a(4))$
$d(a(3),a(4))$	W_{34}	$W_{34}d(a(3),a(4))$

上述概念和方法也可用于解决生产单元形成和物流系统设计等问题。

10.3.2　二次分配问题（QAP）的模型及其表达

一个 QAP 问题基本上可以表达为

$$\min f(x) = \frac{1}{2}\sum_{i=1}^{n}\sum_{j=1}^{n}\sum_{k=1}^{n}\sum_{h=1}^{n}c_{ijkh}x_{ik}x_{jh} \tag{10-8}$$

约束条件为

$$\sum_{i=1}^{n}x_{ik} = 1 \quad (k=1,2,\cdots,n) \tag{10-9}$$

$$\sum_{k=1}^{n}x_{ik} = 1 \quad (i=1,2,\cdots,n) \tag{10-10}$$

$x_{ik}=0$ 或 1，对任何 i、k

式中，c_{ijkh} 表示设施 i 在厂（场）址 k 和设施 j 在厂（场）址 h 的年成本；x_{ik} 表示决策变量，$x_{ik}=1$ 假设设施 i 在厂（场）址 k，$x_{ik}=0$ 为其他情况。

然而，上述各式在解 QAP 的过程中并没有提供方便的方法。一方面，年成本 c_{ijkh} 只是一对设施之间物流和距离信息的隐含的表示方式；另一方面，在下一节中将把所示的解题过程介绍得更清楚，在开发各项成本要素时的某些暗示的方法，会使一种特殊分配的总成本更加正确。所以，上述成本的表达式未必采用。

10.3.3　QAP 的总成本计算

[例 10-2] 设 i 表示设施，$a(i)$ 表示 i 设施被分配到厂（场）址的数量。

用 $\boldsymbol{a}=(a(1),a(2),a(3),\cdots,a(n))$ 表示分配矢量，故在上例中给定的分配为 $\boldsymbol{a}=(2,4,3,1)$，分配 x_{12}、x_{24}、x_{33}、x_{41} 都等于 1，而一切其他 x_{ik} 均为 0。

再有，令 $d(h,k)$ 为厂（场）址 k 与 h 之间的距离，k、h 的取值为 1，2，$\cdots$，n 且
$$d(h,k)=d(k,h)$$

现假设：
(1) 在设施之间经过直线行进的距离。
(2) 距离按厂（场）址中心计算，并以厂（场）址宽度为单位计数。

w_{ij} 为将设施 i 和设施 j 间（所有 $i<j$）的距离转换为成本的比例常数。在 $a(i)$ 的设施 i 和在 $a(j)$ 的设施 j，设施 i 和 j 的总成本是 $w_{ij}d(a(i),a(j))$。

设施一次分配到厂（场）址后的总成本为

$$TC(a) = \sum_{1 \leq i \rho j \leq n} w_{ij}d(a(i),a(j)) \quad (10\text{-}11)$$

上述表达式也能表示为

$$TC(a) = \frac{1}{2}\sum_{i=1}^{n}\sum_{j=1}^{n} w_{ij}d(a(i),a(j)) \quad (10\text{-}12)$$

本例所用的原始数据如表 10-6 所示。

表 10-6 例 10-2 所用的原始数据

w_{ij}	#1	#2	#3	#4	$d(i,j)$	#1	#2	#3	#4	$d(a(i),a(j))$	#1	#2	#3	#4
#1	—	3	2	5	#1	—	1	1	2	#1	—	1	2	1
#2		—		3	#2		—	2	1	#2		—	1	2
#3			—	4	#3			—	1	#3			—	1
#4				—	#4				—	#4				2
设施间权重矩阵					厂（场）址间距离矩阵					$a=(2,4,3,1)$ 距离间距离矩阵				

分配总量为

$$a=(2,4,3,1)=3(1)+2(2)+5(1)+1(1)+3(2)+4(1)=23$$

10.3.4 QAP 的最低成本解

QAP 的解题方法基本上分两大类，即全部列举式（穷举式）和启发式。

1. 全部列举式（穷举式）

为了得到真实优化解中的最优解，全部列举式将全面探测解的空间。在这些方法中，盲目的搜索（或愚蠢的和无遗漏的搜索）是最为简单的方法。为解 n 个设施问题，故盲目搜索法将要评价 $n!$ 个可能的解并进行比较，然后从其中辨别出最好的一个。这种列举法将得到真正的最优解，但是其主要的缺点是随着 n 的增大，解题空间以指数增长。例如，在一个芯片为 PentiumⅢ 的计算机上运行列举式解题程序，解一个 6 个设施的问题仅花数秒钟时间，解一个 9 个设施的问题要花 2h，而当 $n>15$ 时，解此问题要花上一年时间。

一个更成熟的列举式方法是分支界限法，这一方法对解题空间用广度优先的搜索策略。以一个 4 个设施的问题为例：程序开始时没有设施分配到任何场所，处于 0 层次，在 1、4 层次将产生部分解或节点，包括（1×××）［即设施 1 分配到厂（场）址 1］，（2×××）、（3×××）和（4×××）。对于盲目搜索的方法，这一过程将继续到产生出完满的搜索树为止，然而分支界限法将在同一层次上检验每一个节点的上限和下限。这里有一个较低的界限表示对从某一特定节点伸出的分枝做总成本的优化估计。简言之，获得零分配或部分分配下限的方法是，按照产生最有利的结果的要求来安排距离矩阵和权重矩阵的各项值。另一方面，当变得完全具体化时，节点的上限是节点的现实评价。显然，当进入深层次搜索时，上限和下限两者将会聚于一点，因此作为部分分配更被证明有理，具备更多现有的知识作为对上下限更精确的评价。

然而，分支界限法的合理性是在任何层次上比较各节点，故在进一步考虑后将除去那些不允许的节点，这样将节省搜索的努力。所谓不允许的节点，是指它的下限比其他节点的上限要差。虽然这样一个过程比盲目搜索法更精细和聪明，但当 $n>15$ 时，解的空间呈指数增长，此法就解决不了这样的问题了。

2. 启发式——陡峭下降成对互换（SDPI）算法

QAP这类问题是典型的组合优化问题，当 n 变大时解的空间呈指数增长。从经济方面看，当用某种启发式方法时，其目的只是找到满意的解而非全局优化的解，此时解的空间收敛得很快。一切此类方法中，最简单的是陡峭下降成对互换（Steepest Descent Pairwise Interchange, SDPI）算法，它是为了获得满意的或局部优化解的最简单的解题程序。这一方法也有一些缺点，然而，这些缺点是针对近来更新颖的模拟退火算法（SA）和遗传算法（GA）而言的。此处将首先介绍已开发的SDPI程序，随后将介绍与SA以及GA相结合的改进程序。

SDPI算法用的是启发式方法作为对给定分配的改进。其改进方法是取一对设施系统相互交换各自的厂（场）址。例如，解出 $a=(2, 4, 3, 1)$，相互交换设施1与2的厂（场）址后就产生新的分配 $a=(4, 2, 3, 1)$；然后进行迭代，需要进行总数为 $C_2^4=6$ 次的成对互换。程序按以下流程进行：

（1）将原分配方案总成本与6次新分配方案分别进行比较。

（2）选取某一次分配方案总成本最低者作为使用方案。

（3）审阅修订分配方案。

（4）继续下一轮迭代，直到成对互换不再产生有改进的结果，则程序停止，即达到局部优化。

为SDPI开发计算机程序，要用到表示给定分配方案与候选分配方案之间总成本差值DTC的表达式。当成本构成要素不受相互交换的影响时，DTC将不考虑在成本表达式之内，这种成本表达式将可以减少计算工作量。DTC的表达式如下

$$\mathrm{DTC}_{uv}(a) = \mathrm{TC}(a) - \mathrm{TC}(a') \qquad (10\text{-}13)$$

式中，a' 表示相互交换后的新分配，但是不需要处理 $\mathrm{TC}(a)$ 和 $\mathrm{TC}(a')$ 中不包含 u 和 v 的那些项。

$\mathrm{TC}(a)$ 中包含 u 和 v 的所有项的总和为

$$\sum_{i=1, i \neq v}^{n} w_{iu} d(a(i), a(u)) + \sum_{i=1, i \neq u}^{n} w_{iv} d(a(i), a(v)) + w_{uv} d(a(u), a(v)) \qquad (10\text{-}14)$$

现在假设 u 和 v 相互交换，即 u 被指定到厂（场）址 $a(v)$，v 被指定到厂（场）址 $a(u)$，则新的总和为

$$\sum_{i=1, i \neq v}^{n} w_{iu} d(a(i), a(v)) + \sum_{i=1, i \neq u}^{n} w_{iv} d(a(i), a(u)) + w_{uv} d(a(v), a(u)) \qquad (10\text{-}15)$$

式（10-14）也可以写为

$$\sum_{i=1}^{n} w_{iu} d(a(i), a(u)) + \sum_{i=1}^{n} w_{iv} d(a(i), a(v)) + w_{uv} d(a(u), a(v)) \qquad (10\text{-}16)$$

式（10-15）也可以写为

$$\sum_{i=1}^{n} w_{iu} d(a(i), a(v)) + \sum_{i=1}^{n} w_{iv} d(a(i), a(u)) + w_{uv} d(a(v), a(u)) \qquad (10\text{-}17)$$

由于在给定的分配方案 a 中 u 和 v 相互交换厂（场）址，式（10-16）和式（10-17）之间成本的改变为 $\mathrm{DTC}_{uv}(a)$，则

$$\mathrm{DTC}_{uv}(a) = \sum_{i=1}^{n}(w_{iu} - w_{iv})[d(a(i),a(u)) - d(a(i),a(v))] - 2w_{uv}d(a(u),a(v))$$

(10-18)

（1）对最低总成本的分配 a^*，任何 u 和 v 互换厂（场）址都会引起 $\mathrm{DTC}_{uv}(a^*) \leq 0$。

（2）上述条件是必要条件但通常并非充分条件，如一项分配满足式（10-14），也许用 3 或 4 次才能改进。

（3）$\mathrm{DTC}_{uv}(a^*) > 0$ 通常是一个条件，此条件表明应在程序中为 QAP 找出解。

SPDI 算法的程序框图如图 10-15 所示。

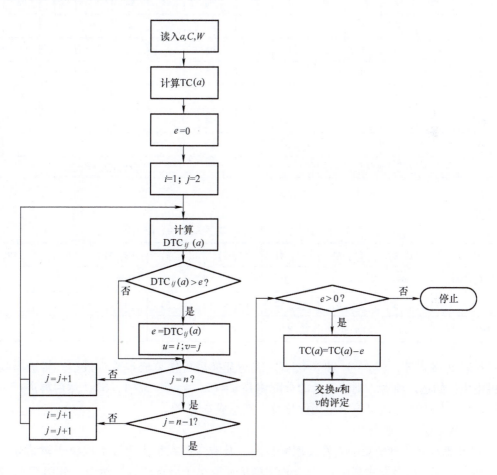

图 10-15　SPDI 算法的程序框图

[例 10-3] 一个 6 个设施的位置问题，其厂（场）址排列如图 10-16 所示。厂（场）址间距离矩阵和设施间权重矩阵如表 10-7 所示。现用 SPDI 算法程序改进初始分配的布置设计 $a = (2, 6, 5, 3, 1, 4)$，仅完成一轮迭代 15 次相互交换后的结果如表 10-8 所示。

```
┌─────┬─────┬─────┐
│  1  │  2  │  3  │
├─────┼─────┼─────┤
│  4  │  5  │  6  │
└─────┴─────┴─────┘
```

图 10-16 例 10-3 中 6 个设施的厂（场）址排列

表 10-7 例 10-3 中的原始数据

$d(k, h)$	#1	#2	#3	#4	#5	#6	w_{ij}	#1	#2	#3	#4	#5	#6
#1	—	1	2	1	2	3	#1	—	4	6	2	4	4
#2		—	1	2	1	2	#2		—		4	2	2	8
#3			—	3	2	1	#3			—	2		6
#4				—	1	2	#4				—	6	2
#5					—	1	#5					—	10
#6						—	#6						—
厂（场）址间距离矩阵							设施间权重矩阵						

表 10-8 例 10-3 中迭代 15 次相互交换后的结果

(i, j)	(1, 2)	(1, 3)	(1, 4)	(1, 5)	(1, 6)	(2, 3)	(2, 4)	(2, 5)
$DTC_{ij}(a)$	0	−4	−2	8	12	0	10	4
(i, j)	(2, 6)	(3, 4)	(3, 5)	(3, 6)	(4, 5)	(4, 6)	(5, 6)	
$DTC_{ij}(a)$	16	−4	8	10	16	4	6	

从表 10-8 可知，（2，6）和（4，5）成对互换后可使总成本减少最多。将选出其中之一供使用：如选定前者，则修正后的分配将是 $a=(2, 4, 5, 3, 1, 6)$，然后再进行下一轮迭代。用全部列举方法可找出全局优化解，其总成本为 92。

3. SPDI 算法的缺点

SPDI 算法是一种短见的启发式搜索技术，其有效性在很大程度上取决于初始分配的质量。其次，像一切启发式算法一样，SPDI 算法还取决于所选路径。然而，SPDI 算法的短见性使得搜索过程一经努力很快就集中到局部极小处。实际上，如果进一步探查搜索其他路径，则可发现更优解的可能性。

近年来，模拟退火算法（SA）和遗传算法（GA）这两种组合优化技术越来越受到关注。这两种算法都源自大自然的概念和物理现象，提供了系统化的搜索过程。虽然这两种算法采用了不同方法去搜索解的空间，但其共同点是搜索过程与 SPDI 算法相比更加全面和广泛。

10.4 遗传算法在设施布置中的应用

10.4.1 遗传算法概述

遗传算法（Genetic Algorithm，GA）在1975年首先由霍兰德（John Holland）提出，这是模仿大自然和生物进化过程的一种启发式搜索和优化技术。遗传算法综合了最适者幸存的观念，随机同时仍为结构化的搜索，以及以平行方式搜索解的空间。由于有这些优点，遗传算法风靡一时，成功地应用于各种优化问题的计算。对于像QAP这样的组合优化问题，遗传算法也能提供高质量的解。像模拟退火算法一样，遗传算法能够完成比SDPI算法更全面广泛的搜索。然而，其搜索过程和模拟退火算法相同，是随机的。但与模拟退火算法不一样的是，遗传算法是一种随机全局搜索技术，是用并行的方式来完成搜索解的空间。遗传算法借用生物进化的概念并将之用于搜索的全过程，即保持群体代替个体，将分配与搜索过程坚持到第N代。另外，在完全随机的情况下搜索解的空间，将"性别复制"和"适者生存"这些概念都应用到产生新的分配中去。假定新的分配与父代分配相比是更好的分配，然而良好的父代分配并非必须产生良好的子代分配。尽管如此，在搜索过程中仍由算法的选择机制来决定一项分配是中止还是遗传下去。在这一方法中，GA开始生成一个群体，即初始解，用适合度评价后保留优者，淘汰劣者。根据适合度的值，将优者留下来进行复制，然后群体将再进行填补，按适合度的分配将有更多遗传。然后"繁殖"算子被用于群体中，希望产生最适合的子代分配。这一过程就像自然进化不断重复下去产生出大量后代一样。在这一意义上，遗传算法被说成"采用从模仿遗传进化过程所得的结果，智能地探索解的空间"。

10.4.2 术语与概念

1. 染色体及编码

染色体（Chromosome）是繁殖和进化的基本单元。染色体的合适设计依赖于决定的问题。对QAP而言，一项分配能直接用染色体表示。一个9个设施的布置问题，就是字符串1-4-7｜8-2-5｜-3-6-9。它既是一项分配也是一个染色体，染色体中包含了9个基因。除此之外，一个染色体也能用一个矩阵来表示，即

$$S = \begin{pmatrix} -100 & 3 & 0 & 6 & 35 & 190 & 14 & 12 \\ 0 & -8 & 2 & 58 & 2 & 58 & 2 & 5 \\ -100 & 8 & 2 & 58 & 2 & 58 & 2 & 5 \\ -100 & 8 & 2 & 58 & 2 & 58 & 2 & 5 \\ -100 & 8 & 2 & 58 & 2 & 58 & 2 & 5 \\ -100 & 8 & 2 & 58 & 2 & 58 & 2 & 5 \\ -100 & 8 & 2 & 58 & 2 & 58 & 2 & 5 \\ -100 & 8 & 2 & 58 & 2 & 58 & 2 & 5 \\ -100 & 8 & 2 & 58 & 2 & 58 & 2 & 5 \end{pmatrix}$$

所以，厂（场）址的信息也包含在此表达式中。

在使用遗传算法运算之前，必须先针对问题的特性设计基因字串（染色体），包括基因

的字串长度、基因代表的含义等，即对要搜索空间的节点或可行解以编码的方式表现出来。经编码后的可行解在自然系统中称为染色体，而在遗传算法中称为字串，每个字串由数个字元组成，而每一个字元的数值或所代表的意义称为特性值。一般编码方式采用二进位（Binary）编码，另外也有非二进位的整数（Integer）、实数（Real）及文字（Alphabet）编码等方式。可将二进位与非二进位两种编码方式表示如下：

二进位表示法　　　　　　　　$P=111001$
非二进位表示法　　　　　　　$P=326818$

在限制条件的范围内，基因字串的产生是以随机方式产生任意的基因值。由此不断重复随机产生基因字串的过程，可以制造出计算初始所需要的基因字串数，称为初始种群。

2. 群体大小与遗传后代数

遗传算法在进行完基因字串编码后，将产生一个初始种群作为初始解，因此必须先决定种群的个体数目。而初始种群的个体数目对求解效益与效率具有决定性影响：若种群的个体数目太少，则难以达到目标函数的要求而导致收敛效果差；反之，如果种群的个体数目过多，则会消耗相当多的计算时间。初始种群的产生有两种方式：随机产生与配合启发式程序产生。一个好的初始解能够缩短搜寻时间，使结果快速收敛到稳定状态。

3. 适合度值

适合度值（Fitness Value）与一项分配 TC（a）的总成本有关。一个高适合度值的染色体意味着相对应的分配有低的总成本。遗传算法在进行进化搜索中基本不利用外部信息，仅以适合度函数为依据，利用种群中每个个体的适合度值来进行搜索，因此，适合度值的选择非常重要，直接影响到遗传算法的收敛速度以及能否找到最优解。适合度值如果不恰当，在进化操作中会出现以下问题：①在进化初期通常会产生一些超常个体，若按照比例选择法，这些超常个体因竞争力太突出而控制了选择过程，从而会影响算法的全局优化性能；②在进化后期算法接近收敛时，由于种群中个体适合度差异较小时，继续优化的潜能降低，因而可能获得某个局部最优解。适合度值一般根据目标函数的属性来选取，可以直接把目标函数作为适应度函数，或对目标函数进行尺度变换。目前常用的适合度值变换方法包括线性尺度变换、乘幂尺度变换、对数尺度变换等。

4. 遗传算子

遗传算法中经常用到三个遗传算子，即选择、交叉和变异。

（1）**选择**。选择（Selection）是在同代中从不太适合者中间区别较为合适的染色体的过程。选出一代中较为合适的染色体的目的是繁殖染色体的下一代或子孙后裔。最不合适的染色体将被淘汰，而用最合适的染色体来置换。该方法在遗传过程中将给最合适的染色体更多的机会。

（2）**交叉**。交叉（Crossover）是遗传算法中最重要的遗传算子，由两个父代染色体彼此交换体节，结果将产生两个子代染色体。对优化问题来说，其性质类似旅行商问题（TSP）和 QAP，建立两个交叉算子被认为是合适的。交叉算子又包括部分匹配交叉（Partially Marched Crossover，PMX）和指令交叉（Order Crossover，OX）两种算子。

在算子执行运算中，为交叉运算所选的两个染色体将彼此交换它们基因的体节，基因则由两个交点所决定。以下举例解释 PMX 和 OX 两个算子：

1）部分匹配交叉算子（PMX）。如图 10-17 所示父代染色体 $S1$ 和 $S2$，交点定义在两个染色体相交的中间位置上。由于相互交叉，由两者交合所限定范围内的基因的体节在 $S1$ 和 $S2$ 之间彼此做了交换，如此则产生了子代染色体 $S1'$ 和 $S2'$。

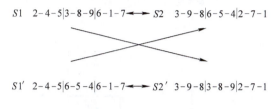

图 10-17　PMX 的图解

显然，$S1'$ 和 $S2'$ 两者都包含不合理的结构，违反了 QAP 的基本约束。为了修补这些染色体，PMX 策划了一种方案，用染色体中想要的基因来置换这些重复的基因，如染色体 $S1'$ 可用几种方法来修补，但 PMX 挑选保留了从另一父本（如 $S2$）遗传下来的体节，因为这一体节也许被认为是具有对 $S2$ 的高适合度，因此置换这些重复基因的方案可能参考了（3，8，9）和（6，5，4）之间的映射。用这样的方案修补 $S1'$ 和 $S2'$ 可得如下结果：

$S1''$　2-9-8-｜6-5-4｜-3-1-7
$S2''$　6-4-5-｜3-8-9｜-2-7-1

然而，在以下例子中，在 $S3$ 和 $S4$ 之间互相交换了基因体节，产生了两个子染色体 $S3'$ 和 $S4'$，因为这两个子染色体也都含有一个重复基因，所以有一个简单的置换方案就足够了。

$S3$　1-4-7｜-8-2-5｜-3-6-9
$S4$　5-4-6-｜2-7-8｜-1-9-3
$S3'$　1-4-7｜-2-7-8｜-3-6-9
$S4'$　5-4-6-｜8-2-5｜-1-9-3

2）指令交叉算子（OX）。用 PMX 中相同的例子来说明 OX 的工作。和 PMX 一样，OX 也在 $S1$ 和 $S2$ 之间互相交换它们基因的体节，但不是嵌入新的基因体节来代替染色体中已有的体节。OX 使用了一种"滑动"的方法来解决问题。按照这一方法，还是以 $S1$ 为例，在第 2 个交点以后开始重新排列基因顺序，如 ⑥、1、7、2、④、⑤、3、8、9，对重复的基因 6、5、4 再进行处理，产生 $S1$ 后代 $S1'$ 新的基因顺序如下：

3-8-9-｜6-5-4｜-1-7-2

采用同样的方法，产生子代染色体 $S2'$ 如下：

6-5-4-｜3-8-9｜-2-7-1

（3）**变异**。陡峭下降对交换过程的主要缺点是求解很快就将集中于一个局部优化点，此问题已在模拟退火算法和遗传算法中做出说明。在遗传算法中应用一个称为变异（Mutation）的遗传算子，就能避免这一问题。如用随机改变基因值的方法就能做到，并由此产生新的染色体。在遗传算法中，变异算子使用得并非频繁，它的发生由概率决定。但在新近的进化算法中，变异算子在遗传繁殖中已是一个主要的遗传算子。

10.4.3　遗传算法的流程

遗传算法的一般流程如图 10-18 所示。

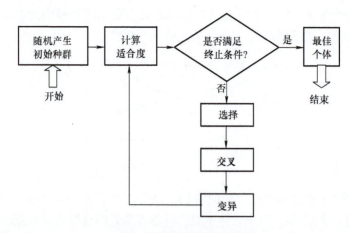

图 10-18 遗传算法的一般流程

第 1 步：随机产生初始种群，个体数目 P 一定，每个个体表示为染色体的基因编码。

第 2 步：计算个体的适合度，并判断是否符合优化准则。若符合，则输出最佳个体及其代表的最优解，并结束计算；否则，转向第 3 步。

第 3 步：依据适合度选择再生个体。适合度高的个体被选中的概率高，适合度低的个体可能被淘汰。

第 4 步：按照一定的交叉概率和交叉方法，生成新的个体。

第 5 步：按照一定的变异概率和变异方法，生成新的个体。

第 6 步：由交叉和变异产生新一代的种群，返回第 2 步。

遗传算法是一种最优化求解的工具，也是一种极有效率的搜索程序。在面对解的有效空间非常大时，更可以发挥遗传算法强大的搜索能力与搜索效率。遗传算法在搜索近似最优解时，每一代演化系以一个族群为单位，因此可以同时平行搜索数个可能最优解。遗传算法的基本运算为选择、交叉和变异等机制，其操作状态是根据随机值而改变的，因此，即使在环境参数完全固定不变的情况下，每次运算求解所得的答案也可能并不相同。

10.4.4 设施布置的求解模式

设施布置的求解模式可依照产品资料分析、物流分析、人机交互界面设计、设施基本资料输入，运用遗传算法求解等步骤来完成。

1. 产品资料分析

原始资料的分析主要是产品-产量分析（P-Q 分析），这对实际的布置设计是重要的基础工作。P-Q 分析主要回答采取什么样的生产方式的问题，从而决定采取什么样的基本布置形式。

P-Q 图是 P-Q 分析的基本手段。P-Q 图的横轴表示产品 P（品种和种类），纵轴表示数量 Q。将各类产品按数量递减的顺序排列，绘制出 P-Q 曲线。曲线的左端表示数量很多而种类较少的产品，右端表示数量少而种类很多的产品。

关于 P-Q 分析的举例如图 10-19 所示。从图上可以看出：M 区的产品数量大、品种少，适宜采用大量生产方式，加工机床按产品原则布置；J 区的产品数量少、品种多，属于单件小批生产方式，应该按工艺原则布置；在 M 区和 J 区之间的部分，则适宜采用上述两种相结合的成组原则布置。

总之，P-Q 分析的结果不仅是确定生产方式和布置形式的基础，也是划分作业单位的基础，即把不同生产方式和布置形式的机器设备分开布置在不同的面积内。例如，可以把按产品原则布置和按工艺原则布置的机器设备分别设置在不同的车间内，或者分别设置在一个车间的不同工部内。

2. 物流分析

当物料移动是工艺过程的主要部分时，物流分析既是工厂布置设计的核心工作，也是物料搬运分析的开始，它的基础是生产路线（R）。物流分析不仅要考

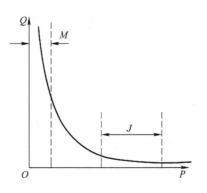

图 10-19　生产系统 P-Q 分析

虑每个零部件在工厂内的路线，还要遵循两个"最小"和两个"避免"的原则：经过距离最小和物流成本最小；避免迂回和避免十字交叉。物流分析有助于设计人员选择最有效的机器设备、设施、工作单元和部门的安排布局，同时还有助于改进生产过程。在物流分析时，要验证工艺路线是否正确、合理，检查是否可以取消、合并、改变顺序或位置。因此，正确合理的设施布置不仅能提高生产效率和工作效率，也是节约物流成本从而降低产品成本的重要措施。

物流分析包括确定物流在生产过程中每个必要的工序之间移动的最有效顺序及其移动强度和数量。针对不同的生产类型，应采用不同的物流分析方法。主要有以下几种方法：

（1）**工艺流程图**。在大批量生产中，若产品品种很少，用标准符号绘制的工艺过程图可以直观地反映出工厂生产的详细情况。此时，进行物流分析只需在工艺过程图上注明各道工序之间的物流量，就可以清楚地表现出工厂生产过程中的物料搬运情况。

（2）**多种产品工艺过程表**。在品种多且批量较大的情况下，如产品品种为 10 种左右，将各产品的生产工艺流程汇总在一张表上，就形成了多种产品工艺过程表。在这张表上将各产品的工艺路线并列绘出，可以反映各产品的物流路径。

（3）**成组方法**。当产品品种达到数十种，且生产类型为中小批量生产，进行物流分析时，就有必要采用成组方法，即按产品结构与工艺过程的相似进行归类分组，然后对每一类产品采用工艺过程图进行物流分析。也可以采用多种产品工艺过程表表示各组产品的生产工艺过程，再进行进一步的物流分析。

（4）**从至表法**。当产品品种很多、产量很小且零件和物料的数量又很大时，可以用一个矩阵图来表示各作业单位之间的物料移动方向和物流量。图中矩阵的行表示物料移动的源，称为"从"；列表示物料移动的目的地，称为"至"；行列交叉点表明由源到目的地的物流量。这样的一张表就是从至表，从中可以看出各作业单位之间的物流状况。

可以根据产品的工艺路线，绘制物料流程图（Flow Process Chart）和从至表（From-To Chart）。根据图表可以得出作业单位之间的物料搬运次数，再根据单位物料搬运的成本，进而求出各作业单位之间的物流量。这样就可以清晰地对作业单位之间的相关程度进行分析。

作业单位之间的相关程度或设施之间的相邻程度是由设施之间的物料流量、设备便利性、人员需求、设施在多个部门的使用情况及各部门之间的需求等来决定的，可以借由绘制关系图（Relationship Chart）或从至表求出物流强度来获得。一般关系图的表示符号以 A、E、I、O、U、X 分别表示绝对必要、特别重要、重要、普通、不重要、不期望的优先顺序。从至表上一般表示可以出不同部门或设施之间单位负载的移动频率和距离，从而求出物流强度，并画出流量图，利用流量图转换出一个以作业单位之间流量为主要参考的关系图，并以关系符号表示各部门、各设施之间的关系密切程度。

3. 人机交互界面分析

为方便输入一些计算所需要的基本资料和参数，且易于观察求解的过程，有必要设计一个易于操作使用的图形化人机交互界面系统。

通过产品资料和物流分析并进行整理后，进而转化为以可量化方式表示的车间物流流量资料从至表。有了量化的车间物流流量资料，还需要将这些资料输入到遗传算法中去，从而进行一系列的优化计算。所以，通过人机交互界面输入作业单位的物流流量资料是至关重要的。

现实中，因为考虑到固定设施的限制条件，所以固定设施的相关基本资料输入界面是单独规划出来作为一个区域。固定设施资料包括固定设施的基本尺寸、从至表资料、物流流量资料与设施之间的单位搬运成本、平面上固定位置的坐标值等。

另外，有关遗传算法的部分，因考虑到选择、交叉、变异等演化过程，所以在输入界面上要考虑演化世代数、种群人口数规模、交叉概率与变异概率等参数。

下面将设施布置设计的资料输入界面作一个初步的规划图，如图 10-20 所示。

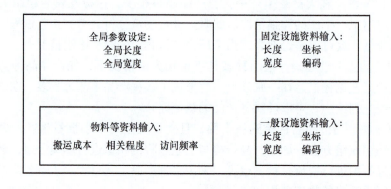

图 10-20　资料输入界面规划图

人机交互界面的设计需要可视化语言编程的支持。Visual Basic（VB）是当今比较流行的可视化编程语言之一，具有简单易学、功能强大、软件成本低、见效快等特点。它以 Quick Basic 语言为蓝本，利用面向对象的编程方式，通过对象操作设计出与 Windows 操作界面系统风格一致的界面。所谓可视化（Visuality），是指用户设计图形界面仿佛就像在白纸上设计图案一样直观方便；而反馈性是强调 VB 与用户之间的交互，不论在程序设计期间，还是在程序运行期间，VB 和用户之间始终具有良好的交互性和反馈性。VB 利用了 MS-DOS Basic 语言的简洁性和 Windows 的可视化设计工具，既保持了类似 MS-DOS Basic 语言的简易性，又保证了 Windows 的优良特性和图形工作环境，为人们提供了简易、高效的编程工具。

根据界面规划图 10-20，这里采用 Visual Basic 6.0 语言编写程序，做出一个遗传算法求解设施布置模型的参数输入界面，然后调用 MATLAB 中的函数，进行遗传算法的运算。遗传算法求解设施布置模型的参数输入界面如图 10-21 所示。

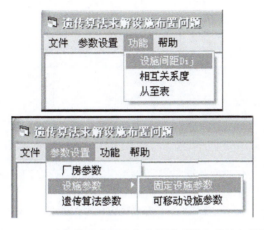

图 10-21　遗传算法求解设施布置模型的参数输入界面

4. 设施基本资料输入

通过遗传算法求解设施布置问题的人机交互界面，可以方便地把设施的基本资料和遗传算法的参数输入进去，如固定设施参数设置如图 10-22 所示，遗传算法参数设置如图 10-23 所示。

输入上述基本资料后，遗传算法才能进行一系列的计算，最终求得设施布置的优化方案。

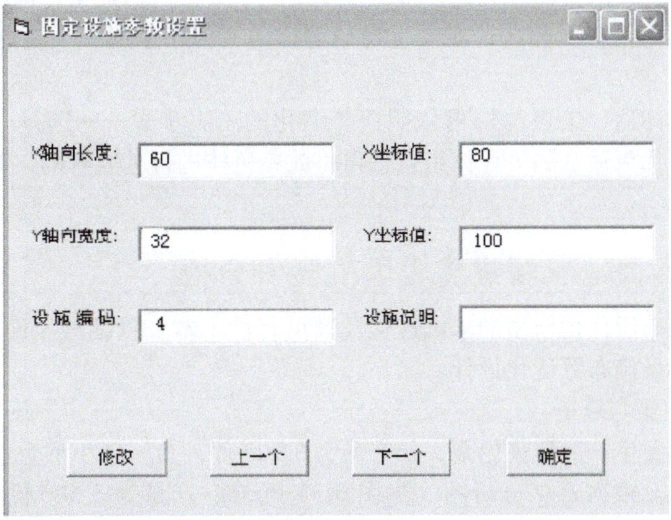

图 10-22　固定设施参数设置

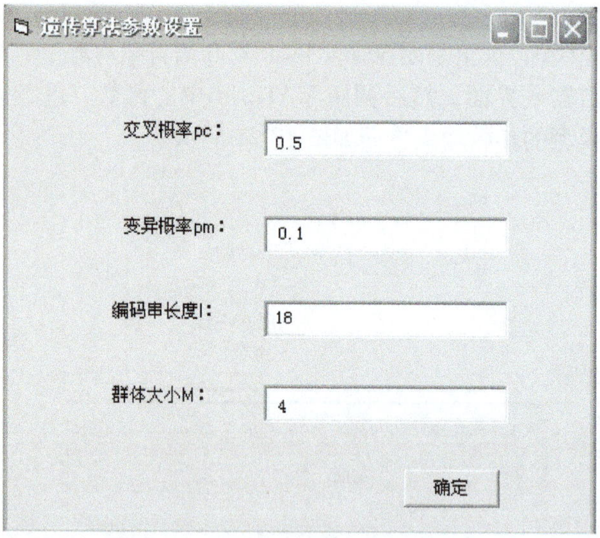

图 10-23 遗传算法参数设置

5. 基于遗传算法的求解

待收集完遗传算法需要的相关设施与物流的信息资料后，即可用遗传算法对设施规划的优化模型进行计算求解。首先针对该种群的特定个体，利用工作单位从至表，求出各个设施之间的距离、相关程度及总的物流成本，从而计算出目标函数值。待完成该世代所有种群的目标函数值后，再引用遗传算法法则的选择、交叉、变异等基本运算进行演化，直到达到所设定的终止条件为止。

在进行遗传算法之前，需要先产生足够数量的初始群体（或称初始种群），并以这一初始群体来完成遗传进化、代代繁衍的过程。这一初始群体的产生方式是在考虑了必要的限制条件后，以随机的方式产生的。染色体基因字串结构主要是由两类信息构成的，分别为设施的平面坐标和其定向指标。因此，在产生初始群体的基因字串时，须将这些信息一并考虑进去。

在产生初始群体后，染色体即可依照遗传演化的三大步骤——选择、交叉、变异的过程，进化繁衍出子代更适合的染色体组合；再将此染色体进行基因解码，即可得到各个设施的布置位置。

10.4.5　遗传算法求解优化模型的实例分析

为了说明设施布置优化模型的求解过程及其可行性，本节以某液压件厂作为研究对象，对其进行工厂总体设施布置优化设计。

1. 设施资料收集与分析

该液压件厂主要生产液压齿轮泵，年产量为 3 500 件，为一中小型企业，其生产采用系统单元式生产方式。根据 P-Q 分析图（见图 3-3）可知，产量为 3 500 件/年的产品位于 M 区和 J 区之间，属于中批量生产。所以，设备布置形式可以采用成组原则，即按产品结构或工艺过程对设备进行分组归类。

（1）产品和作业单位资料。产品的资料主要包括产品的组成结构，各个零件是自制还是外购,以及各个零件的加工工艺过程等。而作业单位的资料包括各个作业单位的外形尺寸、主要职能和可移动性等。具体的资料数据见表10-9、表10-10和图10-24。

表10-9 产品的组成结构表

代号	零件名称	自制	外购	计划需求数量(件/年)	备注
1	主动齿轮	自制		3 500	
2	从动齿轮	自制		3 500	
3	侧板	自制		7 000	
4	泵板	自制		3 500	
5	泵盖	自制		7 000	
6	轴承		外购	14 000	
7	定位销		外购	7 000	
8	上密封条定位板		外购	3 500	
9	下密封条定位板		外购	3 500	
10	产品标牌		外购	3 500	
11	密封条内挡圈		外购	7 000	
12	密封条		外购	7 000	
13	螺栓 M12×32		外购	28 000	
14	垫圈 12-300HV		外购	28 000	
15	密封条外挡圈		外购	7 000	
16	键 8×40		外购	3 500	
17	O 形圈		外购	3 500	
18	油封		外购	7 000	
19	铆钉		外购	14 000	

表10-10 作业单位明细表

设施编码	作业单位名称	职能	固定设施	尺寸[(长/m)×(宽/m)]	备注
1	原材料库	存放毛坯	否	480×180	
2	铸造车间	零件铸造	否	600×210	
3	污水处理站	处理污水	否	350×130	
4	机加工车间	零件切削	否	1 020×540	
5	热处理车间	时效、淬火	是	860×150	
6	装配车间	产品组装	否	840×240	
7	检验车间	产品检验	否	460×150	
8	机修车间	机器维修	否	420×210	
9	半成品库	存半成品	否	380×150	
10	成品库	存放成品	否	360×180	
11	办公室	生活服务	否	580×140	
12	回收站	回收废料	否	240×100	
13	车库	停车处	否	150×80	

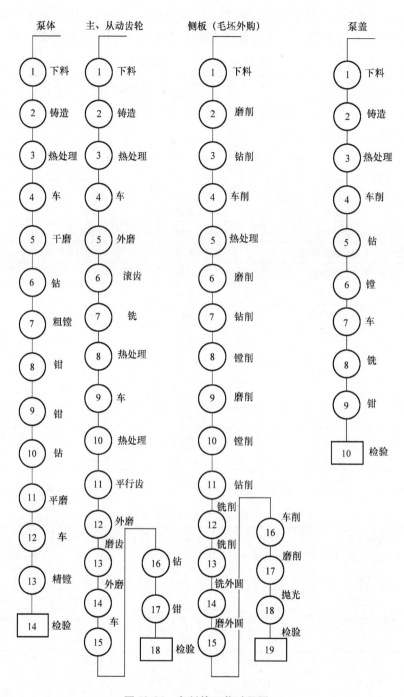

图 10-24　自制件工艺过程图

（2）物流分析。物流分析有很多种方法，由于该液压件厂的产品品种单一而且批量小，只需弄清楚几种自制零件的工艺流程，画出工艺过程图，就可以直观地看出物料搬运的情况。

首先，画出四种自制零件的工艺过程图，如图 10-25 所示。图中标有设施编码和物流强度。

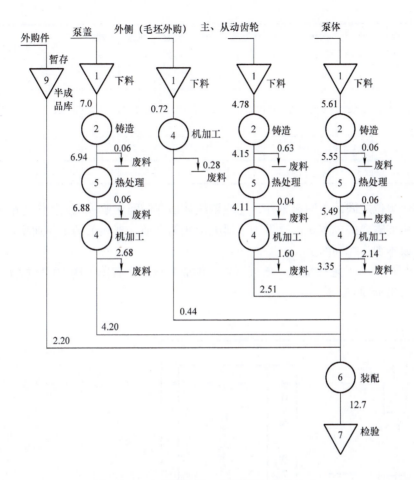

图 10-25　自制零件的工艺过程图（单位：kg）

由产品资料和自制零件的工艺过程图，可整理出作业单位之间的访问频率（f）资料表，如表 10-11 所示。

表 10-11　作业单位之间的访问频率资料表

设施	原材料库	铸造车间	污水处理站	机加工车间	热处理车间	装配车间	检验车间	机修车间	半成品库	成品库	办公室	回收站	车库
原材料库	0	80		24							1		12
铸造车间		0			36							10	
污水处理站			0		70							0	
机加工车间				0	60	36		25	55		6	20	
热处理车间					0							20	
装配车间						0	84		84	10			
检验车间							0		50				
机修车间							0		5				

（续）

设施	原材料库	铸造车间	污水处理站	机加工车间	热处理车间	装配车间	检验车间	机修车间	半成品库	成品库	办公室	回收站	车库
半成品库									0		3		12
成品库										0			12
办公室											0		1
回收站												0	
车库													0

除各作业单位之间的访问频率外，还应该统计出在访问作业单位 i 和作业单位 j 之间时，搬运每单位距离需要的成本 c_{ij}。这里为了研究问题的方便，把相关两个作业单位之间的搬运设备和运送成本视为相同的。

（3）工厂的原有设施布置图。该液压件厂的原有设施布置图如图 10-26 所示。图中以工厂的左下角为坐标原点。

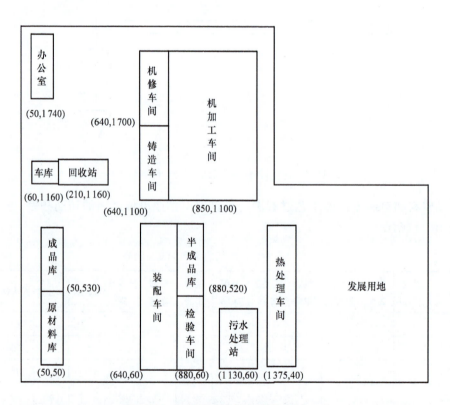

图 10-26　工厂原有设施布置图（单位：m）

由工厂原有的设施布置图，可以得到优化模型所需要的初始作业单位资料，并可以将其作为遗传算法的初始种群（见表 10-12）。

表 10-12　作业单位原始资料表　　　　　　　　　　　　　　　　（单位：m）

设施编码	作业单位名	X 轴向长度	Y 轴向长度	左下角坐标
1	原材料库	180	480	(50, 50)
2	铸造车间	210	600	(640, 1 100)
3	污水处理站	130	350	(1 130, 60)
4	机加工车间	540	1 020	(850, 1 100)
5	热处理车间	150	860	(1 375, 40)
6	装配车间	240	840	(640, 60)
7	检验车间	150	460	(880, 60)
8	机修车间	210	420	(640, 1 700)
9	半成品库	150	380	(880, 520)
10	成品库	180	360	(50, 530)
11	办公室	140	580	(50, 1 740)
12	回收站	240	100	(210, 1 160)
13	车库	150	80	(60, 1 160)
总长			2 765	
总宽			2 430	

2. 基于遗传算法的求解

（1）参数值的输入。对于多目标规划及遗传算法来说，程序开始前的人工输入是十分重要的。它包含几个关键问题：目标的确立、目标值的取值、各目标的权重分配以及终止条件。这几个问题之间是相互关联、相互影响的。目标确立之后，各目标权重分配的变化会影响目标值的取值，进而又将影响终止条件；反之，终止条件也会影响目标值的取值和权重的分配情况等。所以，这些参数的确定是十分复杂的，需要从不同的方向、不同的角度综合考虑，最好是请有经验的专家给出建议。

通过对原有布置图和物流的分析，可以得到物流成本的相关参数，再根据物流成本的公式

$$F = \sum_{i=1}^{N-1}\sum_{j=i+1}^{N} c_{ij}f_{ij}(|x_{ci}-x_{cj}|+|y_{ci}-y_{cj}|) \tag{10-19}$$

计算出原有布置的物流成本。为了计算方便，此处假定每单位距离搬运的成本 $c_{ij}=1$，作业单位之间的访问频率 f_{ij} 如表 10-11 所示，而作业单位之间的距离 D_{ij} 可以通过人机交互界面来计算，如图 10-27 和图 10-28 所示。最后根据公式，计算出的物流成本为 $F=548\ 048.21$ 元。由于原有布置也具有一定的合理性，因此只希望物流成本目标能在原有的基础上改进约 10%，即 $f_{\text{object}}=F\times(1-10\%)=493\ 243.39$ 元。

根据作业单位之间的访问频率和相关的物流分析可知：原材料库（1）和铸造车间（2）具有 A 类关系，检验车间（7）和成品库（10）具有 E 类关系，原材料库（1）和机加工车间（4）具有 I 类关系；又考虑到布置面积的总长和总宽（$L=2\ 765$m；$B=2\ 430$m）及原有布置的合理成分，将它们的目标值分别定为 $A_{1,2}=500$m，$E_{7,10}=800$m，$I_{1,4}=1\ 200$m。

图 10-27 设施间距计算对话框

然后确定各目标的权重分配。因为设施布置优化的主要目的是使企业中的物流顺畅，并且最大限度地减少物料搬运，所以物流成本目标是最重要的，靠近关系 A 次之，另外两个目标为第三重要。因此，其各目标的权重分配为 (0.6, 0.2, 0.1, 0.1)。

图 10-28 设施间距计算结果

最后是终止值的确定。由上面的分析并依据终止值尽量依照权重大小取值的原则，即权重大的终止值应该大，权重小的终止值可稍微小些。物流成本的终止值取 1，作业单位 1 和作业单位 2 的 A 类关系目标终止值取 0.6，其他两个目标的终止值取 0.2。

下面利用人机界面输入其他相关参数，如图 10-29、图 10-30 和图 10-31 所示。

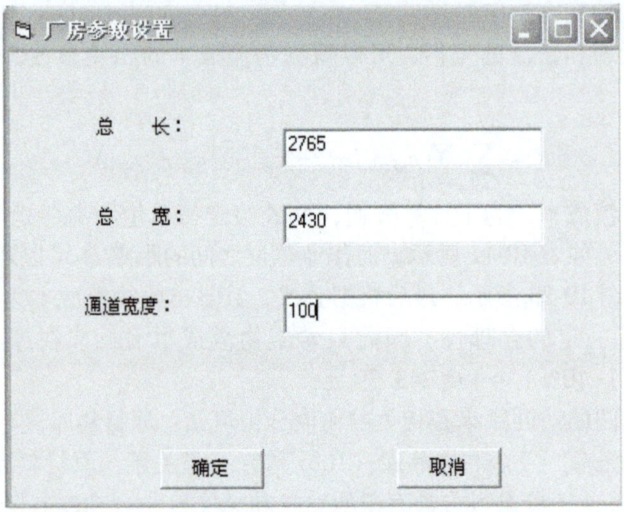

图 10-29 厂房参数设置

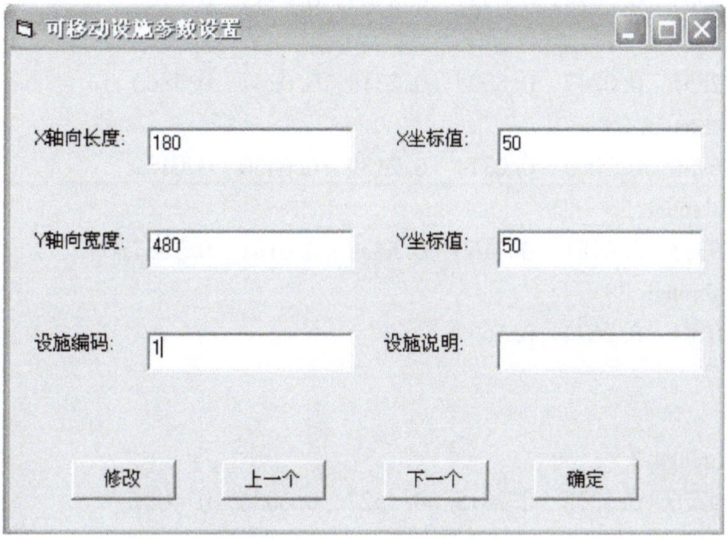

图 10-30　可移动设施参数设置

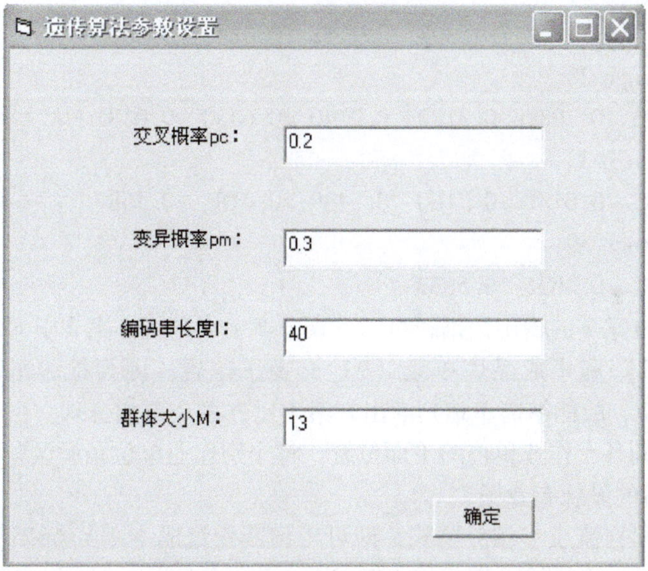

图 10-31　遗传算法参数设置

（2）基于遗传算法的求解结果。输入参数之后，程序运行了 1 000 次，即遗传演化了 1 000 世代。虽然无法找到合适的方案，但是出现了十几个比较令人满意的方案。下面为了证明该优化模型及遗传算法的有效性，从中选出两个布置方案，并对其输出数据进行比较分析。

方案 1

ans =

Columns 1 through 7

0.0220   0.4776   0.3358   0.2315   0.4527   0.6036   0.4087

Columns 8 through 14

0.0247 0.5533 0.3074 0.4527 0.8309 0.4973 0.0165
Columns 15 through 21
0.9006 0.2857 0.0247 0.6308 0.2314 0.0247 0.5803
Columns 22 through 28
0.2314 0.6996 0.7089 0.2314 0.2139 0.6430 0.0181
Columns 29 through 35
0.0206 0.5333 0.0181 0.7160 0.5439 0.0181 0.1687
Columns 36 through 39
0.7403 0.0181 0.2674 0.5637

方案 2
ans =
Columns 1 through 7
0.0220 0.4776 0.3358 0.2315 0.4527 0.6036 0.4087
Columns 8 through 14
0.0247 0.5533 0.3074 0.4527 0.8309 0.4973 0.0165
Columns 15 through 21
0.9006 0.2314 0.0247 0.6308 0.3182 0.0247 0.5803
Columns 22 through 28
0.2314 0.6996 0.7089 0.3182 0.2140 0.6430 0.0181
Columns 29 through 35
0.0206 0.5333 0.0181 0.7160 0.5439 0.0181 0.1687
Columns 36 through 39
0.7403 0.0181 0.2674 0.5637

比较方案1和方案2的输出数据，可以发现方案1只是将方案2中的装配车间单元（6）与检验车间单元（7）和半成品库单元（9）交换了位置。因为检验车间（7）和成品库（10）具有E类关系，故能够简单地判断出方案1比方案2更加合理。由方案1的比例坐标和定性指标可以得到各个作业单位的平面位置，将个别作业单位稍微调整后，即可得出如图10-32所示的优化后的设施布置图。

根据图10-32和物流成本相关公式，即可得出其物流成本 $F=466157.49$ 元，原材料库（1）和铸造车间（2）之间的距离 $D_{1,2}=479.08$ m，检验车间（7）和成品库（10）之间的距离 $D_{7,10}=578.12$ m，原材料库（1）和机加工车间（4）之间的距离 $D_{1,4}=904.71$ m，均达到并且超过了目标值的要求。

（3）布置方案评价。设施布置方案的评价方法有很多种，其中定性因素评价法包括优缺点比较法和加权因素比较法两种，而定量因素评价法包括成本比较法和不确定分析方法等。

为了使评价结论更加直观，这里仅对新、旧两种布置方案进行经济效益评价，即用成本比较法来评估。因为物流成本在总成本中占主要地位，被称为"企业的第三利润源泉"，故只对物流搬运成本进行比较即可。

由前面内容可知，如按原有的布置生产产品，其物料搬运成本为548 048.21元；若以

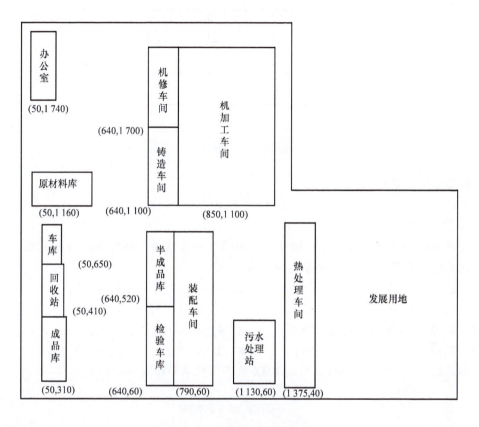

图 10-32 优化后的设施布置

遗传算法求得的布置方案生产产品，则物料搬运成本为 466 157.49 元。旧布置方案的成本值为新规划方案的 1.18 倍，物流成本减少了 15%，增进效益达 18%。通过这些数据，可以直观地做出评价，即新的设施布置方案较原有厂区布置确实降低了物料运送成本。从而得出结论：新的设施布置方案具有一定的优化性和可行性。

10.4.6 设施分配举例

[例 10-4] 此例为 9 个设施的分配，厂（场）址的排列如图 10-33 所示，权重矩阵如下：

$$\begin{pmatrix} - & 100 & 3 & 0 & 6 & 35 & 190 & 14 & 12 \\ & - & 6 & 8 & 109 & 78 & 1 & 1 & 104 \\ & & - & 0 & 0 & 17 & 100 & 1 & 31 \\ & & & - & 100 & 1 & 247 & 178 & 1 \\ & & & & - & 1 & 10 & 1 & 79 \\ & & & & & - & 0 & 1 & 0 \\ & & & & & & - & 0 & 0 \\ & & & & & & & - & 12 \\ & & & & & & & & - \end{pmatrix}$$

1	2	3
4	5	6
7	8	9

图 10-33 例 10-4 中 9 个设施分配
问题的厂（场）址排列

适合度值被定义为

$$y = (x^{-\lg x})(10^{12})$$

式中，$x = \mathrm{TC}(a)$。

已经在 MATLAB 中开发出一项程序，采用详尽的搜索后，出现 8 种分配方式，此时提供的优化总成本为 7 412 元。8 种排列分别为

(2, 8, 4, 3, 9, 7, 1, 6, 5)；　　(2, 8, 6, 1, 7, 9, 3, 4, 5)；
(4, 6, 2, 7, 9, 3, 1, 8, 5)；　　(4, 6, 8, 1, 3, 9, 7, 2, 5)；
(6, 4, 2, 9, 7, 1, 3, 8, 5)；　　(6, 4, 8, 3, 1, 7, 9, 2, 5)；
(8, 2, 4, 9, 3, 1, 7, 6, 5)；　　(8, 2, 6, 7, 1, 3, 9, 4, 5)。

为演示问题，运行 GA 程序并采用 PMX 算子，其结果如图 10-34 所示。

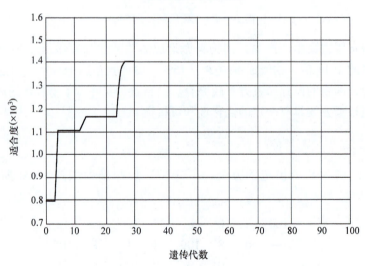

图 10-34 例 10-4 用 PMX 算子运行 GA 程序的结果

GA 程序中所用参数为

交叉概率（Crossover Probability）= 0.9；变异概率（Mutation Probability）= 0.05；
选择概率（Selection Probability）= 0.02；群体大小（Population Size）= 100；
最大遗传代数（Max Generation）= 100；最低总成本（Minimum Total Cost）= 7 142。

由图10-34可知，这一轮最优解的总成本为7 142元，与此同时发生的优化布置为4，6，2，7，9，3，1，8，5。

复习思考题

1. 设施布置建模过程中要考虑哪些因素？请举例说明。
2. 简述布置设计中应用图论方法的实施步骤。
3. 二次分配问题（QAP）最低成本解的解题方法有几种？分别适用于何种情形？
4. 分析遗传算法（GA）在设施布置问题中应用的可行性。

参 考 文 献

[1] 库夏克. 智能制造系统 [M]. 杨静宇, 陆际联, 译. 北京: 清华大学出版社, 1993.
[2] 辛奇-利维, 等. 供应链设计与管理: 概念、战略与案例研究 [M]. 季建华, 邵晓峰, 译. 3 版. 北京: 中国人民大学出版社, 2010.
[3] 蔡斯, 等. 生产与运作管理——制造与服务 [M]. 宋国防, 等译. 北京: 机械工业出版社, 1999.
[4] CACCETTA L, KUSUMAH Y S. Computational Aspects of the Facility Layout Design Problem [J]. Nonlinear Analysis, 2001 (47): 5599-5610.
[5] CHEN C W, SHA D Y. A Design Approach to the Multi-objective Facility Layout Problem [J]. INT J PROD RES, 1999, 37 (5): 1175-1196.
[6] 鲍尔索克斯. 供应链物流管理: 英文版 [M]. 北京: 机械工业出版社, 2002.
[7] MEYERS F E, STEPHENS M P. Manufacturing Facilities Design and Material Handling [M]. 2nd ed. New Jersey: Prentice Hall Upper Saddle Rriver, 2000.
[8] HERAGU S S. Recent Models and Techniques for Solving the Layout Problem [J]. Eur J Oper Res, 1992 (57): 136-144.
[9] ISLIER A A. A Genetic Algorithm Approach for Multiple Criteria Facility Layout Design [J]. INT J PROD RES, 1998, 36 (6): 1549-1569.
[10] LARI M B. Layout Designs in Cellular Manufacturing [J]. Eur J Oper Res, 1999 (112): 258-272.
[11] CHRISTOPHER M. Logistics and Supply Chain Management [M]. 北京: 电子工业出版社, 2003.
[12] MOTHER R. Systematic Layout Planning [M]. Boston: Cahers Books, 1973.
[13] ROSENBLATT M. The Dynamics of Plant Layout [J]. Management Science, 1986 (32): 76-86.
[14] RUSSELL D M, GAU K Y. The Facility Layout Problem: Recent and Emerging Trends and Perspectives [J]. Journal of Manufacturing Systems, 1996 (5): 351-366.
[15] TATE D, SMITH A. Unequal-area Facility Layout by Genetic Search [J]. IIE Transaction, 1995 (27): 465-472.
[16] 白世贞, 刘莉. 现代仓储物流技术与装备 [M]. 北京: 中国物资出版社, 2007.
[17] 陈荣秋, 马士华. 生产运作管理 [M]. 5 版. 北京: 机械工业出版社, 2017.
[18] 崔介何. 物流学概论 [M]. 4 版. 北京: 北京大学出版社, 2010.
[19] 董海. 设施规划与物流分析 [M]. 北京: 机械工业出版社, 2005.
[20] 汪应洛. 系统工程 [M]. 5 版. 北京: 机械工业出版社, 2015.
[21] 郭嗣, 陈刚. 信息科学中的软计算方法 [M]. 沈阳: 东北大学出版社, 2001.
[22] 方庆琯. 物流系统设施与设备 [M]. 北京: 清华大学出版社, 2009.
[23] 戢守峰, 金玉然. 物流经济学 [M]. 北京: 中国物资出版社, 2009.
[24] 戢守峰. 物流管理新论 [M]. 北京: 科学出版社, 2004.
[25] 刘联辉, 彭䢺湘. 物流系统规划及其分析设计 [M]. 北京: 中国物资出版社, 2006.

[26] 吕广明，刘明思. 物流设备与规划技术［M］. 北京：中国电力出版社，2009.
[27] 罗宜美，林强，周刚，等. 基于当量物流量的设备系统平面布置设计研究［J］. 机械设计，2000，11（11）：46-48.
[28] 李琴，李泽蓉. 某生产车间物流设施布置分析与设计［J］. 工业工程，2011（8）：67-70.
[29] 马汉武. 设施规划与物流系统设计［M］. 北京：高等教育出版社，2008.
[30] 马彤兵，马可. 基于精益生产的车间设施规划改善设计［J］. 管理技术，2005（11）：110-112.
[31] 马士华，崔南方，等. 生产运作管理［M］. 北京：科学出版社，2005.
[32] 潘正君，康立山，陈毓屏. 演化算法［M］. 北京：清华大学出版社，1998.
[33] 汪应洛，等. 系统工程［M］. 2版. 北京：机械工业出版社，1994.
[34] 王转，程国全，冯爱兰. 物流系统工程［M］. 北京：高等教育出版社，2004.
[35] 许国志，等. 系统科学与工程研究［M］. 上海：上海科技教育出版社，2000.
[36] 张红军，武振业. 成组生产单元设备布置的优化研究［J］. 西南交通大学学报，1991，81（3）：95-101.
[37] 张弦. 物流设施与设备［M］. 上海：复旦大学出版社，2006.
[38] 张可欣. 导体车间设施布置设计与优化［D］. 沈阳：沈阳工业大学，2006.
[39] 中国物流与采购联合会. 中国物流年鉴：下［M］. 北京：中国物资出版社，2005.
[40] 周国华，武振业. 求解Flow-Shop排序问题的模拟进化法［J］. 西南交通大学学报，1997，118（6）：672-676.
[41] 朱耀祥，朱立强. 设施规划与物流［M］. 北京：机械工业出版社，2004.